열왕기 강해

AN EXPOSITION ON THE BOOKS OF THE KINGS

〔3판〕

김효성
Hyosung Kim
Th.M., Ph.D.

옛신앙
oldfaith
2022

머리말

주 예수 그리스도(마 5:18; 요 10:35)와 사도 바울(갈 3:6; 딤후 3:16)의 증거대로, 성경은 하나님의 말씀이다. 성경이 하나님의 말씀이며 우리의 신앙과 행위에 있어서 정확무오한 유일의 법칙이라는 고백은 우리의 신앙생활에 있어서 매우 기본적이고 중요하다.

웨스트민스터 신앙고백에 진술된 대로(1:8), 우리는 성경의 원본이 하나님의 감동으로 오류가 없이 기록되었고 그 본문이 "그의 독특한 배려와 섭리로 모든 시대에 순수하게 보존되었다"고 믿는다. 이것은 교회의 전통적 견해이다. 그러므로 구약성경에서 전통적 히브리어 마소라 본문을 가장 중요하게 여기며 야곱 벤 카임에 의해 편집한 제 2 랍비 성경(봄버그판)을 표준적 본문으로 간주해야 한다고 본다.

성경은 성도 개인의 신앙생활뿐 아니라, 교회의 모든 활동들에도 유일한 규범이다. 오늘날처럼 다양한 풍조와 운동이 많은 영적 혼란의 시대에, 우리는 성경으로 돌아가 성경이 무엇을 말하는지 묵상하기를 원하며 성경에 계시된 하나님의 모든 뜻을 알기를 원한다.

성경을 가지고 설교할지라도 그것을 바르게 해석하고 적용하지 않으면, 하나님의 말씀의 기근이 올 것이다(암 8:11). 오늘날 하나님의 말씀의 기근이 오고 있다. 많은 설교와 성경강해가 있지만, 순수한 기독교 신앙 지식과 입장은 더 흐려지고 있기 때문이다.

그러므로 오늘날 요구되는 성경 해석과 강해는 복잡하고 화려한 말잔치보다 성경 본문의 바른 뜻을 간단 명료하게 해석하고 잘 적용하는 것일 것이다. 사실상, 우리는 성경책 한 권으로 충분하다. 성경 주석이나 강해는 성경 본문의 바른 이해를 위한 작은 참고서에 불과하다. 성도는 각자 성령의 도우심을 구하며 성경을 읽어야 하고, 성경 주석과 강해는 오직 참고서로만 사용해야 할 것이다.

내용 목차

〔열왕기상〕

〔열왕기하〕

서론

열왕기의 **저자**는, 유대교의 전통에 의하면, 예레미야이다(탈무드, *Baba Bathra*, 15a). 유다 왕국의 멸망 때에 예레미야가 중요한 선지 사역을 하였음에도 불구하고 열왕기하에서 그에 대한 언급이 전혀 없는 것은 그의 저작성과 그의 겸손을 나타내는 일일 것이다.

연대기 문제에 관하여, 솔로몬이 죽은 때(주전 931년)부터 바벨론 포로 때(주전 586년)까지는 345년이지만, 열왕기에 언급된 그 기간의 왕들의 통치 기간을 더하면 이보다 많다. 이 점에 대해 다음 두 가지 점들을 고려해야 할 것이다.

1. 많은 경우에, 왕자는 부친의 생존 기간 중 왕위에 올랐거나 통치를 시작했다고 보인다. 부왕(父王)과의 공동 섭정의 형태이다. 예를 들어, 웃시야의 경우 52년간 치리했는데(왕상 15:2; 주전 790-739년 경으로 추정함) 790-767년은 부왕(父王) 아마샤 대신에 섭정했던 것 같고, 751-739년은 아들 요담이 섭정했을 것이다.

2. 남쪽 유다 왕국과 북쪽 이스라엘 왕국에는 달력 계산의 차이가 있었다. (1) 유다 왕국에서는 세속력의 첫달(티스리, 에다님)을 새 해의 시작으로 보았고, 왕이 즉위한 다음 해를 통치 원년으로 보았으나, (2) 이스라엘 왕국에서는 종교력의 첫달(니산, 아빕)을 새 해의 시작으로 보았고 왕이 즉위한 해를 통치 원년으로 보았다.

열왕기상은 솔로몬부터 아합까지의 역사이다. 1-11장은 솔로몬 왕 시대, 12-22장은 솔로몬 이후 아합까지의 역사이다. **열왕기하**는 아하시야부터 바벨론 포로까지의 역사이다. 1-8장은 엘리사의 활동, 9-17장은 이스라엘 왕국의 멸망까지, 그리고 18-25장은 유다 왕국의 멸망까지의 역사이다.

열왕기의 **특징적 진리**는 이스라엘과 유다 왕국의 멸망의 원인이 죄, 특히 우상숭배의 죄라는 것이다. 또 그 밖에 특별한 것은, 열왕기하는 성경에서 '하나님의 사람'이라는 말이 가장 많이 나온다(36회). 하나님께서는 하나님의 사람인 선지자들을 보내셔서 끝까지 교훈하셨다. '여호와의 말씀'이라는 표현도 24회 나온다. 선지자들은 하나님의 말씀을 전하였다. '여호와 보시기에 악을 행하였다'는 표현도 21회 반복해서 나온다(3:2; 8:18; 12:2, 11; 14:24; 15:9, 18, 24, 28; 16:2; 17:2, 17; 21:2, 6, 15-16, 20; 23: 32; 24:9, 19). 사람들의 모든 죄는 하나님 앞에서의 죄이다. 그것들은 하나님의 인격과 속성과 권위와 영광에 대한 모독이요 손상이요 침해이다. 그것들은 하나님의 공의의 형벌을 받기에 합당한 일이다. 죄의 값은 죽음과 불행이다.

본문 혹은 각주에 자주 사용된 약어

KJV	영어 King James Version
NASB	영어 New American Standard Version
NIV	영어 New International Version
LXX	고대 헬라어 70인역
Syr	고대 수리아어역
It	고대 라틴어역
Vg	고대 라틴어 Vulgate역
BDB	Brown-Driver-Briggs, *Hebrew Lexicon of the O. T.*
KB	Koehler-Baumgartner, *Lexicon in Veteris Testamenti Libros*
Langenscheidt	*Langenscheidt Pocket Hebrew Dictionary.*
NBD	*The New Bible Dictionary.* IVP.
Poole	Matthew Poole, *A Commentary on the Holy Bible*
JFB	Jamieson-Faussett-Brown, *A Commentary.*

열왕기상 1장: 솔로몬이 왕이 됨

〔1-4절〕 다윗 왕이 나이 많아 늙으니 이불을 덮어도 따뜻하지 아니한지라. 그 신복들이 왕께 고하되 우리 주 왕을 위하여 젊은 처녀 하나를 구하여 저로 왕을 모셔 봉양하고 왕의 품에 누워 우리 주 왕으로 따뜻하시게 하리이다 하고 이스라엘 사방 경내에 아리따운 동녀를 구하다가 수넴 여자 아비삭을 얻어 왕께 데려왔으니 이 동녀는 심히 아리따운 자라. 저가 왕을 봉양하며 수종하였으나 왕이 더불어 동침하지 아니하였더라.

〔5-10절〕 때에 학깃의 아들 아도니야가 스스로 높여서 이르기를 내가 왕이 되리라 하고 자기를 위하여 병거와 기병과 전배[호위병] **50인을 예비하니 저는 압살롬의 다음에 난 자요 체용**[외모]**이 심히 준수한 자라. 그 부친이 네가 어찌하여 그리하였느냐 하는 말로 한번도 저를 섭섭하게 한 일이 없었더라. 아도니야가 스루야의 아들 요압과 제사장 아비아달과 모의(謀議)하니 저희가 좇아 도우나 제사장 사독과 여호야다의 아들 브나야와 선지자 나단과 시므이와 레이와 다윗에게 속한 용사들은 아도니야와 같이 하지 아니하였더라. 아도니야가 에느로겔 근방 소헬렛 돌 곁에서 양과 소와 살찐 송아지를 잡고 왕자 곧 자기의 모든 동생과 왕의 신복 유다 모든 사람을 다 청하였으나 선지자 나단과 브나야와 용사들과 자기 동생 솔로몬은 청하지 아니하였더라.**

아도니야는 다윗의 넷째 아들이었다(첫째는 암논, 둘째는 길르압, 셋째는 압살롬)(삼하 3:4). 그는 외모는 심히 준수했으나 겸손 훈련이 되지 않은, 교만한 자이었다. 그는 요압과 제사장 아비아달과 모의하였다. 그것은 아버지의 왕권을 가로채려는 모의이었다. 요압과 아비아달은 아도니야의 뜻을 좇아 그를 도왔다. 그들은 바른 판단을 하지 못한 기회주의자들이었다. 그들은 다윗 왕의 뜻과 관계없이 정당치 않은 일을 도모했다. 그러나 제사장 사독과 브나야와 선지자 나단 등은 아도니야와 같이하지 않았다. 그들은 의롭고 충성된 자들이었다. 하나님의 일에는 항상 충성된 자들이 있다. 어둡고 혼란한 시대에도 하나님의 선한 일은 그런 자들을 통해 이루어진다.

아도니야는 정당하지 못한 일, 정당성이 없는 일, 명분이 없는 일, 원리원칙에 맞지 않는 일, 이성에 맞지 않는 일, 양심에 거리끼는 일을 하고 있었다. 다윗 왕은 그런 사실을 알지 못하고 있었다(11, 18절). 사람이 나이가 들면 상황 판단이 느려지고 어두워지는 것 같다. 대세가 아도니야에게로 기운 듯하였다. 다윗은 전에 솔로몬을 왕으로 세우겠다고 맹세했었으나 다윗의 뜻은 헛되게 되는 것 같았다.

〔11-14절〕 나단이 솔로몬의 모친 밧세바에게 고하여 가로되 학깃의 아들 아도니야가 왕이 됨을 듣지 못하였나이까? 우리 주 다윗은 알지 못하시나이다. 이제 나로 당신의 생명과 당신의 아들 솔로몬의 생명 구원할 계교 베풀기를 허락하소서. 당신은 다윗 왕 앞에 들어가서 고하기를 내 주 왕이여, 전에 왕이 계집종에게 맹세하여 이르시기를 네 아들 솔로몬이 정녕 나를 이어 왕이 되어 내 위(位)[왕위]에 앉으리라 하지 아니하셨나이까? 그런데 아도니야가 무슨 연고로 왕이 되었나이까 하소서. 당신이 거기서 왕과 말씀할 때에 나도 이어 들어가서 당신의 말씀을 증거하리이다.

하나님께서는 선지자 나단을 사용하셨다. 나단은 영적으로 깨어 있는 하나님의 사람이었다. 그는 나라의 장래와 현재 되어지는 일들에 대해 바르게 관찰하고 판단하고 있었다. 그는 솔로몬의 모친 밧세바에게 지혜롭게 조언하였다.

〔15-21절〕 밧세바가 이에 침실에 들어가 왕에게 이르니 왕이 심히 늙었으므로 수넴 여자 아비삭이 시종하였더라. 밧세바가 몸을 굽혀 왕께 절하니 왕이 이르되 어찜이냐? 저가 왕께 대답하되 내 주여, 왕이 전에 왕의 하나님 여호와를 가리켜 계집종에게 맹세하시기를 네 아들 솔로몬이 정녕 나를 이어 왕이 되어 내 위(位)[왕위]에 앉으리라 하셨거늘 이제 아도니야가 왕이 되었어도 내 주 왕은 알지 못하시나이다. 저가 수소와 살찐 송아지와 양을 많이 잡고 왕의 모든 아들과 제사장 아비아달과 군대장관 요압을 청하였으나 왕의 종 솔로몬은 청치 아니하였나이다. 내 주 왕이여, 온 이스라엘이 왕에게 다 주목하고 누가 내 주 왕을 이어 그 위(位)[왕위]에 앉을 것을 반포하시기를 기다리나이다. 그렇지 아니하면 내 주 왕께서 그 열조와 함께 잘

때에 나와 내 아들 솔로몬은 죄인이 되리이다.

밧세바는 용기를 내어 왕에게 나아가 현재 상황을 알려주었다.

〔22-28절〕 밧세바가 왕과 말씀할 때에 선지자 나단이 들어온지라. 혹이 왕께 고하여 가로되 선지자 나단이 여기 있나이다 하니 저가 왕 앞에 들어와서 얼굴을 땅에 대어 왕께 절하고 가로되 내 주 왕께서 이르시기를 아도니야가 나를 이어 왕이 되어 내 위(位)에 앉으리라 하셨나이까? 저가 오늘 내려가서 수소와 살찐 송아지와 양을 많이 잡고 왕의 모든 아들과 군대장관들과 제사장 아비아달을 청하였는데 저희가 아도니야 앞에서 먹고 마시며 아도니야 왕 만세를 불렀나이다. 그러나 왕의 종 나와 제사장 사독과 여호야다의 아들 브나야와 왕의 종 솔로몬은 청치 아니하였사오니 이것이 내 주 왕의 하신 일이니이까? 그런데 왕께서 내 주 왕을 이어 그 위(位)에 앉을 자를 종에게 알게 하지 아니하셨나이다. 다윗 왕이 명하여 가로되 밧세바를 내 앞으로 부르라 하매 저가 왕의 앞으로 들어와 그 앞에 서는지라.

〔28-31절〕 왕이 가로되 내 생명을 모든 환난에서 구원하신 여호와의 사심을 가리켜 맹세하노라. 내가 이전에 이스라엘 하나님 여호와를 가리켜 네게 맹세하여 이르기를 네 아들 솔로몬이 정녕 나를 이어 왕이 되고 나를 대신하여 내 위(位)에 앉으리라 하였으니 내가 오늘날 그대로 행하리라. 밧세바가 얼굴을 땅에 대어 절하며 내 주 다윗 왕은 만세 수를 하옵소서 하니라.

다윗은 밧세바에게 그가 했던 맹세를 시행하겠다고 말하였다.

〔32-37절〕 다윗 왕이 가로되 제사장 사독과 선지자 나단과 여호야다의 아들 브나야를 내 앞으로 부르라 하니 저희가 왕 앞에 이른지라. 왕이 저희에게 이르되 너희는 너희 주의 신복들을 데리고 내 아들 솔로몬을 나의 노새에 태우고 기혼으로 인도하여 내려가고 거기서 제사장 사독과 선지자 나단은 저에게 기름을 부어 이스라엘 왕을 삼고 너희는 양각을 불며 솔로몬 왕 만세를 부르고 저를 따라 올라오라. 저가 와서 내 위(位)[왕위]**에 앉아 나를 대신하여 왕이 되리라. 내가 저를 세워 이스라엘과 유다의 주권자가 되게 하기로 작정하였느니라. 여호야다의 아들 브나야가 왕께 대답하여 가로되 아멘, 내 주 왕의 하나님 여호와께서도 이렇게 말씀하시기를 원하오며 또 여호와께서 내 주 왕과 함께 계심같이 솔로몬과 함께 계셔서 그 위(位)를 내 주 다윗 왕의 위(位)보다 더 크게 하시기를 원하나이다 하니라.**

〔38-40절〕 제사장 사독과 선지자 나단과 여호야다의 아들 브나야와 그렛 사람과 블렛 사람이 내려가서 솔로몬을 다윗 왕의 노새에 태우고 인도하여 기혼으로 가서 제사장 사독이 성막 가운데서 기름 뿔을 가져다가 솔로몬에게 기름을 부으니 이에 양각을 불고 모든 백성이 솔로몬 왕 만세를 부르니라. 모든 백성이 왕을 따라 올라와서 피리를 불며 크게 즐거워하므로 땅이 저희 소리로 인하여 갈라질 듯하니.

기름은 성령을 상징할 것이다. 제사장이나 왕이나 선지자는 성령의 기름 부음의 상징을 가진 자들이다. 그것은 장차 오실 메시아의 모형이기도 하였다. 하나님께서는 단번에 민심도 주장하셨다.

〔41-48절〕 아도니야와 저와 함께한 손들이 먹기를 마칠 때에 다 들은지라. 요압이 양각 소리를 듣고 가로되 성중에서 소리가 어찌하여 요란하뇨? 말할 때에 제사장 아비아달의 아들 요나단이 오는지라. 아도니야가 가로되 들어오라. 너는 용사라. 아름다운 소식을 가져오는도다. 요나단이 아도니야에게 대답하여 가로되 과연 우리 주 다윗 왕이 솔로몬으로 왕을 삼으셨나이다. 왕께서 제사장 사독과 선지자 나단과 여호야다의 아들 브나야와 그렛 사람과 블렛 사람을 솔로몬과 함께 보내셨는데 저희 무리가 왕의 노새에 솔로몬을 태워다가 제사장 사독과 선지자 나단이 기혼에서 기름을 부어 왕을 삼고 무리가 그 곳에서 올라오며 즐거워하므로 성중이 진동하였나니 당신들에게 들린 소리가 이것이라. 솔로몬이 나라 위(位)[왕위]에 앉았고 또 왕의 신복들이 와서 우리 주 다윗 왕에게 축복하여 이르기를 왕의 하나님이 솔로몬의 이름을 왕의 이름보다 아름답게 하시고 그 위(位)[왕위]를 왕의 위(位)[왕위]보다 크게 하시기를 원하나이다 하매 왕이 침상에서 몸을 굽히고 이르시기를 이스라엘의 하나님 여호와를 찬송하리로다. 여호와께서 오늘날 내 위(位)에 앉을 자를 주사 나로 목도하게 하셨도다 하셨나이다 하니.

〔49-53절〕 아도니야와 함께한 손들이 다 놀라 일어나 각기 갈 길로 간지라. 아도니야도 솔로몬을 두려워하여 일어나 가서 제단뿔을 잡으니 혹이 솔로몬에게 고하여 가로되 아도니야가 솔로몬 왕을 두려워하여 지금 제단뿔을 잡고 말하기를 솔로몬 왕이 오늘날 칼로 자기 종을 죽이지 않겠다고 내게 맹세하기를 원한다 하나이다. 솔로몬이 가로되 저가 만일 선한 사람이 될진대 그 머리카락 하나라도 땅에 떨어지지 아니하려니와 저의 가운데 악한 것이

보이면 죽으리라 하고 사람을 보내어 저를 제단에서 이끌어 내리니 저가 와서 솔로몬 왕께 절하매 솔로몬이 이르기를 네 집으로 가라 하였더라.

기회주의자들은 확신 없는 겁쟁이들이다. 그들의 모의는 실패로 돌아갔다. 하나님의 섭리 앞에 악인들의 모의는 항상 실패로 돌아간다. 아도니야는 솔로몬을 두려워하여 일어나 가서 제단뿔을 잡았다. 솔로몬은 말했다. "저가 만일 선한 사람이 될진대 그 머리카락 하나라도 땅에 떨어지지 아니하려니와 저의 가운데 악한 것이 보이면 죽으리라." 그는 솔로몬 왕에게 나아와 절하고 집으로 돌아갔다.

본장의 교훈을 정리해보자. 첫째로, 아도니야는 높은 마음을 가지고 행하다가 실수하였다. 우리는 하나님 앞에서 자신을 높이지 말아야 한다. 시편 75:6-7, "대저 높이는 일이 동에서나 서에서 말미암지 아니하며 남에서도 말미암지 아니하고 오직 재판장이신 하나님이 이를 낮추시고 저를 높이시느니라." 베드로전서 5:6, "하나님의 능하신 손 아래서 겸손하라. 때가 되면 너희를 높이시리라." 우리는 항상 겸손해야 한다.

둘째로, 군대장관 요압과 제사장 아비아달은 기회주의자들이었다. 우리는 명분 없고 정당성 없는 일, 이성에 맞지 않고 양심에 거리끼는 일, 하나님의 법에 맞지 않는 일에 단지 자기 이익을 위해 참여치 말아야 한다. 우리는 바울처럼 범사에 양심대로 행하며(행 23:1) 선한 양심을 지켜야 하고(딤전 1:5, 18-19), 기회주의자가 되지 말아야 한다. ㅎ

셋째로, 선지자 나단, 제사장 사독, 시위대장 브나야는 바르고 용기 있고 충성된 자들이었다. 사람들의 악한 뜻은 실패하고 하나님의 의롭고 선한 뜻은 다 이루어질 것이다. 악은 실패하며 의와 선은 승리할 것이다. 시편 1:6, "대저 의인의 길은 여호와께서 인정하시나 악인의 길은 망하리로다." 하나님의 일은 바르고 용기 있고 충성된 의인들을 통해 이루어진다. 우리는 하나님의 섭리를 믿고 하나님의 선한 일을 이루는 도구로 쓰임 받는 바르고 용기 있고 충성된 의인이 되어야 한다.

2장: 솔로몬의 나라가 견고해짐

〔1-4절〕 다윗이 죽을 날이 임박하매 그 아들 솔로몬에게 명하여 가로되 내가 이제 세상 모든 사람의 가는 길로 가게 되었노니 너는 힘써 대장부가 되고[그러므로 너는 강하고 남자다워라. 또] **네 하나님 여호와의 명을 지켜 그 길로 행하여 그 법률과 계명과 율례와 증거를 모세의 율법에 기록된 대로 지키라. 그리하면 네가 무릇 무엇을 하든지 어디로 가든지 형통할지라. 여호와께서 내 일에 대하여 말씀하시기를 만일 네 자손이 그 길을 삼가 마음을 다하고 성품을 다하여 진실히 내 앞에서 행하면 이스라엘 왕위에 오를 사람이 네게서 끊어지지 아니하리라 하신 말씀을 확실히 이루게 하시리라.**

다윗 왕은 아들 솔로몬에게 "너는 강하고 남자다워라"고 격려하면서 하나님의 법과 계명과 규례와 증거를 모세의 율법에 기록된 대로 지키라고 명했고, 그러면 그가 무엇을 하든지 어디로 가든지 형통할 것이라고 말하였다. 또 그는 솔로몬의 후손이 마음을 다하고 성품을 다하여 진실히 하나님 앞에 행하면 그에게서 이스라엘 왕위가 끊어지지 않을 것이라고도 말했다. 이것은 어느 시대에나 적용되는 말씀이다. 우리와 우리의 자녀들은 하나님께서 주신 성경말씀을 주야로 묵상하며 거기에 기록된 대로 믿고 힘써 실행해야 하며 그러면 우리의 삶이 평안하고 형통할 것이다.

〔5-6절〕 스루야의 아들 요압이 내게 행한 일 곧 이스라엘 군대의 두 장관 넬의 아들 아브넬과 예델의 아들 아마사에게 행한 일을 네가 알거니와 저가 저희를 죽여 태평시대에[평안할 때] **전쟁의 피를 흘리고 전쟁의 피로 자기의 허리에 띤 띠와 발에 신은 신에 묻혔으니 네 지혜대로 행하여 그 백발로 평안히 음부에 내려가지 못하게 하라.**

다윗은 또 자기 시대에 다 처리하지 못한 몇 가지 일들에 대해 그의 아들에게 잘 처리하기를 부탁하였다. 첫째는 요압에 대한 일이다. 요압은 왕의 뜻을 무시하고 이스라엘 군대의 두 장관 아브넬과 아마사를 죽였었다. 요압은 그의 행한 악한 일에 대해 참으로 회개하지 않았던 것 같다. 회개하지 않은 악은 반드시 징벌되어야 할 것이다.

〔7절〕 마땅히 길르앗 바실래의 아들들에게 은총을 베풀어 저희로 네 상에서 먹는 자 중에 참여하게 하라. 내가 네 형 압살롬의 낯을 피하여 도망할 때에 저희가 내게 나아왔었느니라.

둘째는 바실래에 대한 일이다. 바실래는 다윗이 압살롬의 반역으로 인해 피난할 때에 길르앗에서 그를 도왔던 선하고 충성된 인물이었다. 다윗은 솔로몬에게 바실래의 아들들에게 은총을 베풀어 네 상에서 먹는 자가 되게 하라고 말했다. 다윗은 자신이 어려울 때 받았던 특별한 호의에 대해 잊지 않고 갚기를 원하였다. 받은 큰 사랑에 대해 보답하는 것은 사람의 당연한 도리이다.

〔8-9절〕 바후림 베냐민 사람 게라의 아들 시므이가 너와 함께 있나니 저는 내가 마하나임으로 갈 때에 독한 말로 나를 저주하였느니라. 그러나 저가 요단에 내려와서 나를 영접하기로 내가 여호와를 가리켜 맹세하여 이르기를 내가 칼로 너를 죽이지 아니하리라 하였노라. 그러나 저를 무죄한 자로 여기지 말지어다. 너는 지혜 있는 사람인즉 저에게 행할 일을 알지니 그 백발의 피를 흘려 저로 음부[무덤]**에 내려가게 하라.**

셋째는 시므이에 대한 일이다. 시므이는 다윗이 압살롬의 반역으로 인해 피신할 때 그를 독한 말로 저주하였었다. 다윗은 솔로몬에게 그를 무죄한 자로 여기지 말라고 말했다. 시므이는 자기 목숨을 지키기 위해 발 빠르게 뉘우치는 말과 행동을 했지만, 그의 악에 대해서는 적절한 권징이 필요하였다.

〔10-12절〕 다윗이 그 열조와 함께 누워 자서 다윗 성에 장사되니 다윗이 이스라엘 왕이 된 지 40년이라. 헤브론에서 7년을 치리하였고 예루살렘에서 33년을 치리하였더라. 솔로몬이 그 아비 다윗의 위(位)[왕위]**에 앉으니 그 나라가 심히 견고하니라.**

사람의 죽음을 '잔다'고 말한 것은 부활을 예상하는 표현이다. 자는 사람이 깨듯이, 죽은 자는 마지막 날 다 부활할 것이다. 솔로몬은 그 아버지의 왕위에 앉았고 그의 나라는 심히 견고하였다.

〔13-18절〕 학깃의 아들 아도니야가 솔로몬의 모친 밧세바에게 나아온지라. 밧세바가 이르되 네가 화평한 목적으로 **왔느뇨? 대답하되 화평한** 목적이니이다. **또 가로되 내가 말씀할 일이 있나이다. 밧세바가 가로되 말하라. 저가 가로되 당신도 아시는 바여니와 이 왕위는 내 것이었고 온 이스라엘은 다 얼굴을 내게로 향하여 왕을 삼으려 하였는데 그 왕위가 돌이켜 내 아우의 것이 되었음은 여호와께로 말미암음이니이다. 이제 내가 한가지 소원을 당신에게 구하오니 내 얼굴을 괄시하지 마옵소서. 밧세바가 가로되 말하라. 가로되 청컨대 솔로몬 왕에게 말씀하여 저로 수넴 여자 아비삭을 내게 주어 아내를 삼게 하소서. 왕이 당신의 얼굴을 괄시치 아니하리이다. 밧세바가 가로되 좋다. 내가 너를 위하여 왕께 말하리라.**

13절 이하는 솔로몬이 악한 자들을 처단한 일들에 대해 증거한다. 악은 공의로 처단되어야 한다. 죄를 징벌치 않고 용납하는 것은 평안을 위하는 일이 아니고 평안을 해치는 일이다. 악한 자는 권징을 받고 철저하게 회개해야 한다. 아도니야는 솔로몬의 모친 밧세바에게 와서 왕위는 원래 나의 것이었는데 하나님의 뜻 가운데 아우 솔로몬의 것이 되었다고 말하면서 다윗을 수종들었던 수넴 여자 아비삭을 자기에게 아내로 주기를 왕에게 청해줄 것을 말하였다.

〔19-25절〕 밧세바가 이에 아도니야를 위하여 말하려고 솔로몬 왕에게 이르니 왕이 일어나 영접하여 절한 후에 다시 위(位)[보좌]**에 앉고 그 모친을 위하여 자리를 베풀게 하고 그 우편에 앉게 하는지라. 밧세바가 이르되 내가 한가지 작은 일로 왕께 구하오니 내 얼굴을 괄시하지 마소서. 왕이 대답하되 내 어머니여, 구하시옵소서. 내가 어머니의 얼굴을 괄시하지 아니하리이다. 가로되 청컨대 수넴 여자 아비삭을 아도니야에게 주어 아내를 삼게 하소서. 솔로몬 왕이 그 모친에게 대답하여 가로되 어찌하여 아도니야를 위하여 수넴 여자 아비삭을 구하시나이까? 저는 나의 형이오니 저를 위하여 왕위도 구하옵소서. 저뿐 아니라 제사장 아비아달과 스루야의 아들 요압도 위하여 구하옵소서 하고 여호와를 가리켜 맹세하여 가로되 아도니야가 이런 말을 하였은즉 그 생명을 잃지 아니하면 하나님은 내게 벌 위에 벌을 내**

리심이 마땅하니이다. 나를 세워 내 부친 다윗의 위(位)[왕위]**에 오르게 하시고 허락하신 말씀대로 나를 위하여 집을 세우신 여호와의 사심을 가리켜 맹세하노니 아도니야는 오늘날 죽임을 당하리라 하고 여호야다의 아들 브나야를 보내매 저가 아도니야를 쳐서 죽였더라.**

솔로몬은 아도니야의 청원이 악하다고 판단하였다. 아비삭은, 비록 다윗이 그와 동침치는 않았으나 형식적으로는 다윗의 마지막 아내와 같았다. 그런데 아도니야가 아버지의 아내이었던 자를 아내로 요청한 것이니 이것은 극히 무례한 일이요 근친상간적인 악이 아닐 수 없었다. 솔로몬은 전에 그에게 "저의 가운데 악한 것이 보이면 죽으리라"고 말했었다(왕상 1:52). 이제 그는 죽임을 당해야 할 말을 하였다. 그래서 솔로몬은 브나야를 보내어 그를 쳐서 죽이게 하였다.

〔26-27절〕 왕이 제사장 아비아달에게 이르되 네 고향 아나돗으로 가라. 너는 마땅히 죽을 자로되 네가 내 부친 다윗 앞에서 주 여호와의 궤를 메었고 또 내 부친이 모든 환난을 받을 때에 너도 환난을 받았은즉 내가 오늘날 너를 죽이지 아니하노라 하고 아비아달을 쫓아내어 여호와의 제사장 직분을 파면하니 여호와께서 실로에서 엘리의 집에 대하여 하신 말씀을 응하게 함이더라.

솔로몬 왕은 제사장 아비아달을 쫓아내어 여호와의 제사장 직분을 못하게 했다. 이것은, 여호와께서 실로에서 엘리의 집에 대하여 하신 말씀의 성취이었다(삼상 2:31-33). 제사장 아비아달은 아론의 아들 이다말의 자손으로서 엘리의 자손이었다. 한편, 제사장 사독은 아론의 아들 엘르아살의 자손이었다(대상 24:3).

〔28-35절〕 그 소문이 요압에게 들리매 저가 여호와의 장막으로 도망하여 단 뿔을 잡으니 이는 저가 다윗을 **떠나 압살롬을 좇지 아니하였으나 아도니야를 좇았음이더라. 혹이 솔로몬 왕에게 고하되 요압이 여호와의 장막으로 도망하여 단 곁에 있나이다. 솔로몬이 여호야다의 아들 브나야를 보내며 가로되 너는 가서 저를 치라. 브나야가 여호와의 장막에 이르러 저에게 이르되 왕께서 나오라 하시느니라. 저가 대답하되 아니라, 내가 여기서 죽겠노**

라. 브나야가 돌아가서 왕께 고하여 가로되 요압이 이리이리 내게 대답하더이다. 왕이 이르되 저의 말과 같이 하여 저를 죽여 묻으라. 요압이 까닭 없이 흘린 피를 나와 내 부친의 집에서 네가 제하리라. 여호와께서 요압의 피를 그 머리로 돌려보내실 것은 저가 자기보다 의롭고 선한 두 사람을 쳤음이니 곧 이스라엘 군대장관 넬의 아들 아브넬과 유다 군대장관 예델의 아들 아마사를 칼로 죽였음이라. 이 일을 내 부친 다윗은 알지 못하셨나니 저희의 피는 영영히 요압의 머리와 그 자손의 머리로 돌아갈지라도 다윗과 그 자손과 그 집과 그 위(位)에는 여호와께로 말미암은 평강이 영원히 있으리라. 여호야다의 아들 브나야가 곧 올라가서 저를 쳐죽이매 저가 거친 땅에 있는 자기의 집에 매장되니라. 왕이 이에 여호야다의 아들 브나야로 요압을 대신하여 군대장관을 삼고 또 제사장 사독으로 아비아달을 대신하게 하니라.

솔로몬이 악인들을 처단한다는 소문이 요압에게 들리자, 요압은 여호와의 장막으로 도망해 제단뿔을 잡았다. 솔로몬 왕은 브나야를 보내어 곧 올라가서 그를 쳐죽였다. 왕은 브나야로 요압을 대신하여 군대장관을 삼았고 사독으로 아비아달을 대신하게 제사장을 삼았다.

〔36-46절〕 왕이 보내어 시므이를 불러서 이르되 너는 예루살렘에서 너를 위하여 집을 짓고 거기서 살고 어디든지 나가지 말라. 너는 분명히 알라. 네가 나가서 기드론 시내를 건너는 날에는 정녕 죽임을 당하리니 네 피가 네 머리로 돌아가리라. 시므이가 왕께 대답하되 이 말씀이 좋사오니 내 주 왕의 말씀대로 종이 그리하겠나이다 하고 이에 날이 오래도록 예루살렘에 머무니라. 3년 후에 시므이의 두 종이 가드 왕 마아가의 아들 아기스에게로 도망하여 간지라. 혹이 시므이에게 고하여 가로되 당신의 종이 가드에 있나이다. 시므이가 그 종을 찾으려고 일어나 그 나귀에 안장을 지우고 가드로 가서 아기스에게 나아가 그 종을 가드에서 데려왔더니 시므이가 예루살렘에서부터 가드에 갔다가 돌아온 일을 혹이 솔로몬에게 고한지라. 왕이 사람을 보내어 시므이를 불러서 이르되 내가 너로 여호와를 가리켜 맹세하게 하고 경계하여 이르기를 너는 분명히 알라. 네가 밖으로 나가서 어디든지 가는 날에는 죽임을 당하리라 하지 아니하였느냐? 너도 내게 말하기를 내가 들은 말씀이 좋으니이다 하였거늘 네가 어찌하여 여호와를 가리켜 한 맹세와 내가 네게 이른 명령을 지키지 아니하였느냐? 왕이 또 시므이에게 이르

되 네가 무릇 네 마음의 아는 모든 악 곧 내 부친에게 행한 바를 네가 스스로 아나니 여호와께서 네 악을 네 머리로 돌려보내시리라. 그러나 솔로몬 왕은 복을 받고 다윗의 위(位)[왕위]는 영원히 여호와 앞에서 견고히 서리라 하고 여호야다의 아들 브나야에게 명하매 저가 나가서 시므이를 쳐서 죽게 한지라. 이에 나라가 솔로몬의 손에 견고하여지니라.

왕은 시므이를 불러 예루살렘 안에서 살고 그 밖으로 나가지 말라고 말했다. 그런데 3년 후에 시므이의 두 종이 가드 왕 아기스에게로 도망하였고 시므이가 그 종들을 찾으려고 가드에 내려갔다. 이 일을 들은 솔로몬은 그가 맹세를 어겼기 때문에 그를 죽였다.

본장의 교훈을 정리해보자. 첫째로, 다윗은 솔로몬에게 하나님의 법과 계명과 율례와 증거를 지키면 무엇을 하든지 어디로 가든지 형통할 것이라고 말했다(3절). 이 유언적 교훈은 모든 성도들에게 유익하다. 의는 나라를 견고하고 평안케 하지만, 죄는 반란과 분열과 전쟁을 가져온다. 그러므로 우리는 우리의 의가 되신 예수 그리스도만 믿고 의지하며 날마다 그의 보혈의 샘에서 우리의 부족을 씻음 받고 하나님의 은혜를 구하며 성경 교훈을 다 믿고 행하며 악을 떠나야 한다. 그것이 복된 길이며 평안과 형통의 길이다. 시편 119:1, "행위 완전하여 여호와의 법에 행하는 자가 복이 있음이여." 성경말씀을 지키는 자는 형통할 것이다.

둘째로, 솔로몬의 왕국은 공의의 통치를 통해 견고해졌다(12, 46절). 잠언 25:5, "왕 앞에서 악한 자를 제하라. 그리하면 그 위(位)가 의로 말미암아 견고히 서리라." 이스라엘 왕국은 오늘날 교회와 같다. 교회의 발전은 단지 수적인 증가가 아니고 내실 있는 성장이다. 교회는 드러난 악을 제해야 하고 특히 교회의 직분자들은 성경에 교훈된 바를 다 믿고 실천하는 자들, 흠 없고 덕스러운 자들이 되어야 한다. 믿음 없고 교만한 자들은 교회를 어지럽히지 못하도록 적어도 교회의 직분에서 제외되어야 한다. 또 악은 공의로 징벌되어야 한다. 그래야 교회가 평안 가운데 든든히 서게 될 것이다. 교회는 권징의 시행으로 견고해진다.

3장: 솔로몬이 지혜를 구함

〔1-3절〕 솔로몬이 애굽 왕 바로로 더불어 인연을 맺어 그 딸을 취하고 데려다가 다윗 성에 두고 자기의 궁과 여호와의 전과 예루살렘 주위의 성이 필역되기를 기다리니라. 그때까지 여호와의 이름을 위하여 전을 아직 건축하지 아니하였으므로 백성들이 산당[산당들]**에서 제사하며 솔로몬이 여호와를 사랑하고 그 부친 다윗의 법도를 행하되 오히려**(라크 רַק)[단지 only(KJV, BDB), except(NASB, NIV)] **산당**[산당들]**에서 제사하며 분향하더라.**

솔로몬은 애굽의 공주를 아내로 맞고 궁궐과 성전의 완공을 기다렸다. 그때까지 여호와의 이름을 위해 성전이 아직 건축되지 않았으므로 백성들은 산당들에서 제사하였고, 솔로몬도 여호와를 사랑하고 그 부친 다윗의 법도를 행하되 단지 산당들에서 제사하며 분향했다. 산당들에서 제사하는 것은 일반적으로 하나님을 섬기는 바른 방법은 아니었다고 본다. 그러므로 후에 히스기야는 산당들을 제하였다(왕하 18:4). 이스라엘 백성은 오직 성막에서 하나님을 섬겨야 했다. 그러나 당시에 기브온 산당에는 여호와의 성막이 있었다. 역대하 1:3, "[솔로몬은] 온 회중과 함께 기브온 산당으로 갔으니 하나님의 회막 곧 여호와의 종 모세가 광야에서 지은 것이 거기 있음이라." 솔로몬은 하나님을 사랑하고 다윗이 전한 하나님의 법도를 힘써 행하였다.

〔4-10절〕 이에 왕이 제사하러 기브온으로 가니 거기는 산당이 큼이라. 솔로몬이 그 단에 일천 번제를[일천 마리 번제물들을] **드렸더니 기브온에서 밤에 여호와께서 솔로몬의 꿈에 나타나시니라. 하나님이 이르시되 내가 네게 무엇을 줄꼬? 너는 구하라. 솔로몬이 가로되 주의 종 내 아비 다윗이 성실**[진실]**과 공의와 정직한 마음으로 주와 함께 주의 앞에서 행하므로 주께서 저에게 큰 은혜를 베푸셨고 주께서 또 저를 위하여 이 큰 은혜를 예비하시고 오늘날과 같이 저의 위(位)**[왕위]**에 앉을 아들을 저에게 주셨나이다. 나의 하나님 여호와여, 주께서 종으로 종의 아비 다윗을 대신하여 왕이 되게 하셨사오나 종은 작은 아이라. 출입할 줄을 알지 못하고 주의 빼신 백성 가**

운데 있나이다. 저희는 큰 백성이라. 수효가 많아서 셀 수도 없고 기록할 수 도 없사오니 누가 주의 이 많은 백성을 재판할 수 있사오리이까? 지혜로운 (쇼메아 שֹׁמֵעַ)[듣는] **마음을 종에게 주사 주의 백성을 재판하여 선악을 분별하게 하옵소서. 솔로몬이 이것을 구하매 그 말씀이 주의 마음에 맞은지라.**

솔로몬은 하나님의 회막 앞 놋단에서 일천 마리의 번제물을 드렸다. 여호와께서는 그 밤에 솔로몬의 꿈에 나타나셨다. 꿈은 옛 시대에 하나님의 특별계시의 방법이었다. 하나님께서는 "내가 네게 무엇을 줄까, 너는 구하라"고 말씀하셨다. 솔로몬은 자신을 하나님 앞에서 '작은 아이'라고 겸손하게 말하면서 왕으로서 공의로 백성을 다스리며 재판할 때 필요한 지혜를 구했다. '듣는 마음'은 '귀를 기울여 백성의 정당한 요구와 탄원을 듣고 분별할 수 있는 지혜의 마음'을 가리킨다. 정치가의 지혜는 백성의 말을 듣는 데서 시작된다. 솔로몬의 구한 바가 주의 마음에 맞았고 그를 기쁘시게 하였다.

〔11-15절〕 이에 하나님이 저에게 이르시되 네가 이것을 구하도다. 자기를 위하여 수(壽)[장수]**도 구하지 아니하며 부(富)도 구하지 아니하며 자기의 원수의 생명** 멸하기**도 구하지 아니하고 오직 송사를 듣고** 분별하는 **지혜를 구하였은즉 내가 네 말대로 하여 네게 지혜롭고 총명한 마음을 주노니 너의 전에도 너와 같은 자가 없었거니와 너의 후에도 너와 같은 자가 일어남이 없으리라. 내가 또 너의 구하지 아니한 부(富)와 영광도 네게 주노니 네 평생에 열왕 중에 너와 같은 자가 없을 것이라. 네가 만일 네 아비 다윗의 행함같이 내 길로 행하며 내 법도와 명령을 지키면 내가 또 네 날을 길게 하리라. 솔로몬이 깨어보니 꿈이더라. 이에 예루살렘에 이르러 여호와의 언약궤 앞에 서서 번제와 수은제(酬恩祭)**[화목제]**를 드리고 모든 신복을 위하여 잔치하였더라.**

솔로몬은 하나님께 '송사를 듣고 분별하는 지혜'를 구했고 하나님께서는 솔로몬에게 그가 구한 것 이상을 넘치게 주시겠다고 약속하셨다. 하나님께서는 우리가 구한 것 이상을 주신다(엡 3:20). 솔로몬이 깨어보니 꿈이었다. 그 꿈은 하나님의 계시적 꿈이었다. 하나님께서는 꿈을 통하여 솔로몬에게 자신의 뜻을 나타내셨다.

〔16-22절〕 때에 창기 두 계집이 왕에게 와서 그 앞에 서며 한 계집은 말하되 내 주여, 나와 이 계집이 한 집에서 사는데 내가 저와 함께 집에 있으며 아이를 낳았더니 나의 해산한 지 3일에 이 계집도 해산하고 우리가 함께 있었고 우리 둘 외에는 집에 다른 사람이 없었나이다. 그런데 밤에 저 계집이 그 아들 위에 누우므로 그 아들이 죽으니 저가 밤중에 일어나서 계집종 나의 잠든 사이에 내 아들을 내 곁에서 가져다가 자기의 품에 누이고 자기의 죽은 아들을 내 품에 뉘었나이다. 미명에[아직 어두울 때에] **내가 내 아들을 젖 먹이려고 일어나 본즉 죽었기로 내가 아침에 자세히 보니 내가 낳은 아들이 아니더이다 하매 다른 계집은 이르되 아니라, 산 것은 내 아들이요 죽은 것은 네 아들이라 하고 이 계집은 이르되 아니라, 죽은 것이 네 아들이요 산 것이 내 아들이라 하며 왕 앞에서 그와 같이 쟁론하는지라.**

솔로몬이 꿈에 하나님의 지혜를 약속 받은 후 이 사건을 통해 그의 지혜가 증거되었다. 왕의 판결을 구한 두 여자 중에서 산 자와 죽은 자의 진짜 어머니를 분간하는 일은 참으로 어려운 일이었다.

〔23-28절〕 왕이 가로되 이는 말하기를 산 것은 내 아들이요 죽은 것은 네 아들이라 하고 저는 말하기를 아니라, 죽은 것이 네 아들이요 산 것이 내 아들이라 하는도다 하고 또 가로되 칼을 내게로 가져오라 하니 칼을 왕의 앞으로 가져온지라. 왕이 이르되 산 아들을 둘에 나눠 반은 이에게 주고 반은 저에게 주라. 그 산 아들의 어미되는 계집이 그 아들을 위하여 마음이 불붙는것 같아서 왕께 아뢰어 가로되 청컨대 내 주여, 산 아들을 저에게 주시고 아무쪼록 죽이지 마옵소서 하되 한 계집은 말하기를 내 것도 되게 말고 네 것도 되게 말고 나누게 하라 하는지라. 왕이 대답하여 가로되 산 아들을 저 계집에게 주고 결코 죽이지 말라. 저가 그 어미니라 하매 온 이스라엘이 왕의 심리하여 판결함을 듣고 왕을 두려워하였으니 이는 하나님의 지혜가 저의 속에 있어 판결함을 봄이더라.

"산 아들을 둘에 나눠 반은 이에게 주고 반은 저에게 주라"는 솔로몬의 말은 어리석은 말처럼 보였을 것이다. 그러나 그의 말은 진짜 어머니를 분간케 하는 참으로 지혜로운 말이었다. 그 산 아들의 어미

되는 여자는 그 아들을 위해 마음이 불붙는 것 같으나, 다른 한 여자는 그렇지 않았다. 산 아들을 죽이지 말기를 청한 여자가 그 아이의 진짜 어머니인 것이 분명하였다. 이스라엘 백성은 하나님의 지혜가 솔로몬의 판결 속에 있음을 보고 왕을 두려워하였다.

본장의 교훈을 정리해보자. 첫째로, 솔로몬이 하나님께 일천 번제를 드렸을 때 하나님께서 솔로몬에게 나타나셨고 무엇을 줄까 하고 물으셨고 좋은 것을 허락하셨다. 하나님께서는 모세의 율법에서 이스라엘 백성에게 "너는 마음을 다하고 성품을 다하고 힘을 다하여 네 하나님 여호와를 사랑하라"고 명령하셨다(신 6:5). 하나님을 잘 알지 못하였던 우리 선조들도 정성을 다해 천지신명 혹은 하느님을 섬기고자 하였다. 우리는 영원하신 여호와, 창조자, 전능자, 섭리자, 참 하나님을 아는 자들로서 그 하나님을 얼마나 더 정성을 다하여 섬겨야 하겠는가. 우리는 마음을 다하고 성품을 다하고 힘을 다하여 여호와 하나님을 사랑해야 하고 그 하나님께 날마다 참된 헌신과 봉사와 충성을 다짐하며 정성을 다해 예배하며 그의 말씀인 성경을 읽고 기도하고, 하나님의 일에 힘써야 한다. 우리는 하나님을 정성을 다하여 섬겨야 한다.

둘째로, 우리는 하나님의 명하신 임무를 완수하기 위해 지혜를 구해야 한다. 지혜는 하나님을 경외하며 그의 계명대로 사는 것이다. 예수 그리스도께서는 우리의 지혜이시다(고전 1:30). 성령께서는 지혜의 영이시다(사 11:2). 시편 119:98-100, "주의 계명이 항상 나와 함께하므로 그것이 나로 원수보다 지혜롭게 하나이다. 내가 주의 증거를 묵상하므로 나의 명철함이 나의 모든 스승보다 승하며 주의 법도를 지키므로 나의 명철함이 노인보다 승하니이다." 참 지혜는 예수님을 모시고 성령의 충만함을 얻고 성경을 주야로 묵상함으로 얻는다. 우리는 부모와 성도와 직분자로서 지혜의 부족을 느낄 때마다 후히 주시고 꾸짖지 않으시는 하나님께 지혜를 구하고 얻어(약 1:5) 맡은 일에 충성해야 한다.

4장: 솔로몬 시대의 평화와 번영

〔1-6절〕 솔로몬 왕이 온 이스라엘의 왕이 되었고 그의 신하들은 이러하니라. 사독의 아들 아사리아는 제사장이요 시사의 아들 엘리호렙과 아히야는 서기관이요 아힐룻의 아들 여호사밧은 사관(史官)이요 여호야다의 아들 브나야는 군대장관이요 사독과 아비아달은 제사장이요 나단의 아들 아사리아는 관리장이요 나단의 아들 사붓은 대신(大臣)이니 왕의 벗이요 아히살은 궁내대신이요 압다의 아들 아도니람은 감역관이더라.

'대신(大臣)'이라는 원어(코헨 כֹּהֵן)는 보통 '제사장'(NASB, NIV)이라는 뜻이지만, 여기서는 사무엘하 8:18; 20:26에서와 같이 '대신'(大臣)(principal officer)(KJV)이라는 뜻 같다. '나단'은 아마 다윗의 아들 나단(삼하 5:14)을 가리켰을 것이다. 사무엘하 8:18은 다윗의 아들들을 '대신'(코헨 כֹּהֵן)이라고 기록하였다. '궁내대신'은 오늘날 대통령의 비서실장과 같고, '감역관'(알 함마스 עַל־הַמַּס)은 '강제 노역자들의 감독관'을 가리켰다고 보인다(BDB, NASB, NIV).

〔7-19절〕 솔로몬이 또 온 이스라엘 위에 열두 관장을 두매 그 사람들이 왕과 왕실을 위하여 식물을 예비하되 각기 일년에 한달 씩 식물을 예비하였으니 그 이름은 이러하니라. 에브라임 산지에는 벤훌이요 마가스와 사알빔과 벧세메스와 엘론벧하난에는 벤데겔이요 아룹봇에는 벤헤셋이니 소고와 헤벨 온 땅을 저가 주관하였으며 돌 높은 땅 온 지방에는 벤아비나답이니 저는 솔로몬의 딸 다밧으로 아내를 삼았으며 다아낙과 므깃도와 이스르엘 아래 사르단 가에 있는 벧스안 온 땅은 아힐룻의 아들 바아나가 맡았으니 벧스안에서부터 아벨므홀라에 이르고 욕느암 바깥까지 미쳤으며 길르앗 라못에는 벤게벨이니 저는 길르앗에 있는 므낫세의 아들 야일의 모든 촌을 주관하였고 또 바산 아르곱 땅의 성벽과 놋빗장 있는 큰 성읍 육십을 주관하였으며 마하나임에는 잇도의 아들 아히나답이요 납달리에는 아히마아스니 저는 솔로몬의 딸 바스맛으로 아내를 삼았으며 아셀과 아롯에는 후새의 아들 바아나요 잇사갈에는 바루아의 아들 여호사밧이요 베냐민에는 엘라의

아들 시므이요 아모리 사람의 왕 시혼과 바산 왕 옥의 나라 길르앗 땅에는 우리의 아들 게벨이니 그 땅에서는 저 한 사람만 관장이 되었더라.

솔로몬은 각 지역별로 왕과 왕실을 위해 식물을 예비하도록 열두 명의 '관장들'을 두었다. '관장'이라는 원어(닛차브 נִצָּב)는 '대리, 장관'이라는 뜻이다(BDB). 그들은 일년에 한 달씩 식물을 예비하였다.

〔20-21절〕 유다와 이스라엘의 인구가 바닷가의 모래같이 많게 되매 먹고 마시며 즐거워하였으며 솔로몬이 하수에서부터 블레셋 사람의 땅에 이르기까지와 애굽 지경에 미치기까지의 모든 나라를 다스리므로 그 나라들이 공(貢)[조공]**을 바쳐 솔로몬의 사는 동안에 섬겼더라.**

솔로몬 왕 시대에는 평안과 번영과 강성함이 있었다. 유다와 이스라엘의 인구는 바닷가의 모래같이 많게 되었고 백성들은 먹고 마시며 즐거워했다. 솔로몬은 북쪽의 유브라데강에서부터 남쪽의 블레셋 사람의 땅에 이르기까지와 애굽 지경에 미치기까지 모든 나라들을 다스렸다. 그가 다스리는 범위는 다윗 시대보다 더욱 넓어졌다. 여러 이웃 나라들은 조공을 바쳐 솔로몬의 사는 동안에 그를 섬겼다.

〔22-23절〕 솔로몬의 1일분 식물은 가는 밀가루가 30석이요 굵은 밀가루가 60석이요 살찐 소가 열이요 초장의 소가 스물이요 양이 일백이며 그 외에 수사슴과 노루와 암사슴과 살진 새들이었더라.

본문은 솔로몬의 1일분 식물의 양을 기록한다. '석'이라고 번역한 히브리어 '코르'(כֹּר)는 호멜과 같은데, 1코르는 10에바며 약 220리터(1섬 이상)이다. 또 그 외에도 식물로 소, 양, 수사슴, 노루, 암사슴, 새들(오리 등)이 있었다. 그것은 솔로몬 왕국의 부유함을 증거한다.

〔24-25절〕 솔로몬이 하수 이편을 딥사에서부터 가사까지 모두 다스리므로 하수 이편의 모든 왕이 다 관할한 바 되매 저가 사방에 둘린 민족**과 평화가 있었으니 솔로몬의 사는 동안에 유다와 이스라엘이 단에서부터 브엘세바에 이르기까지 각기 포도나무 아래와 무화과나무 아래서 안연히 살았더라.**

본문은 솔로몬 시대의 통치 범위와 평안을 다시 증거한다. 솔로몬은 북쪽으로 '하수' 즉 유브라데강 이편을 딥사에서부터 남쪽으로 블레셋 땅의 가사까지 모두 다스렸다. 딥사는 북쪽 유브라데강 상류 가까이에 있는 도시이었다. 유브라데강 이편의 모든 왕은 다 솔로몬의 다스림을 받았고 솔로몬은 또 사방에 둘린 민족들과 평화가 있었다. '평화'라는 말은 '조약'이라는 뜻을 포함한다. 솔로몬의 사는 동안에 유다와 이스라엘은 본래 이스라엘 땅의 최북단 도시인 단에서부터 최남단 도시인 브엘세바에 이르기까지 각기 포도나무 아래와 무화과나무 아래서 '안연히' 즉 '안전하게' 살았다. 솔로몬 시대는 정치외교적으로, 그리고 사회적으로 안정을 얻은 시대이었다.

〔26-28절〕 솔로몬의 병거의 말의 외양간이 4만이요 마병이 1만 2천이며 그 관장들은 각각 자기 달에 솔로몬 왕과 왕의 상에 참여하는 모든 자를 위하여 먹을 것을 예비하여 부족함이 없게 하였으며 또 저희가 각기 직무를 따라(케미쉬파토 כְּמִשְׁפָּטוֹ)[그 적당한 분량대로](BDB) **말과 준마에게 먹일 보리와 꼴을 그 말의 있는 곳으로 가져왔더라.**

솔로몬의 병거의 말의 외양간이 40,000이었고 마병이 12,000이었다. 역대하 9:25는 "솔로몬의 병거 메는 말의 외양간이 4,000이라"고 기록하였다. 그러나 솔로몬의 병거를 모는 말이 4,000마리뿐이라는 뜻으로 보기는 어렵다. 외양간이 4,000이라는 표현은 아마 10마리씩 들어가는 외양간이 4,000개라는 뜻으로 볼 수 있을 것이다(Poole). 또 열두 장관들은 각각 자기들의 달에 솔로몬 왕과 왕의 식탁에 참여하는 모든 자들을 위해 먹을 것을 예비하여 부족함이 없게 했다. 그들은 각기 직무를 따라 말들과 준마들에게 먹일 보리와 꼴도 가져왔다.

〔29-34절〕 하나님이 솔로몬에게 지혜와 총명을 심히 많이 주시고 또 넓은 마음을 주시되 바닷가의 모래같이 하시니 솔로몬의 지혜가 동양 모든 사람의 지혜와 애굽의 모든 지혜보다 뛰어난지라. 저는 모든 사람보다 지혜로와서 예스라 사람 에단과 마홀의 아들 헤만과 갈골과 다르다보다 나으므로 그 이름이 사방 모든 나라에 들렸더라. 저가 잠언 3천을 말하였고 그 노래는 1천 다섯이며 저가 또 초목을 논하되 레바논 백향목으로부터 담에 나는

우슬초까지 하고 저가 또 짐승과 새와 기어다니는 것과 물고기를 논한지라. 모든 민족 중에서 솔로몬의 지혜의 소문을 들은 천하 모든 왕 중에서 그 지혜를 들으러 왔더라.

솔로몬은 에단, 헤만, 갈골, 다르다 등 알려진 지혜자들보다 지혜로웠다. 그들은 유다가 다말에게서 낳은 세라의 아들들이었던 것 같다(대상 2:6). 에스라 사람 에단은 시편 89편의 저자이기도 했다. 솔로몬은 잠언의 대부분과 전도서와 아가서와 시편 72편과 127편을 썼다. 그는 식물학, 동물학에도 관심과 상당한 학식을 가지고 있었다. 그가 쓴 잠언에는 동물에 대한 언급도 종종 나온다(6:6-8; 26:2, 3; 28:1 등).

본장의 교훈을 정리해보자. 첫째로, 하나님께서는 솔로몬에게 지혜와 부와 영광을 주겠다고 약속하셨었고 그 약속대로 그에게 풍성하고 뛰어난 지혜를 주셨고 나라의 평안과 물질적 여유와 강성함을 주셨다(29-30절). 하나님께서는 약속을 지키셨다. 그는 약속을 지키시는 하나님이시다. 우리는 성경에 기록된 하나님의 모든 약속을 믿어야 한다.

둘째로, 솔로몬의 시대는 평안과 물질적 여유가 있었다. 25절, "솔로몬의 사는 동안에 유다와 이스라엘이 단에서부터 브엘세바에 이르기까지 각기 포도나무 아래와 무화과나무 아래서 안전하게 살았더라." 솔로몬 시대는 메시아 시대의 예표이다. 메시아께서는 솔로몬보다 더 지혜로우시며 메시아 왕국은 충만한 기쁨과 평안과 물질적 풍요의 나라이다(롬 14:17). 천국은 병과 슬픔과 눈물과 고통과 죽음이 없는 세계이다(계 21:4). 우리는 지금 영적으로 기쁨과 평안을 맛보지만, 장차 천국에서는 그것을 충만하게 누릴 것이다. 그러므로 우리는 천국을 사모한다.

셋째로, 하나님께서는 솔로몬의 왕국에 풍성한 복을 주셨다. 하나님께서는 복의 근원이시다. 그는 예수 그리스도 안에서 우리에게도 현세와 내세에 풍성한 복을 주신다. 디모데전서 4:8, "경건은 범사에 유익하니 금생과 내생에 약속이 있느니라." 그러므로 우리는 복의 근원이신 하나님을 믿고 오직 경건하게 살고 말씀 순종하며 살아야 한다.

5장: 솔로몬이 성전 건축을 준비함

[1-6절] 솔로몬이 기름 부음을 받고 그 부친을 이어 왕이 되었다 함을 두로 왕 히람이 듣고 그 신복을 솔로몬에게 보내었으니 이는 히람이 평일에 다윗을 사랑하였음이라. 이에 솔로몬이 히람에게 기별하여 가로되 당신도 알거니와 내 부친 다윗이 사방의 전쟁으로 인하여 그 하나님 여호와의 이름을 위하여 전(殿)을 건축하지 못하고 여호와께서 그 원수들을 그 발바닥 밑에 두시기를 기다렸나이다. 이제 내 하나님 여호와께서 내게 사방의 태평을 주시매 대적도 없고 재앙도 없도다. 여호와께서 내 부친 다윗에게 하신 말씀에 내가 너를 이어 네 위(位)[왕위]**에 오르게 할 네 아들 그가 내 이름을 위하여 전을 건축하리라 하신 대로 내가 내 하나님 여호와의 이름을 위하여 전을 건축하려 하오니 당신은 영(令)을 내려 나를 위하여 레바논에서 백향목을 베어내게 하소서. 나의 종과 당신의 종이 함께할 것이요 또 내가 당신의 모든 말씀대로 당신의 종의 삯을 당신에게 붙이리이다. 당신도 알거니와 우리 중에는 시돈 사람처럼 벌목을 잘하는 자가 없나이다.**

하나님께서는 솔로몬에게 하나님의 전을 지을 만한 여건을 주셨다. 그는 솔로몬의 나라 사방에 평안을 주셨고 대적이 없게 하셨고 재앙도 없게 하셨다. 그는 솔로몬에게 물질적 여유도 주셨다. 그는 그에게 무엇보다 하나님의 전을 짓고자 하는 경건하고 진지한 마음을 주셨다. 솔로몬은 하나님의 전을 건축하는 일이 하나님의 뜻이며 그 부친 다윗에게 약속하신 일임을 알고 있었다. 솔로몬의 성전 건축 계획은 하나님께서 다윗에게 약속하신 말씀에 근거하고 있었다.

[7-12절] 히람이 솔로몬의 말을 듣고 크게 기뻐하여 가로되 오늘날 여호와를 찬양할지로다. 저가 다윗에게 지혜로운 아들을 주사 그 많은 백성을 다스리게 하셨도다 하고 이에 솔로몬에게 기별하여 가로되 당신의 기별하신 말씀을 내가 듣고 내 백향목 재목과 잣나무 재목에 대하여는 당신의 바라시는 대로 할지라. 내 종이 레바논에서 바다로 수운(輸運)[운반]**하겠고 내가 그것을 바다에서 떼로 엮어**[뗏목으로]** 당신이 지정하는 곳으로 보내고 거기서**

그것을 풀리니 당신은 받으시고 나의 원을 이루어서 나의 궁정을 위하여 식물을 주소서 하고 솔로몬의 모든 원대로 백향목 재목과 잣나무 재목을 주매 솔로몬이 히람에게 그 궁정의 식물로 밀 2만석과 맑은 기름 20석을 주고 해마다 그와 같이 주었더라. 여호와께서 그 말씀대로 솔로몬에게 지혜를 주신 고로 히람과 솔로몬이 친목하여 두 사람이 함께 약조를 맺었더라.

하나님께서는 두로 왕 히람에게 솔로몬의 소원대로 성전 건축하는 일을 도울 즐거운 마음을 주셨다. 히람은 솔로몬의 모든 원대로 백향목 재목과 잣나무 재목을 주었고, 솔로몬은 히람에게 그 궁정의 식물로 밀 2만석과 맑은 기름 20석을 주고 해마다 그와 같이 주었다. '석'(코르 כֹּר)이라는 단위는 약 220리터(11말)에 해당한다. 솔로몬은 하나님의 성전 건축을 위한 나무들을 정당한 대가를 주고 준비하였다. 여호와께서는 그의 말씀대로 솔로몬에게 지혜를 주셨다.

〔13-18절〕 이에 솔로몬 왕이 온 이스라엘에서 역군(役軍)을 불러일으키니 그 역군의 수가 3만이라. 솔로몬이 저희들을 한 달에 1만인씩 번갈아 레바논으로 보내매 저희들이 한 달은 레바논에 있고 두 달은 집에 있으며 아도니람은 감독이 되었고 솔로몬에게 또 담군(擔軍)이 7만인이요 산에서 돌을 뜨는 자가 8만인이며 이 외에 그 역사를 동독(董督)[감독]**하는 관리가 3천 3백인이라. 저희가 일하는 백성을 거느렸더라. 이에 왕이 영을 내려 크고 귀한 돌**[돌들]**을 떠다가 다듬어서 전의 기초석으로**[기초로](KJV, NASB) **놓게 하매 솔로몬의 건축자와 히람의 건축자와 그발 사람이 그 돌을 다듬고 전을 건축하기 위하여 재목과 돌들을 갖추니라.**

솔로몬은 성전 건축을 조직적으로 준비하였다. 그는 온 이스라엘에서 3만명의 일꾼들을 불러 일으켰다. 그들은 의무적으로 징집된 자들인 것 같다. 또 나무나 돌을 짊어지는 일꾼들이 7만명, 산에서 돌을 뜨는 자가 8만명, 그 외에 그 일을 감독하는 관리가 3,300명이었다. 역대하 2:2, 18은 감독자가 3,600명이라고 말하는데, 그것은 감독자의 범위의 차이, 예컨대 하급감독자의 포함 여부 때문일 것이다. 왕은 영을 내려 크고 귀한 돌을 떠다가 다듬어서 성전의 기초로 놓게 하였다.

솔로몬의 건축자들과 히람의 건축자들과 그발 사람들은 그 돌들을 다듬고 전을 건축하기 위해 재목들과 돌들을 갖추었다.

본장의 교훈을 정리해보자. 첫째로, 솔로몬은 성전 건축이라는 중대한 일을 계획할 때 하나님의 말씀에 근거하여 행했다. 그는 하나님께서 그의 부친 다윗에게 주신 말씀에 근거하여 성전을 짓기를 원했다. 즉 그의 성전 건축 계획은 자기 뜻대로 한 것이 아니고 하나님의 말씀에 근거한 것이었다. 옛날 이스라엘 백성이 광야에서 성막을 지었을 때도 모세는 하나님의 지시와 명령을 따라 그것을 지었다(출 25:8-9). 성경은 그들이 여호와께서 모세에게 명하신 대로 했다고 약 열여덟 번 증거했다(출 39-40장). 오늘날도 우리는 하나님의 일을 오직 하나님의 말씀에 근거해서 행해야 한다. 그러므로 우리는 성경을 연구하고 하나님의 뜻에 대한 바른 지식을 가지고 성경의 교훈대로 봉사해야 한다.

둘째로, 하나님께서는 솔로몬 시대에 사회적 평안과 물질적 여유를 주셨고 솔로몬에게 경건한 소원을 주셨고 두로 왕 히람에게는 즐거이 협조하는 마음을 주셨다. 하나님의 일은 하나님께서 친히 이루신다. 스가랴 4:6, "이는 힘으로 되지 아니하며 능으로 되지 아니하고 오직 나의 신으로 되느니라." 주 예수께서는 "내가 이 반석 위에 내 교회를 세우리라"고 말씀하셨다(마 16:18). 하나님의 일은 하나님께서 여건을 주심으로 이루어진다. 그러므로 우리는 하나님께서 온 세계에 복음을 전하는 일과 참 교회를 세우는 일을 위해 좋은 여건 주시기를 기도해야 한다.

셋째로, 솔로몬은 두로 왕 히람에게 백향목과 잣나무 재목을 요청하였고 또 그 대가를 주었고 또 레바논에 파견할 일꾼들과 국내에서 일할 일꾼들, 또 그들을 감독할 자들을 잘 편성했다. 하나님께서 자기의 일을 친히 이루시고 적절한 환경여건도 주시지만, 우리는 지혜롭고 충성된 마음으로 그 일을 받들어야 한다. 우리는 하나님의 일에 대해 성경말씀에 근거한 소원을 품고(빌 2:13) 또 그 일을 지혜롭게 잘 계획하고 성심으로, 최선을 다해 받들고 충성해야 한다(고전 4:2; 계 2:10).

6장: 솔로몬이 성전을 건축함

〔1절〕 이스라엘 자손이 애굽 땅에서 나온 지 480년이요 솔로몬(주전 970-931년경 통치)**이 이스라엘 왕이 된 지 4년 시브월 곧 2월에 솔로몬이 여호와를 위하여 전(殿) 건축하기를 시작하였더라.**

솔로몬이 성전을 건축하기 시작한 해는 주전 966년경이다.

〔2-3절〕 솔로몬 왕이 여호와를 위하여 건축한 전(殿)은 장(長)이 60규빗[약 27미터]**이요 광(廣)이 20규빗**[약 9미터]**이요 고(高)가 30규빗**[약 14미터]**이며 전(殿)의 성소 앞 낭실**[로비나 현관]**의 장은 전(殿)의 광과 같이 20규빗이요 그 광은 전(殿) 앞에서부터 10규빗**[약 4.5미터]**이며.**

솔로몬이 건축한 성전의 설계도는 하나님께서 친히 일러주신 것이었다. 역대상 28:11-12, 19은, "다윗이 전의 낭실과 그 집들과 그 곳간과 다락과 골방과 속죄소의 식양을 그 아들 솔로몬에게 주고 또 성신[성령]의 가르치신[혹은 '심령으로 가진'(KJV, NASB)] 모든 식양 곧 여호와의 전의 뜰과 사면의 모든 방과 하나님의 전(殿) 곳간과 성물 곳간의 식양을 주고," "다윗이 가로되 이 위의 모든 것의 식양을 여호와의 손이 내게 임하여 그려 나로 알게 하셨느니라"고 말한다.

〔4-6절〕 전(殿)을 위하여 붙박이 교창[작은 채광창](KJV)**을 내고 또 전(殿)의 벽 곧 성소와 지성소의 벽에 연접하여 돌아가며 다락들을 건축하되** (다락마다) **돌아가며 골방들을 만들었으니 하층 다락의 광은 다섯 규빗**[약 2.3미터]**이요 중층 다락의 광은 여섯 규빗**[약 2.7미터]**이요 제3층 다락의 광은 일곱 규빗**[약 3.3미터]**이라. 전의 벽 바깥으로 돌아가며 턱을 내어 골방 들보들로 전(殿)의 벽에 박히지 않게 하였으며.**

성전을 위해 만든 '붙박이 교창'이라는 원어(칼로네 쉐쿠핌 아투밈 חַלּוֹנֵי שְׁקֻפִים אֲטֻמִים)는 햇빛을 위한 작은 창문 즉 채광창을 가리켰다고 본다(BDB, KJV, NIV). 또 성전의 벽 곧 성소와 지성소의 벽에 연접하여 돌아가며 3층으로 된 골방들을 만들었다. 성전의 벽 바깥으로 돌아가며 턱을 내어 골방 들보들로 전의 벽에 박히지 않게 하였다. 이 골방들은 제사장들이 지성물을 먹고 지성물을 두고 의복을 갈아입는 곳으로 사용되었다(겔 42:13-14).

〔7-8절〕 이 전(殿)은 건축할 때에 돌을 뜨는 곳에서 치석(治石)하고[돌을 다듬어] **가져다가 건축하였으므로 건축하는 동안에 전(殿) 속에서는 방망이나 도끼나 모든 철 연장 소리가 들리지 아니하였으며 중층 골방의 문은 전(殿) 오른편에 있는데 나사모양 사닥다리**[계단들]**로 말미암아** 하층에서 **중층에 오르고 중층에서 제3층에 오르게 하였더라.**

이 성전의 돌들은 채석장에서 다듬어 온 돌들이었다(왕상 5:17). 또 중층이나 제3층 골방은 나사모양 계단들로 오르게 하였다. 나사모양 계단들은 좁은 공간에서 2층, 3층으로 오르는 좋은 방법이었다.

〔9-10절〕 전(殿)의 건축이 마치니라. 그 전(殿)은 백향목 서까래와 널판으로 덮었고 또 온 전(殿)으로 돌아가며 고가 다섯 규빗[약 2.3미터] **되는 다락방을 건축하되 백향목 들보로 전(殿)에 연접하게 하였더라.**

〔11-13절〕 여호와의 말씀이 솔로몬에게 임하여 가라사대 네가 이제 이 전(殿)을 건축하니 네가 만일 내 법도를 따르며 내 율례를 행하며 나의 모든 계명을 지켜 그대로 행하면 내가 네 아비 다윗에게 한 말을 네게 확실히 이룰 것이요 내가 또한 이스라엘 자손 가운데 거하며 내 백성 이스라엘을 버리지 아니하리라 하셨더라.

솔로몬이 성전을 건축하였을 때, 하나님께서는 솔로몬에게 그의 모든 계명을 지켜 행하라고 다시 교훈하셨다. 솔로몬에게 성전보다 더 중요한 것이 하나님의 말씀을 지키며 순종하는 것이다.

〔14-18절〕 솔로몬이 전(殿) 건축하기를 마치고 백향목 널판으로 전(殿)의 안벽 곧 전(殿) 마루에서 천장까지의 벽에 입히고 또 잣나무 널판으로 전(殿) 마루를 놓고 또 전(殿) 뒤편에서부터 20규빗 되는 곳에 마루에서 천장까지 백향목 널판으로 가로막아 전(殿)의 내소(內所) 곧 지성소(至聖所)를 만들었으며 내소 앞에 있는 외소(外所) 곧 성소(聖所)의 장이 40규빗이며 전(殿) 안에 입힌 백향목에는 박과 핀 꽃을 아로새겼고 모두 백향목이라. 돌이 보이지 아니하며.

성전의 안쪽 벽과 마루와 아마 천정을 백향목과 잣나무로 입힌 것은 미관(美觀)과 음향을 위한 것일 것이다. 성전의 내소(지성소)와 외소(성소) 안에 입힌 백향목에는 박과 핀 꽃을 아로새겼는데, 그것은 하나님과 우리 주 예수 그리스도의 아름다움을 나타낼 것이다.

〔19-22절〕 여호와의 언약궤를 두기 위하여 전(殿) 안에 내소(內所)를 예비하였는데 그 내소의 속이 장이 20규빗[약 9미터]**이요 광이 20규빗**[약 9미터]**이요 고가 20규빗**[약 9미터]**이라. 정금으로 입혔고 백향목 단에도 입혔더라. 솔로몬이 정금으로 외소(外所) 안에 입히고 내소 앞에 금사슬로 건너지르고 내소를 금으로 입히고 온 전(殿)을 금으로 입히기를 마치고 내소에 속한**(랏데비르 לַדְּבִיר)[내소를 향한] **단**[분향단]**의 전부를 금으로 입혔더라.**

성전을 금으로 입힌 것은 예수 그리스도의 신적 영광을 상징한다.

〔23-28절〕 내소(內所) 안에 감람목으로 두 그룹을 만들었는데 그 고가 각각 10규빗이라. 한 그룹의 이 날개는 다섯 규빗이요 저 날개도 다섯 규빗이니 이 날개 끝으로부터 저 날개 끝까지 10규빗이며 다른 그룹도 10규빗이니 그 두 그룹은 한 척수, 한 모양이요 이 그룹의 고가 10규빗이요 저 그룹도 일반이라. 솔로몬이 내소 가운데 그룹을 두었으니 그룹들의 날개가 폐었는데[펴이었는데=펴져 있는데] **이 그룹의 날개는 이 벽에 닿았고 저 그룹의 날개는 저 벽에 닿았으며 두 날개는 전(殿)의 중앙에서 서로 닿았더라. 저가 금으로 그룹에 입혔더라.**

내소(內所)(지성소) 가운데 있는 그룹들의 날개가 펴 있는 것은 그 천사들이 하나님을 섬기며 그의 뜻을 민첩하게 받들어 행함을 상징할 것이다. 두 그룹의 날개가 내소 중앙에서 서로 닿은 것은 그 천사들이 서로 단합하고 협력하는 모습을 상징하는 것 같다.

〔29-32절〕 내외소(內外所) 사면 벽에는 모두 그룹들과 종려와 핀 꽃 형상을 아로새겼고 내외 전 마루에는 금으로 입혔으며 내소에 들어가는 곳에는 감람목으로 문을 만들었는데 그 문 인방과 문설주는 벽의 5분지 1이요 감람목으로 만든 그 두 문짝에 그룹과 종려와 핀 꽃을 아로새기고 금으로 입히되 곧 그룹들과 종려에 금으로 입혔더라.

종려와 핀 꽃 형상은 구주 예수의 아름다우심과 승리를 상징한다.

〔33-36절〕 또 외소(外所)의 문을 위하여 감람목으로 문설주를 만들었으니 곧 벽의 4분지 1이며 그 두 문짝은 잣나무라. 이 문짝도 두 짝으로 접게 되었고 저 문짝도 두 짝으로 접게 되었으며 그 문짝에 그룹들과 종려와 핀 꽃을 아로새기고 금으로 입히되 그 새긴 데 맞게 하였고 또 다듬은 돌 세 켜[row 층]**와 백향목 두꺼운 판자 한 켜**[층]**로** 둘러 **안뜰을 만들었더라.**

〔37-38절〕 제4년 시브월에 여호와의 전 기초를 쌓았고 제11년 불월 곧 팔월에 그 설계와 식양대로 전(殿)이 다 필역(畢役)되었으니[마쳤으니] **솔로몬이 전(殿)을 건축한 동안이 7년이었더라.**

본장의 교훈을 정리해보자. 첫째로, 솔로몬 성전의 내외소는 정금으로 입혀졌다. 성전의 내외소를 정금으로 입힌 것은 메시아의 신적 영광을 나타낸다. 구약 시대의 성전은 예수 그리스도를 상징하고 예표했다(요 2:19-21). 예수께서 사람이 되셔서 우리 가운데 오셨고 신적 영광을 나타내셨고(요 1:14) 택자들의 모든 죄를 대속하시는 귀한 사역을 이루셨고 구원 얻은 성도들이 하나님과 교통할 수 있는 길을 열어주셨다.

둘째로, 솔로몬 성전 안에 입힌 백향목에는 박과 핀 꽃을 아로새겼고(18절) 내외소 사면 벽에는 모두 그룹들과 종려와 핀 꽃 형상을 아로새겼고(29절) 내소와 외소의 문짝들에도 그룹과 종려와 핀 꽃을 아로새겼다(32절). 성전 내외소 사면 벽에 그룹들과 새겨진 종려와 핀 꽃은 메시아 사역에 천사들이 동원될 것과 메시아의 사역의 아름다우심과 승리적이심을 상징할 것이다. 신약 성도들은 그를 힘입어 승리적 삶을 산다.

셋째로, 하나님께서는 솔로몬에게 "네가 만일 내 법도를 따르며 내 율례를 행하며 나의 모든 계명을 지켜 그대로 행하면 내가 네 아비 다윗에게 한 말을 네게 확실히 이룰 것이요 내가 또한 이스라엘 자손 가운데 거하며 내 백성 이스라엘을 버리지 아니하리라"고 말씀하셨다(12-13절). 솔로몬이 건립한 그 아름다운 성전보다 실상 더 중요한 것은, 하나님의 백성이 진심으로 하나님을 섬기며 따르며 신구약 성경에 주신 하나님의 모든 말씀과 교훈을 실제로 순종하며 실천하는 것이다.

7장: 성전의 기구들을 만듦

〔1-8절〕 솔로몬이 자기의 궁을 13년 동안 건축하여 그 전부를 준공하니라. [또] **저가 레바논 나무로 궁을 지었으니 장이 1백 규빗**[약 45미터]**이요 광이 50규빗**[약 22.5미터]**이요 고가 30규빗**[약 13.5미터]**이라. 백향목 기둥이 네 줄이요 기둥 위에 백향목 들보가 있으며 기둥 위에 있는 마흔 다섯 개 들보를 백향목으로 덮었는데 들보는 한 줄에 열 다섯이요 또 창틀이 세 줄로 있는데 창과 창이 세 층으로 서로 대하였고 모든 문과 문설주를 다 큰 나무로 네모지게 만들었는데 창과 창이 세 층으로 서로 대하였으며 또 기둥을 세워 낭실**[현관]**을 지었으니 장이 50규빗**[약 22.5미터]**이요 광이 30규빗**[약 13.5미터]**이며 또 기둥 앞에 한 낭실이 있고 또 그 앞에 기둥과 섬돌**[돌층계]**이 있으며 또 심판하기 위하여 보좌의 낭실 곧 재판하는 낭실을 짓고 온 마루를 백향목으로 덮었고 솔로몬의 거처할 궁은 그 낭실 뒤 다른 뜰에 있으니 그 공작(工作)이 일반이며**[건축 방식이 같았고] **솔로몬이 또 그 장가든 바로의 딸을 위하여 집을 지었는데 이 낭실과 같더라.**

솔로몬이 자기의 궁을 13년 동안 건축한 것은 하나님께서 그에게 약속하신 대로 그의 부귀와 영광이 컸음을 보인다. 또 솔로몬은 '레바논 삼림의 궁'을 지었다. 2절에 "저가 레바논 나무로 궁을 지었다"는 말은 "또 그는 레바논 삼림의 궁(the house of the forest of Lebanon)을 지었다"고 번역해야 할 것이다(원문, KJV, NASB). '레바논 삼림의 궁'(10:17, 21)이라는 말은 '레바논 산의 나무들로 지은 궁'이라는 뜻일 것이다. 그것은 자기가 거처한 집이 아니고, 왕의 직무를 수행한 궁이었던 것 같다. 그 궁은 규모가 매우 컸다.

〔9-12절〕 이 집들은 안팎을 모두 귀하고 다듬은 돌로 지었으니 척수대로 톱으로 켠 것이라. 그 기초석에서 처마까지와 외면에서 큰 뜰에 이르기까지 다 그러하니 그 기초석은 귀하고 큰 돌 곧 10규빗 되는 돌과 여덟 규빗 되는 돌이라. 그 위에는 척수대로 다듬은 귀한 돌도 있고 백향목도 있으며 또 큰 뜰 주위에는 다듬은 돌 세 켜[층]**와 백향목 두꺼운 판자 한 켜**[층]**를**

놓았으니 마치 여호와의 전 안뜰과 낭실에 놓은 것 같더라.

이 집들은 안팎을 모두 귀하고 다듬은 돌로 지었는데 그 척수대로 톱으로 켠 것이었다. 비록 하나님께서 부귀와 영광을 그에게 주셨다 할지라도, 솔로몬은 그 궁들을 너무 호화롭게 지은 것 같다.

〔13-14절〕 솔로몬 왕이 보내어 히람을 두로에서 데려오니 저는 납달리 지파 과부의 아들이요 그 아비는 두로 사람이니 놋[청동]**점장**[청동 그릇 만드는 기술자]**이라. 이 히람은 모든 놋**[청동] **일에 지혜와 총명과 재능이 구비한 자더니 솔로몬 왕에게 와서 그 모든 공작을 하니라.**

솔로몬 왕은 사람을 보내어 히람을 두로에서 데려왔다. 그는 납달리 지파 과부의 아들이며 그의 아버지는 두로 사람이며 청동점장 즉 청동그릇 만드는 장인이었다. 역대하 2:14는 "이 사람은 단의 여자 중 한 여인의 아들이요 그 아비는 두로 사람이라"고 말한다. 이 두 구절을 함께 생각하면, 히람의 어머니는 본래 단 지파 여자이었으나 납달리 지파 남자와 결혼한 후 남편과 사별했고 그 후 두로 사람과 재혼했던 것 같다. 여하튼, 그는 혼혈인이었다. 그러나 이 히람은 모세의 시대에 브사렐과 오홀리압처럼 모든 청동 일에 지혜와 총명과 재능이 구비한 자이었다. 그는 솔로몬 왕에게 와서 그 모든 일을 하였다. 하나님께서는 성전 건립의 일에 이방인을 사용하셨다. 이것은 장차 세계복음화의 일을 암시한다. 하나님께서는 신약교회의 건립을 위해 이방인 신자들을 사용하실 것이다.

〔15-20절〕 저가 놋[청동]**기둥 둘을 만들었으니 그 고는 각각 18규빗**[약 8m]**이라. 각각 12규빗**[약 5.4m] **되는 줄을 두를 만하며 또 놋**[청동]**을 녹여 부어서 기둥머리를 만들어 기둥 꼭대기에 두었으니 이 머리의 고도 다섯 규빗**[약 2.3m]**이요 저 머리의 고도 다섯 규빗이며 기둥 꼭대기에 있는 머리를 위하여 바둑판 모양으로 얽은 그물과 사슬 모양의 땋은 것을 만들었으니 이 머리에 일곱이요 저 머리에 일곱이라. 기둥을 이렇게 만들었고 또 두 줄 석류를 한 그물 위에 둘러 만들어서 기둥 꼭대기에 있는 머리에 두르게 하였고 다른 기둥머리에도 그렇게 하였으며 낭실 기둥 꼭대기에 있는 머리의 네**

규빗은 백합화 모양으로 만들었으며 이 두 기둥머리에 있는 그물 곁 곧 그 머리의 공같이 둥근 곳으로 돌아가며 각기 석류 200이 줄을 지었더라.

〔21-22절〕 이 두 기둥을 전의 낭실 앞에 세우되 우편의 기둥을 세우고 그 이름을 야긴(יָכִין)['그가 세우시리라'는 뜻]**이라 하고 좌편의 기둥을 세우고 그 이름을 보아스(בֹּעַז)**['그에게 능력이 있다'는 뜻]**라 하였으며 그 두 기둥 꼭대기에 백합화 형상이 있더라. 두 기둥의 공역(工役)이 마치니라.**

히람은 그 두 기둥을 하나님의 전의 낭실 앞에 세웠다. 히람이 그 두 기둥의 이름을 부친 것을 보면, 히람은 믿음이 있는 자이었던 것 같다. 하나님께서 성전을 친히 세우실 것이며 하나님께 성전 건축의 능력이 있다. 전도도, 구원 사역도, 신약교회 건립도, 하나님 나라의 건립도 그러하다. 하나님께서 이루실 것이며 하나님께 능력이 있다.

〔23-26절〕 또 바다를 부어만들었으니 그 직경이 10규빗[약 4.5미터]**이요 그 모양이 둥글며 그 고는 다섯 규빗**[약 2.3미터]**이요 주위는 30규빗**[약 13.5미터] **줄을 두를 만하며 그 가장자리 아래에는 돌아가며 박이 있는데 매 규빗에 열 개씩 있어서 바다 주위에 둘렸으니 그 박은 바다를 부어만들 때에 두 줄로 부어만들었으며 그 바다를 열두 소가 받쳤으니 셋은 북을 향하였고 셋은 서를 향하였고 셋은 남을 향하였고 셋은 동을 향하였으며 바다를 그 위에 놓았고 소의 뒤는 다 안으로 두었으며 바다의 두께는 한 손 넓이만 하고 그 가는 백합화의 식양으로 잔 가와 같이 만들었으니 그 바다에는 2천 밧**[약 44킬로리터]**을 담겠더라.**

바다의 용도는 제사장들이 몸이나 손발을 씻기 위한 것이었다. 역대하 4:6, "그 바다는 제사장들의 씻기를 위한 것이더라."

〔27-37절〕 또 놋[청동]**으로 받침 열을 만들었으니 매 받침의 장이 네 규빗**[약 1.8미터]**이요 광이 네 규빗이요 고가 세 규빗**[약 1.4미터]**이라. 그 받침의 제도는 이러하니 사면 옆 변죽**[틀] **가운데 판이 있고 변죽**[틀] **가운데 판에는 사자와 소와 그룹들이 있고 또 변죽 위에는 놓는 자리가 있고 사자와 소 아래에는 화환 모양이 있으며 그 받침에 각각 네 놋**[청동]**바퀴와 놋**[청동]**축이 있고 받침 네 발 밑에는 어깨 같은 것이 있으며 그 어깨 같은 것은 물두멍 밑편에 부어만들었고 화환은 각각 그 옆에 있으며 그 받침 위로 들이켜**[안쪽

으로] **고가 한 규빗 되게 내민 것**[입구]**이 있고 그 면은 직경 한 규빗 반 되게 반원형으로 우묵하며 그 나머지 면에는 아로새긴 것이 있으며 그 내민 판들은 네모지고 둥글지 아니하며 네 바퀴는 옆판 밑에 있고 바퀴 축은 받침에 연하였는데 바퀴의 고는 각각 한 규빗 반이며 그 바퀴의 제도는 병거 바퀴의 제도 같은데 그 축과 테와 살과 통이 다 부어만든 것이며 받침 네 모퉁이에 어깨 같은 것 넷이 있는데 그 어깨는 받침과 연하였고 받침 위에 둥근 테두리가 있는데 고가 반 규빗이요 또 받침 위의 버팀대와 옆판들이 받침과 연하였고 버팀대 판과 옆판에는 각각 빈 곳을 따라 그룹들과 사자와 종려나무를 아로새겼고 또 그 사면으로 화환 모양이 있더라. 이와 같이 받침 열을 만들었는데 그 부어만든 법과 척수와 식양을 다 동일하게 하였더라.**

〔**38-39절**〕 **또 물두멍**[물대야] **열을 놋으로 만들었는데 물두멍마다 각각 40밧**[약 880리터]**을 담게 하였으며 매 물두멍의 직경이 네 규빗**[약 1.8미터] **이라. 열 받침 위에 각각 물두멍이 하나씩이더라. 그 받침 다섯은 전 우편에 두었고 다섯은 전 좌편에 두었고 전 우편 동남에는 그 바다를 두었더라.**

물두멍[물대야]의 용도는 번제에 속한 물건을 씻기 위한 것이었다. 역대하 4:6, "또 물두멍 열을 만들어 다섯은 우편에 두고 다섯은 좌편에 두어 씻게 하되 번제에 속한 물건을 거기 씻게 하였으며." 모세가 만든 성막에서는 바다가 없고 물대야가 하나 있었다. 그것은 제사장들이 손발을 씻기 위해 사용되었다. 그러나 솔로몬 성전에는 바다 한 개와 물대야 열 개가 설치되었고, 바다에서는 제사장들이 몸과 손발을 씻었고, 물대야들은 제물들이나 제사 기구들을 씻었다.

〔**40-47절**〕 **히람이 또 물두멍**[1]**과 부삽과 대접들을 만들었더라. 이와 같이 히람이 솔로몬 왕을 위하여 여호와의 전의 모든 일을 마쳤으니 곧 기둥 둘과 그 기둥 꼭대기의 공 같은 머리 둘과 또 기둥 꼭대기의 공 같은 머리를 가리우는 그물 둘과 또 그 그물들을 위하여 만든 바 매 그물에 두 줄씩으로 기둥 위의 공 같은 두 머리를 가리우게 한 400석류와 또 열 받침과 받침**

---

1) 이것은 38절의 '물두멍'과 달리 작은 물통들이었을 것이다. 45절은 '솥과 부삽과 대접들'이라고 말한다. 역대하 4:11에는 '솥'이라고 되어 있다.

위의 열 물두멍과 한 바다와 그 바다 아래 열두 소와 솥과 부삽과 대접들이라. 히람이 솔로몬 왕을 위하여 여호와의 전에 이 모든 그릇을 빛난 놋[청동]**으로 만드니라. 왕이 요단 평지에서 숙곳과 사르단 사이의 차진 흙에 그것들을 부어내었더라. 기구가 심히 많으므로 솔로몬이 다 달지 아니하고 두었으니 그 놋**[청동] **중수를 능히 측량할 수 없었더라.**

〔48-51절〕 솔로몬이 또 여호와의 전의 모든 기구를 만들었으니 곧 금단[향단]**과 진설병의 금상**[떡상]**과 내소 앞에 좌우로 다섯씩 둘 정금 등대며 또 금꽃과 등잔과 불집게며 또 정금 대접과 불집게와 주발과 숟가락과 불을 옮기는 그릇이며 또 내소 곧 지성소 문의 금 돌쩌귀**(hinge)[경첩]**와 전 곧 외소 문의 금돌쩌귀**[경첩]**더라. 솔로몬 왕이 여호와의 전을 위하여 만드는 모든 것을 마친지라. 이에 솔로몬이 그 부친 다윗의 드린 물건 곧 은과 금과 기구들을 가져다가 여호와의 전 곳간에 두었더라.**

본장의 교훈을 정리해보자. 첫째로, 솔로몬이 이 세상에서 누린 영광은 성도들이 장차 천국에서 누릴 영광의 예표이다. 그러나 우리는 세상에서 너무 호화로운 집이나 가구를 가지지 말아야 한다. 세상은 나그넷길이며, 우리의 영원한 집은 천국이다. 또 여성도들은 값비싼 옷 말고 아담한 옷을 입고 온유와 선의 내면적 단장을 힘써야 한다(딤전 2:9-10; 벧전 3:3-4). 그것이 하나님을 경외하는 자들에게 합당한 일이다.

둘째로, 성전 앞 낭실의 두 기둥의 이름(야긴과 보아스)은 의미심장하였다. 그것은 하나님께서 그의 성전을 친히 세우실 것이며 세우시는 능력이 그에게 있음을 보인다. 스가랴 4:6, "만군의 여호와께서 말씀하시되 이는 힘으로 되지 아니하며 능으로 되지 아니하고 오직 나의 신으로 되느니라." 우리는 구원과 봉사, 전도와 참 교회 건립에 있어서 오직 전능하신 주권적 섭리자 하나님만 의지하고 기도하며 충성해야 한다.

셋째로, 제사장들이 성전 뜰에 있는 바다에서 씻듯이, 우리는 예수 그리스도의 보혈의 샘에서 늘 씻음 받아야 하나님을 잘 섬길 수 있다. 그러므로 우리는 날마다 예수 그리스도의 피로 깨끗함을 얻고 그의 의를 힘입어 하나님께 나아가며 그를 섬기며 그의 일을 받들어야 한다.

8장: 성전 봉헌과 솔로몬의 기도

〔1-11절〕 이에 솔로몬이 여호와의 언약궤를 다윗 성 곧 시온에서 메어 올리고자 하여 이스라엘 장로와 모든 지파의 두목 곧 이스라엘 자손의 족장들을 예루살렘 자기에게로 소집하니 이스라엘 모든 사람이 다 에다님[=티쉬리]**월 곧 7월 절기에 솔로몬 왕에게 모이고 이스라엘 장로들이 다 이르매 제사장들이 궤를 메니라. 여호와의 궤와 회막과 성막 안의 모든 거룩한 기구들을 메고 올라가되 제사장과 레위 사람이 그것들을 메고 올라가매 솔로몬 왕과 그 앞에 모인 이스라엘 회중이 저와 함께 궤 앞에 있어 양과 소로 제사를 드렸으니 그 수가 많아 기록할 수도 없고 셀 수도 없었더라. 제사장들이 여호와의 언약궤를 그 처소로 메어 들였으니 곧 내전 지성소 그룹들의 날개 아래라. 그룹들이 궤 처소 위에서 날개를 펴서 궤와 그 채**[장대]**를 덮었는데 채가 긴 고로 채 끝이 내전 앞 성소에서 보이나 밖에서는 보이지 아니하며 그 채는 오늘까지 그 곳에 있으며 궤 안에는 두 돌판 외에 아무것도 없으니 이것은 이스라엘 자손이 애굽 땅에서 나온 후 여호와께서 저희와 언약을 세우실 때에 모세가 호렙에서 그 안에 넣은 것이더라. 제사장이 성소에서 나올 때에 구름이 여호와의 전에 가득하매 제사장이 그 구름으로 인하여 능히 서서 섬기지 못하였으니 이는 여호와의 영광이 여호와의 전에 가득함이었더라.**

솔로몬은 성전을 완공한 후 여호와의 언약궤를 다윗 성 곧 시온에서 메어 올리고자 하여 이스라엘 장로들과 이스라엘 열두 지파들의 족장들을 예루살렘으로 소집했다. 성전 기구들 중 가장 중요한 것이 하나님의 언약궤이기 때문이다. 제사장들과 레위 사람들은 여호와의 궤와 회막과 성막 안의 모든 거룩한 기구들을 메고 올라갔다. 하나님의 궤 안에는 두 돌판 외에 아무것도 없었다. 만나를 담은 금항아리(출 16:33-34)와 아론의 싹난 지팡이(민 17:10)는 없었다. 아마 엘리 때에 법궤를 블레셋 사람들에게 빼앗겼을 때 분실된 것 같다.

〔12-21절〕 그때에 솔로몬이 가로되 여호와께서 캄캄한데 계시겠다 말씀하셨사오나 내가 참으로 주를 위하여 계실 전을 건축하였사오니 주께서

영원히 거하실 처소로소이다 하고 얼굴을 돌이켜 이스라엘의 온 회중을 위하여 축복하니 때에 이스라엘의 온 회중이 섰더라. 왕이 가로되 이스라엘 하나님 여호와를 송축할지로다. 여호와께서 그 입으로 나의 부친 다윗에게 말씀하신 것을 이제 그 손으로 이루셨도다. 이르시기를 내가 내 백성 이스라엘을 애굽에서 인도하여 낸 날부터 내 이름을 둘 만한 집을 건축하기 위하여 이스라엘 모든 지파 가운데서 아무 성읍도 택하지 아니하고 다만 다윗을 택하여 내 백성 이스라엘을 다스리게 하였노라 하신지라. 내 부친 다윗이 이스라엘 하나님 여호와의 이름을 위하여 전(殿)을 건축할 마음이 있었더니 여호와께서 내 부친 다윗에게 이르시되 네가 내 이름을 위하여 전을 건축할 마음이 있으니 이 마음이 네게 있는 것이 좋도다. 그러나 너는 그 전을 건축하지 못할 것이요 네 몸에서 낳을 네 아들 그가 내 이름을 위하여 전을 건축하리라 하시더니 이제 여호와께서 말씀하신 대로 이루시도다. 내가 여호와의 허[허락]**하신 대로 내 부친 다윗을 대신하여 일어나서 이스라엘 위(位)**[왕위]**에 앉고 이스라엘 하나님 여호와의 이름을 위하여 전(殿)을 건축하고 내가 또 그 곳에 우리 열조를 애굽 땅에서 인도하여 내실 때에 저희와 세우신 바 여호와의 언약 넣은 궤를 위하여 한 처소를 설치하였노라.**

솔로몬은 하나님을 찬양하였고 하나님께서 자기의 부친 다윗에게 말씀하신 대로 이루셨다고 말하였다. 그는 자기가 성전을 지었다고 내세우지 않았다. 그는 하나님께서 그의 약속을 이루셨다고 말했다.

〔22-26절〕 솔로몬이 여호와의 단 앞에서 이스라엘의 온 회중을 마주서서 하늘을 향하여 손을 펴고 가로되 이스라엘 하나님 여호와여, 상천하지(上天下地)에 주와 같은 신이 없나이다. 주께서는 온 마음으로 주의 앞에서 행하는 종들에게 언약을 지키시고 은혜를 베푸시나이다. 주께서 주의 종 내 아비 다윗에게 허[허락]**하신 말씀을 지키사 주의 입으로 말씀하신 것을 손으로 이루심이 오늘날과 같으니이다. 이스라엘 하나님 여호와여, 주께서 주의 종 내 아비 다윗에게 말씀하시기를 네 자손이 자기 길을 삼가서 네가 내 앞에서 행한 것같이 내 앞에서 행하기만 하면 네게로 좇아나서 이스라엘 위(位)**[왕위]**에 앉을 사람이 내 앞에서 끊어지지 아니하리라 하셨사오니 이제 다윗을 위하여 그 허**[허락]**하신 말씀을 지키시옵소서. 그런즉 이스라엘 하나님이여, 원컨대 주는 주의 종 내 아비 다윗에게 하신 말씀이 확실하게 하옵소서.**

솔로몬은 여호와의 단 앞에서 이스라엘의 온 회중 앞에 서서 하늘을 향해 손을 펴고 말했다. 54절은 그가 무릎을 꿇고 손을 펴서 하늘을 향해 이 기도와 간구를 했다고 기록한다. 역대하 6:12-13은 그가 길이 5규빗(약 2.3미터), 너비 5규빗(약 2.3미터), 높이 3규빗(약 1.4미터) 되는 놋대(청동대) 위에서 무릎을 꿇고 기도했다고 말한다. 그는 하나님께서 다윗을 위해 허락하신 말씀을 지키시기를 간구했다.

〔27-30절〕 하나님이 참으로 땅에 거하시리이까? 하늘과 하늘들의 하늘이라도 주를 용납지 못하겠거든 하물며 내가 건축한 이 전이오리이까? 그러나 나의 하나님 여호와여, 종의 기도와 간구를 돌아보시며 종이 오늘날 주의 앞에서 부르짖음과 비는 기도를 들으시옵소서. 주께서 전에 말씀하시기를 내 이름이 거기 있으리라 하신 곳 이 전(殿)을 향하여 주의 눈이 주야로 보옵시며 종이 이 곳을 향하여 비는 기도를 들으시옵소서. 종과 주의 백성 이스라엘이 이 곳을 향하여 기도할 때에 주는 그 간구함을 들으시되 주의 계신 곳 하늘에서 들으시고 들으시사 사하여 주옵소서.

솔로몬은 하나님께서 그의 백성이 하나님의 이름이 있는 이 성전을 향해 기도하는 기도를 들으시기를 구하며 아뢰었다.

〔31-34절〕 만일 어떤 사람이 그 이웃에게 범죄함으로 맹세시킴을 받고 저가 와서 이 전(殿)에 있는 주의 단 앞에서 맹세하거든 주는 하늘에서 들으시고 행하시되 주의 종들을 국문[판단]하사 악한 자의 죄를 정하여 그 행위대로 그 머리에 돌리시고 의로운 자를 의롭다 하사 그 의로운 대로 갚으시옵소서. 만일 주의 백성 이스라엘이 주께 범죄하여 적국 앞에 패하게 되므로 주께로 돌아와서 주의 이름을 인정하고 이 전(殿)에서 주께 빌며 간구하거든 주는 하늘에서 들으시고 주의 백성 이스라엘의 죄를 사하시고 그 열조에게 주신 땅으로 돌아오게 하옵소서.

솔로몬은 일곱 가지 예를 들어 간구하였다. 첫째로, 그는 이웃에 대한 범죄 여부를 이 성전에서 맹세하면 그 옳고 그름을 보응하시기를 구하였다. 둘째로, 그는 전쟁에서 패할 때 하나님께 돌아와 그의 이름을 인정하며 성전에서 기도하면 회복케 해주시기를 구했다.

〔35-40절〕 만일 저희가 주께 범죄함을 인하여 하늘이 닫히고 비가 없어서 주의 벌을 받을 때에 이 곳을 향하여 빌며 주의 이름을 인정하고 그 죄에서 떠나거든 주는 하늘에서 들으사 주의 종들과 주의 백성 이스라엘의 죄를 사하시고 그 마땅히 행할 선한 길을 가르쳐 주옵시며 주의 백성에게 기업으로 주신 주의 땅에 비를 내리시옵소서. 만일 이 땅에 기근이나 온역이 있거나 곡식이 시들거나 깜부기가 나거나 메뚜기나 황충이 나거나 적국이 와서 성읍을 에워싸거나 무슨 재앙이나 무슨 질병이 있든지 무론하고 한 사람이나 혹 주의 온 백성 이스라엘이 다 각각 자기의 마음에 재앙을 깨닫고 이 전(殿)을 향하여 손을 펴고 무슨 기도나 무슨 간구를 하거든 주는 계신 곳 하늘에서 들으시고 사유하시며 각 사람의 마음을 아시오니 그 모든 행위대로 행하사 갚으시옵소서. 주만 홀로 인생의 마음을 다 아심이니이다. 그리하시면 저희가 주께서 우리 열조에게 주신 땅에서 사는 동안에 항상 주를 경외하리이다.

셋째로, 그는 가뭄이 들 때 회개하며 이 곳을 향해 기도하면 회복의 은혜를 주실 것을 간구하였다. 넷째로, 그는 기근이나 전염병이나 기타 재앙 때에도 회개하며 이 전(殿)을 향해 기도하면 회복의 은혜를 주시기를 간구했다. 고난은 사람들이 하나님을 찾고 자신을 돌아보는 기회가 되며 하나님을 경외하고 바로 섬기게 하는 계기가 된다.

〔41-45절〕 또 주의 백성 이스라엘에 속하지 아니한 자 곧 주의 이름을 위하여 먼 지방에서 온 이방인이라도 저희가 주의 광대한 이름과 주의 능한 손과 주의 펴신 팔의 소문을 듣고 와서 이 전(殿)을 향하여 기도하거든 주는 계신 곳 하늘에서 들으시고 무릇 이방인이 주께 부르짖는 대로 이루사 땅의 만민으로 주의 이름을 알고 주의 백성 이스라엘처럼 경외하게 하옵시며 또 내가 건축한 이 전(殿)을 주의 이름으로 일컫는 줄을 알게 하옵소서. 주의 백성이 그 적국으로 더불어 싸우고자 하여 주의 보내신 길로 나갈 때에 저희가 주의 빼신 성과 내가 주의 이름을 위하여 건축한 전(殿) 있는 편을 향하여 여호와께 기도하거든 주는 하늘에서 저희의 기도와 간구를 들으시고 그 일을 돌아보옵소서.

다섯째로, 솔로몬은 이방인들도 이 전(殿)을 향해 하나님께 기도하면 응답 받게 하시기를 간구하였다. 또 그는 세상 만민이 하나님을 아는 자가 되기를 소원했다. 이것은 이방인들이 구원 얻는 신약시대를 내다본 예언적 기도의 내용이었다. 여섯째로, 그는 전쟁에 나갈 때 예루살렘 성과 성전을 향해 기도하면 들어주시기를 기도했다.

〔46-53절〕 범죄치 아니하는 사람이 없사오니 저희가 주께 범죄함으로 주께서 저희에게 진노하사 저희를 적국에게 붙이시매 적국이 저희를 사로잡아 원근을 물론하고 적국의 땅으로 끌어간 후에 저희가 사로잡혀 간 땅에서 스스로 깨닫고 그 사로잡은 자의 땅에서 돌이켜 주께 간구하기를 우리가 범죄하여 패역을 행하며 악을 지었나이다 하며 자기를 사로잡아 간 적국의 땅에서 온 마음과 온 뜻으로 주께 돌아와서 주께서 그 열조에게 주신 땅 곧 주의 빼신 성과 내가 주의 이름을 위하여 건축한 전(殿) 있는 편을 향하여 주께 기도하거든 주는 계신 곳 하늘에서 저희 기도와 간구를 들으시고 저희의 일을 돌아보옵시며 주께 범죄한 백성을 용서하시며 주께 범한 그 모든 허물을 사하시고 저희를 사로잡아 간 자의 앞에서 저희로 불쌍히 여김을 얻게 하사 그 사람들로 저희를 불쌍히 여기게 하옵소서. 저희는 주께서 철 풀무 같은 애굽에서 인도하여 내신 주의 백성, 주의 산업이 됨이니이다. 원컨대 주는 눈을 들어 종의 간구함과 주의 백성 이스라엘의 간구함을 보시고 무릇 주께 부르짖는 대로 들으시옵소서. 주 여호와여, 주께서 우리 조상을 애굽에서 인도하여 내실 때에 주의 종 모세로 말씀하심같이 주께서 세상 만민 가운데서 저희를 구별하여 주의 산업을 삼으셨나이다.

일곱째로, 그는 범죄하여 적국에 포로로 잡혀가서 성전을 향해 드리는 회개의 기도에 대해 말한다. 성전을 향한 기도의 의미는 무엇인가? 성전은 땅 위에서 하나님께서 계신 곳, 하나님의 임재의 처소이다. 또 성전은 하나님의 언약의 처소이며, 그 내용은 예수 그리스도의 속죄사역이다. 구약의 성전은 예수 그리스도를 예표하며 상징하였다. 그러므로 성전을 향한 기도는 곧 하나님을 바라보는 기도이며 예수 그리스도를 의지하는 기도이다. 그것은 오늘날 예수 그리스도의 이름으로, 그의 십자가 대속 사역을 의지하며 드리는 기도와 같다.

〔54-56절〕 솔로몬이 무릎을 꿇고 손을 펴서 하늘을 향하여 이 기도와

간구로 여호와께 아뢰기를 마치고 여호와의 단 앞에서 일어나 서서 큰 소리로 이스라엘의 온 회중을 위하여 축복하며 가로되 여호와를 찬송할지로다. 저가 무릇 허하신 대로 그 백성 이스라엘에게 태평을 주셨으니 그 종 모세를 빙자하여 무릇 허하신 그 선한 말씀이 하나도 이루지 않음이 없도다.

무릎을 꿇고 손을 펴고 하는 기도는 간절한 기도를 나타낸다.

〔57-60절〕 우리 하나님 여호와께서 우리 열조와 함께 계시던 것같이 우리와 함께 계시옵고 우리를 떠나지 마옵시며 버리지 마옵시고 우리의 마음을 자기에게로 향하여 그 모든 길로 행하게 하옵시며 우리 열조에게 명하신 계명과 법도와 율례를 지키게 하시기를 원하오며 여호와의 앞에서 나의 간구한 이 말씀을 주야로 우리 하나님 여호와께 가까이 있게 하옵시고 또 주의 종의 일과 주의 백성 이스라엘의 일을 날마다 당하는 대로 돌아보사 이에 세상 만민에게 여호와께서만 하나님이시고 그 외에는 없는 줄을 알게 하시기를 원하노라.

솔로몬은 또 하나님께서 그들을 버리지 마시고 늘 함께하시고 그들의 마음을 그에게로 향하게 하셔서 그의 계명을 지키게 하시기를 간구하였다. 계명 순종도 하나님의 은혜로 됨을 고백한 것이다.

〔61절〕 그런즉 너희 마음을 우리 하나님 여호와와 화합하여 완전케 하여 오늘날과 같이 그 법도를 행하며 그 계명을 지킬지어다.

솔로몬이 간구한 내용도 그러하고 권면한 내용도 그러했다. 하나님의 뜻은 우리가 온전한 마음으로 그의 계명을 지키는 것이다.

〔62-66절〕 이에 왕과 왕과 함께한 이스라엘이 다 여호와 앞에 희생을 드리니라. 솔로몬이 화목제의 희생을 드렸으니 곧 여호와께 드린 소가 2만 2천이요 양이 12만이라. 이와 같이 왕과 모든 이스라엘 자손이 여호와의 전의 낙성식[준공식]**을 행하였는데 그 날에 왕이 여호와의 전 앞뜰 가운데를 거룩히 구별하고 거기서 번제와 소제와 감사제의 기름을 드렸으니 이는 여호와의 앞 놋**[청동]**단이 작으므로 번제물과 소제물과 화목제의 기름을 다 용납할 수 없음이라. 그때에 솔로몬이 7일 7일 합 14일을 우리 하나님 여호와 앞에서 절기로 지켰는데 하맛 어귀에서부터 애굽 하수까지의 온 이스라엘의 큰 회중이 모여 저와 함께 하였더니 제8일에 솔로몬이 백성을 돌려보**

내매 백성이 왕을 위하여 축복하고 자기 장막으로 돌아가는데 여호와께서 그 종 다윗과 그 백성 이스라엘에게 베푸신 모든 은혜를 인하여 기뻐하며 마음에 즐거워하였더라.

번제단 곧 청동단은 길이가 20규빗(약 9미터), 너비가 20규빗(약 9미터), 높이가 10규빗(약 4.5미터)이었다(대하 4:1).

본장의 교훈을 정리해보자. 첫째로, 하나님께서는 솔로몬의 부친인 다윗에게 약속하신 바, 하나님의 전을 건립하는 일을 다 이루셨고(15, 24절), 또 솔로몬은 하나님께서 그에게 약속하신 바를 끝까지 다 이루시기를 간구했다. 하나님께서는 그 성전을 받으셨음을 구름의 임재로 증거하셨다. 하나님께서는 다윗에게 언약하신 말씀을 다 이루셨고 또 앞으로도 다 이루실 것이다. 구약시대의 성막과 성전은 사람으로 오신 하나님의 영원하신 아들 예수 그리스도를 예표했고 또 그의 속죄사역으로 인하여 구원 얻은 성도들의 모임인 신약교회를 상징했다. 우리는 하나님의 은혜로 구원 얻었고 성령을 받아 개인적으로 또 교회적으로 성전이 되었고 하나님께서는 세상 끝날까지 우리와 함께하실 것이다.

둘째로, 구약시대에 성전 안에서나 성전을 향한 기도는 신약시대에 예수 그리스도의 이름으로와 성령 안에서 기도하는 것을 의미하며 그 때 하나님께서는 사람이 회개하며 하는 기도에 응답해주실 것이다. 주께서는 그 사랑하시는 자를 징계하시지만 회개하는 자를 용서하신다. 우리는 고난 중에 회개하며 예수 그리스도의 이름으로 기도해야 한다.

셋째로, 하나님의 뜻은 이스라엘 백성뿐 아니라, 땅의 만민으로 하나님을 알고 그를 항상 경외하며 온전한 마음으로 그의 계명을 순종하는 것이다(40, 43, 61절). 이것은 신약시대에 예수 그리스도의 오심과 그의 대속의 죽음과 땅끝까지의 복음 전파를 통해 성취되었고 지금도 성취되고 있다. 오늘날 중요한 것은 예배당 건물이나 예배의 형식이 아니고 우리의 마음이 하나님을 향해 온전케 되어 신구약 성경에 계시된 하나님의 진리를 다 믿고 그의 계명과 교훈을 힘써 순종하는 것이다.

9장: 하나님께서 두 번째 나타나심

〔1-3절〕 솔로몬이 여호와의 전과 왕궁 건축하기를 마치며 자기의 무릇 이루기를 원하던 일이 마친 때에 여호와께서 전에 기브온에서 나타나심같이 다시 솔로몬에게 나타나사 저에게 이르시되 네가 내 앞에서 기도하며 간구함을 내가 들었은즉 내가 너의 건축한 이 전을 거룩하게 구별하여 나의 이름을 영영히 그 곳에 두며 나의 눈과 나의 마음이 항상 거기 있으리니.

하나님께서 솔로몬에게 두 번 나타나신 것은 그를 특별히 사랑하신 까닭일 것이다. 하나님께서 신약 성도들에게 나타나시는 방법은 성경말씀과 성령의 감동으로다. 우리는 하나님의 감동 속에 하나님의 말씀인 성경을 읽고 듣고 깨닫기를 원한다.

하나님께서는 솔로몬에게 "네가 내 앞에서 기도하며 간구함을 내가 들었노라"고 말씀하셨다. 기도는 사람 앞에 말하는 것이 아니고 오직 하나님 앞에 아뢰는 것이다. 그러므로 성도의 기도는 아름다운 표현이 중요하지 않고 진실하고 간절한 마음이 중요하다. 하나님께서는 기도를 들으시는 하나님이시며(시 65:2) 간구하는 자에게 좋은 것으로 주시는 하나님이시다(마 7:7-11).

하나님께서는 솔로몬이 건축한 성전을 거룩하게 구별하시고 그의 이름을 영원히 두시며 그의 눈과 그의 마음을 항상 거기 두시겠다고 약속하셨다. 이것은 구약시대의 성전에 주신 하나님의 특별한 복이다. 구약시대의 성전은 예수 그리스도를 상징하였고 또 신약교회를 상징한다. 교회는 그리스도의 몸이며 우리는 그의 몸의 지체이다.

〔4-5절〕 네가 만일 네 아비 다윗의 행함같이 마음을 온전히 하고 바르게 하여 내 앞에서 행하며 내가 네게 명한 대로 온갖 것을 순종하여 나의 법도와 율례를 지키면 내가 네 아비 다윗에게 허[허락]**하여 이르기를 이스라엘 위(位)**[왕위]**에 오를 사람이 네게서 끊어지지 아니하리라 한 대로 너의 이스라엘의 왕위를 영원히 견고하게 하려니와.**

하나님의 뜻은 그의 백성된 우리가 그의 계명과 규례와 법도대로 사는 것이다. 신명기 10:12-13, "이스라엘아, 네 하나님 여호와께서 네게 요구하시는 것이 무엇이냐? 곧 네 하나님 여호와를 경외하여 그 모든 도(道)를 행하고 그를 사랑하며 마음을 다하고 성품을 다하여 네 하나님 여호와를 섬기고 내가 오늘날 네 행복을 위하여 네게 명하는 여호와의 명령과 규례를 지킬 것이 아니냐?" 하나님의 뜻은 우리가 바르고 선하게 사는 것이다. 바르고 선한 행위가 중요하다. 바르고 선한 순종의 행위를 무시하는 것은 옳지 않이다. 신약시대에 성도된 우리는, 비록 하나님의 은혜로 예수 그리스도를 믿음으로 구원 얻었지만, 여전히 하나님의 명령을 따라 바르고 선하게 살아야 한다.

〔6-9절〕 만일 너희나 너희 자손이 아주 돌이켜 나를 좇지 아니하며 내가 너희 앞에 둔 나의 계명과 법도를 지키지 아니하고 가서 다른 신을 섬겨 그것을 숭배하면 내가 이스라엘을 나의 준 땅에서 끊어버릴 것이요 내 이름을 위하여 내가 거룩하게 구별한 이 전(殿)이라도 내 앞에서 던져버리리니 이스라엘은 모든 민족 가운데 속담거리와 이야깃거리가 될 것이며 이 전(殿)이 높을지라도[높을지라도(KJV), 폐허더미가 되어(NASB), 위압적일지라도(NIV)] **무릇 그리로 지나가는 자가 놀라며 비웃어 가로되 여호와께서 무슨 까닭으로 이 땅과 이 전(殿)에 이같이 행하셨는고 하면 대답하기를 저희가 자기 열조를 애굽 땅에서 인도하여 내신 자기 하나님 여호와를 버리고 다른 신에게 부종(附從)하여**[다른 신을 친근히 하고, 붙들고] **그를 숭배하여 섬기므로 여호와께서 이 모든 재앙을 저희에게 내리심이라 하리라 하셨더라.**

하나님의 이런 경고는 신약 성도들에게도 동일하다. 마태복음 7:21, "나더러 주여, 주여, 하는 자마다 천국에 다 들어갈 것이 아니요 다만 하늘에 계신 내 아버지의 뜻대로 행하는 자라야 들어가리라." 로마서 8:13, "너희가 육신[죄성]대로 살면 반드시 죽을 것이로되 성령으로써 몸의 행실을 죽이면 살리니." 순종은 구원 얻은 성도의 증표이다.

〔10-14절〕 솔로몬이 두 집 곧 여호와의 전(殿)과 왕궁을 20년 만에 건축하기를 마치고 갈릴리 땅의 성읍 20을 히람에게 주었으니 이는 두로 왕

히람이 솔로몬에게 그 온갖 소원대로 백향목과 잣나무와 금을 지공(支供)[공급]**하였음이라. 히람이 두로에서 와서 솔로몬이 자기에게 준 성읍들을 보고 눈에 들지 아니하여 이르기를 나의 형이여, 내게 준 이 성읍들이 이러하뇨 하고 이름하여 가불 땅이라 하였더니 그 이름이 오늘까지 있으니라. 히람이 금 120달란트를 왕에게 보내었더라.**

'가불'(כָּבוּל)은 '아무것도 아닌 것과 같다'는 뜻이다.

〔15-19절〕 **솔로몬 왕이 역군**[강제 노역자들]**을 일으킨 까닭은 여호와의 전(殿)과 자기 궁과 밀로와 예루살렘 성과 하솔과 므깃도와 게셀을 건축하려 하였음이라. 전에 애굽 왕 바로가 올라와서 게셀을 탈취하여 불사르고 그 성에 사는 가나안 사람을 죽이고 그 성읍을 자기 딸 솔로몬의 아내에게 예물로 주었더니 솔로몬이 게셀과 아래 벧호론을 건축하고 또 바알랏과 그 땅의 들에 있는 다드몰과 자기에게 있는 모든 국고성과 병거성들과 마병의 성들을 건축하고 솔로몬이 또 예루살렘과 레바논과 그 다스리는 온 땅에 건축하고자 하던 것을 다 건축하였는데.**

〔20-24절〕 **무릇 이스라엘 자손이 아닌 아모리 사람과 헷 사람과 브리스 사람과 히위 사람과 여부스 사람의 남아 있는 자 곧 이스라엘 자손이 다 멸하지 못하므로 그 땅에 남아 있는 그 자손들을 솔로몬이 노예로 역군을 삼아 오늘까지 이르렀으되 오직 이스라엘 자손은 솔로몬이 노예를 삼지 아니하였으니 저희는 군사와 그 신복과 방백과 대장이며 병거와 마병의 장관이 됨이었더라. 솔로몬에게 역사를 감독하는 두목 550인이 있어 역사하는 백성을 다스렸더라. 바로의 딸이 다윗 성에서부터 올라와 솔로몬이 저를 위하여 건축한 궁에 이를 때에 솔로몬이 밀로를 건축하였더라.**

〔25절〕 **솔로몬이 여호와를 위하여 쌓은 단 위에 해마다 세 번씩 번제와 감사제**[화목제]**를 드리고 또 여호와 앞에 있는 단에 분향하니라. 이에 전(殿) 역사가 마치니라.**

〔26-28절〕 **솔로몬 왕이 에돔 땅 홍해 물가 엘롯 근처 에시온게벨에서 배들**(오니 אֳנִי)**을 지은지라**[함대를 만드니라](BDB, KJV, NASB). **히람이 자기 종 곧 바다에 익숙한 사공들을 솔로몬의 종과 함께 그 배로 보내매 저희가 오빌에 이르러 거기서 금 420달란트**[약 14.5톤]**를 얻고 솔로몬 왕에게로 가져왔더라.**

본장의 교훈을 정리해보자. 첫째로, 하나님께서는 솔로몬 왕이 지은 성전을 거룩히 구별하셨고 그의 이름을 영원히 그 곳에 두시고 그의 눈과 그의 마음이 항상 거기 있게 하겠다고 약속하셨다. 구약 성전은 예수 그리스도를 예표했다. 요한복음 2:21, "예수는 성전된 자기 육체를 가리켜 말씀하신 것이라." 또 구약의 성전은 신약교회를 예표하고 상징하는 뜻도 있다. 신약교회는 구원 얻은 성도들의 모임이다. 성도들은 성령께서 그 속에 거하시는 성전이며 성도들의 모임인 교회도 그러하다. 고린도전서 3:16, "너희가 하나님의 성전인 것과 하나님의 성령이 너희 안에 거하시는 것을 알지 못하느뇨?" 고린도전서 6:19, "너희 몸은 너희가 하나님께로부터 받은 바 너희 가운데 계신 성령의 전인 줄을 알지 못하느냐?" 고린도전서 12:27, "너희는 그리스도의 몸이요 지체의 각 부분이라." 에베소서 1:23, "교회는 그의 몸이니." 그러므로 신약 성도 개인과 신약교회는 그리스도의 몸이며 그 지체이므로 존귀하고 영광스럽다. 그러므로 우리는 우리가 하나님의 성전임을 알고 하나님께 감사하며 우리 개인과 교회를 거룩하게 유지하고 더럽히지 말아야 한다.

둘째로, 하나님께서는 솔로몬에게 조건적 약속을 주셨다. 그는 만일 솔로몬이 마음을 온전히 하여 하나님께서 명하신 모든 계명을 지키고 행하면 그의 왕위를 영원히 견고케 하실 것이라고 약속하셨고, 반대로 그가 하나님을 떠나 배반하여 그의 계명을 거역하고 이방신을 섬기면 재앙을 받을 것이라고 경고하셨다. 이 약속과 경고는 오늘 우리에게도 어느 정도 적용된다. 로마서 8:13, "너희가 육신대로 살면 반드시 죽을 것이로되." 물론 우리는 오직 하나님의 은혜로 예수 그리스도를 믿음으로 구원 얻은 자들이다(엡 2:8). 행위가 구원의 조건이 될 수 없다. 그러나 우리는 신구약성경에 계시된 하나님의 말씀에 순종함으로 하나님의 은혜 안에 늘 거해야 한다. 만일 우리가 하나님의 뜻을 저버리고 돈과 세상과 육신의 쾌락을 따라 산다면 하나님께서는 우리를 벌하실 것이다. 그러므로 우리는 하나님 앞에서 바르게만 살아야 한다.

10장: 솔로몬의 부귀와 영광

〔1-5절〕 스바 여왕이 여호와의 이름으로 말미암은 솔로몬의 명예를 듣고 와서 어려운 문제로 저를 시험코자 하여 예루살렘에 이르니 수원(隨員)[수행원]**이 심히 많고 향품과 심히 많은 금과 보석을 약대에 실었더라. 저가 솔로몬에게 나아와 자기 마음에 있는 것을 다 말하매 솔로몬이 그 묻는 말을 다 대답하였으니 왕이 은미(隱微)하여**[왕에게 감추어져 있어] **대답지 못한 것이 없었더라. 스바 여왕이 솔로몬의 모든 지혜와 그 건축한 궁과 그 상의 식물과 그 신복들의 좌석과 그 신하들의 시립한 것과 그들의 공복**[제복, 복장]**과 술관원들과 여호와의 전에 올라가는 층계를 보고 정신이 현황하여**[없어서].

본장은 솔로몬의 부귀와 영광에 대해 증거한다. 먼저 스바 여왕의 방문에 대해 기록한다. 스바(쉐바 שְׁבָא)는 2천 킬로미터 이상 떨어진 서남 아라비아 지역에 있는 나라이었다고 본다(BDB).[2)]

〔6-10절〕 왕께 고하되 내가 내 나라에서 당신의 행위와 당신의 지혜에 대하여 들은 소문이 진실하도다. 내가 그 말들을 믿지 아니하였더니 이제 와서 목도한즉 내게 말한 것은 절반도 못되니 당신의 지혜와 복이 나의 들은 소문에 지나도다. 복되도다. 당신의 사람들이여, 복되도다. 당신의 이 신복들이여, 항상 당신의 앞에 서서 당신의 지혜를 들음이로다. 당신의 하나님 여호와를 송축할지로다. 여호와께서 당신을 기뻐하사 이스라엘 위(位)[왕위]**에 올리셨고 여호와께서 영영히 이스라엘을 사랑하시므로 당신을 세워 왕을 삼아 공과 의를 행하게 하셨도다 하고 이에 저가 금 120달란트**[약 4천 킬로그램, 즉 4톤]**와 심히 많은 향품과 보석을 왕께 드렸으니 스바 여왕이 솔로몬 왕께 드린 것처럼 많은 향품이 다시 오지 아니하였더라.**

스바 여왕은 솔로몬의 부귀와 영광을 보고 탄복했고 금 120달란트,

---

2) 성경에서 스바(Sheba)라는 이름을 가진 사람은 셋이다. (1) 함의 아들 구스의 아들 라아마의 아들 스바(창 10:7), (2) 셈의 아들 아람의 아들 욕단의 아들 스바(창 10:28), (3) 아브라함과 그두라에게서 난 욕산의 아들 스바(창 25:3)이다. 이 중 스바 여왕은 두 번째 스바의 족속인 것 같다.

즉 약 4톤과 심히 많은 향품과 보석을 그에게 드렸다.

〔11-13절〕〔오빌에서부터 금을 실어온 히람의 배들이 오빌에서 많은 백단목과 보석을 운반하여 오매 왕이 백단목으로 여호와의 전과 왕궁의 난간을 만들고 또 노래하는 자를 위하여 수금과 비파를 만들었으니 이 같은 백단목은 전에도 온 일이 없었고 오늘까지도 보지 못하였더라.〕 솔로몬 왕이 왕의 규례대로 스바 여왕에게 물건을 준 외에 또 저의 소원대로 무릇 구하는 것을 주니 이에 저가 그 신복들로 더불어 본국으로 돌아갔더라.

히람의 배들은 오빌에서 많은 백단목들(알무김 אַלְמֻגִּים)[3]과 보석을 운반하여 왔다. 왕은 백단목으로 여호와의 전과 왕궁의 난간(미스아드 מִסְעָד), 아마 지주(支柱) 즉 지지하는 기둥(KJV, NASB, NIV)을 만들고 또 노래하는 자를 위하여 수금과 비파를 만들었다.

〔14-17절〕 솔로몬의 세입금의 중수가 666 금 달란트요 그 외에 또 상고와 무역하는 객상과 아라비아 왕들과 나라의 방백들에게서도 가져온지라. **솔로몬 왕이 쳐서 늘인 금으로 큰 방패 200을 만들었으니 매 방패에 든 금이 600**세겔**이며 또 쳐서 늘인 금으로 작은 방패 300을 만들었으니 매 방패에 든 금이 3마네라. 왕이 이것들을 레바논 나무 궁에 두었더라.**

솔로몬의 세입금은 666 금 달란트, 즉 약 23톤이었다. 또 큰 방패 200은 매 방패에 금 600세겔, 즉 약 6.8킬로그램이 들었고, 작은 방패 300은 매 방패에 금 3마네, 즉 약 1.5킬로그램이 들었다.

〔18-22절〕 왕이 또 상아로 큰 보좌를 만들고 정금으로 입혔으니 그 보좌에는 여섯 층계가 있고 보좌 뒤에 둥근 머리가 있고 앉는 자리 양편에는 팔걸이가 있고 팔걸이 곁에는 사자가 하나씩 섰으며 또 열두 사자가 있어 그 여섯 층계 좌우편에 섰으니 아무 나라에도 이같이 만든 것이 없었더라. 솔로몬 왕의 마시는 그릇은 다 금이요 레바논 나무 궁의 그릇들도 다 정금이라. 은 기물이 없으니 솔로몬의 시대에 은을 귀히 여기지 아니함은 왕이 바다에 다시스 배들을 두어 히람의 배와 함께 있게 하고 그 다시스 배로 3년에 일차씩 금과 은과 상아와 잔나비[원숭이]**와 공작을 실어 왔음이더라.**

---

3) 역대하 2:7과 9:10, 11에는 알구밈 אַלְגּוּמִּים이라고 기록되어 있다.

〔23-25절〕 솔로몬 왕의 재산[부(富)]**과 지혜가 천하 열왕보다 큰지라. 천하가 다 하나님께서 솔로몬의 마음에 주신 지혜를 들으며 그 얼굴을 보기 원하여 각기 예물을 가지고 왔으니 곧 은 그릇과 금 그릇과 의복과 갑옷과 향품과 말과 노새라. 해마다 정한 수가 있었더라.**

〔26-29절〕 솔로몬이 병거와 마병을 모으매 병거가 1천 4백이요 마병이 1만 2천이라. 병거성에도 두고 예루살렘 왕에게도 두었으며 왕이 예루살렘에서 은을 돌같이 흔하게 하고 백향목을 평지의 뽕나무같이 많게 하였더라. 솔로몬의 말들은 애굽에서 내어왔으니 왕의 상고들이 떼로 정가(定價)하여 산 것이며[4] 애굽에서 내어 올린 병거는 하나에 은 600세겔이요 말은 150세겔이라. 이와 같이 헷 사람의 모든 왕과 아람 왕들을 위하여도 그 손으로 내어왔더라[수출하였더라](NASB, NIV).

본장의 교훈을 정리해보자. 첫째로, 하나님께서는 솔로몬에게 지혜뿐 아니라, 부귀와 영광도 주셨다. 그것은 그의 말씀대로 된 것이다(왕상 3:13). 하나님께서는 우리가 믿음으로 바르게 살면 물질적 여유과 몸의 건강 등 육신의 필요도 주실 것이다(마 6:33; 잠 3:7-8; 딤전 4:8).

둘째로, 예수 그리스도께서는 솔로몬보다 더 지혜로우시다. 우리는 성경과 성령의 감동으로 그의 지혜로운 말씀을 늘 배우는 행복을 누린다. 우리는 그에게서 풍성한 은혜를 받으며 영원히 목마르지 않는 물을 마신다(요 1:16; 4:14). 우리는 늘 예수 그리스도의 지혜를 구해야 한다.

셋째로, 스바 여왕은 솔로몬의 지혜와 부귀와 영광을 보고 정신이 없었고 그가 보는 것이 그가 들은 것의 절반도 못된다고 고백했다. 예수께서는 솔로몬보다 크시다(마 12:42). 장차 우리가 보게 될 천국의 부귀와 영광은 그의 것보다 훨씬 더 크다. 우리는 주 예수 그리스도의 영광을 사모하고 또 천국의 영광을 사모해야 한다(딛 2:13; 계 21:10-11).

---

4) 본문은 "애굽과 쿠에(Kue)에서 내어왔는데, 왕의 상인들이 쿠에에서 값으로 산 것이라"고 번역되기도 한다(BDB, NASB, NIV). 쿠에(코웨 קְוֵה)는 소아시아 동남부 길리기아를 가리킨다(BDB).

11장: 솔로몬의 실패와 하나님의 징계

〔1-2절〕 솔로몬 왕이 바로의 딸 외에 이방의 많은 여인을 사랑하였으니 곧 모압과 암몬과 에돔과 시돈과 헷 여인이라. 여호와께서 일찌기[일찍이] **이 여러 국민에게 대하여 이스라엘 자손에게 말씀하시기를 너희는 저희와 서로 통하지**[교제하지] **말며 저희도 너희와 서로 통하게**[교제하게] **말라. 저희가 정녕코 너희의 마음을 돌이켜 저희의 신들을 좇게 하리라 하셨으나 솔로몬이 저희를**[그들을] **연애하였더라**(다바크 레아하바 דָּבַק לְאַהֲבָה)[사랑하며 친근히 하였더라, 붙들었더라].

솔로몬 왕의 실패의 원인은 많은 이방 여인들을 사랑한 데 있었다. 그는 바로의 딸 외에 이방의 많은 여인들, 곧 모압과 암몬과 에돔과 시돈과 헷 여인들을 사랑했다. 그러나 그것은 하나님의 뜻을 어긴 것이다. 하나님의 뜻은 이방인들과의 혼인 금지이다. 출애굽기 34:16, "네가 그들의 딸들로 네 아들들의 아내를 삼음으로 그들의 딸들이 그 신들을 음란히 섬기며 네 아들로 그들의 신들을 음란히 섬기게 할까 함이니라." 2절끝의 '그들'(헴 הֵם)(남성대명사)은 이방신들을 가리킨다고 본다. 솔로몬 왕은 말년에 하나님께 대한 순수한 신앙을 버리고 변절하여 이방신들을 사랑하며 친근히 하며 붙들었다.

〔3-8절〕 왕은 후비[왕후]**가 700인이요 빈장**[첩]**이 300인이라. 왕비들이 왕의 마음을 돌이켰더라.** [이는] **솔로몬의 나이 늙을 때에 왕비들이 그 마음을 돌이켜 다른 신들을 좇게 하였으므로 왕의 마음이 그 부친 다윗의 마음과 같지 아니하여 그 하나님 여호와 앞에 온전치 못하였으니 이는** [솔로몬이] **시돈 사람의 여신 아스다롯을 좇고 암몬 사람의 가증한 밀곰을 좇음이라.** [또] **솔로몬이 여호와의 눈앞에서 악을 행하여 그 부친 다윗이 여호와를 온전히 좇음같이 좇지 아니하고 모압의 가증한 그모스를 위하여 예루살렘 앞 산에 산당을 지었고 또 암몬 자손의 가증한 몰록을 위하여 그와 같이 하였으며 저가 또** [모든] **이족(異族)**[외국인] **후비(后妃)들을 위하여 (다) 그와 같이 한지라. 저희가 자기의 신들에게 분향하며 제사하였더라.**

솔로몬의 나이 늙을 때 왕비들은 그의 마음을 돌이켜 다른 신들을 좇게 하였다. 그는 우상숭배자가 되었다. 그는 그 부친 다윗같이 순결한 믿음을 지키지 못하였다. 그는 경건한 부친을 통해 선한 모범을 보았음에도 불구하고 잘못된 길에 빠졌다. 사람은 심히 연약하다.

〔9-13절〕 솔로몬이 마음을 돌이켜 이스라엘 하나님 여호와를 떠나므로 여호와께서 저에게 진노하시니라. 여호와께서 일찌기[일찍이] **두 번이나 저에게 나타나시고 이 일에 대하여 명하사 다른 신을 좇지 말라 하셨으나 저가 여호와의 명령을 지키지 않았으므로 여호와께서 솔로몬에게 말씀하시되 네게 이러한 일이 있었고 또 네가 나의 언약과 내가 네게 명한 법도를 지키지 아니하였으니 내가 결단코 이 나라를 네게서 빼앗아**[정녕 찢어](KJV, NASB, NIV) **네 신복에게 주리라. 그러나 네 아비 다윗을 위하여 네 세대에는 이 일을 행치 아니하고 네 아들의 손에서 빼앗으려니와**[찢으려니와] **오직 내가 이 나라를 다 빼앗지**[찢지] **아니하고 나의 종 다윗과 나의 뺀 예루살렘을 위하여 한 지파를 네 아들에게 주리라 하셨더라.**

하나님께서는 이방신들을 따르는 죄를 지은 솔로몬에게 진노하셔서 그 왕국을 정녕 찢어 그 신하에게 주겠다고 말씀하셨다.

〔14-22절〕 [그리고] **여호와께서 에돔 사람 하닷을 일으켜 솔로몬의 대적이 되게 하시니 저는 왕의 자손으로서 에돔에 거하였더라. 전에 다윗이 에돔에 있을 때에 군대장관 요압이 가서 죽임을 당한 자들을 장사하고 에돔의 남자를 다 쳐서 죽였는데 요압은 에돔의 남자를 다 없이하기까지 이스라엘 무리와 함께 여섯 달을 그 곳에 유하였었더라. 그때에 하닷은 작은 아이라. 그 아비의 신복 중 두어 에돔 사람과 함께 도망하여 애굽으로 가려 하여 미디안에서 발행하여 바란에 이르고 거기서 사람을 데리고 애굽으로 가서 애굽 왕 바로에게 나아가매 바로가 저에게 집을 주고 먹을 양식을 정하며 또 토지를 주었더라. 하닷이 바로의 눈 앞에 크게 은총을 얻었으므로 바로가 자기의 처제 곧 왕비 다브네스의 아우로 저의 아내를 삼으매 다브네스의 아우가 그로 말미암아 아들 그누밧을 낳았더니 다브네스가 그 아이를 바로의 궁중에서 젖을 떼게 하매 그누밧이 바로의 궁에서 바로의 아들 가운데 있었더라. 하닷이 애굽에 있어서 다윗이 그 열조와 함께 잔 것과 군대장관 요압의 죽은 것을 듣고 바로에게 고하되 나를 보내어 내 고국으로 가게 하**

옵소서. 바로가 저에게 이르되 네가 나와 함께 있어 무슨 부족함이 있기에 네 고국으로 가기를 구하느뇨? 대답하되 없나이다. 그러나 아무쪼록 나를 보내옵소서 하였더라.

하나님께서는 에돔 사람 하닷을 일으켜 그의 대적이 되게 하셨다.

〔23-40절〕 하나님이 또 엘리아다의 아들 르손을 일으켜 솔로몬의 대적이 되게 하시니 저는 그 주인 소바 왕 하닷에셀에게서 도망한 자라. 다윗이 소바 사람을 죽일 때에 르손이 사람들을 모으고 그 떼의 괴수가 되며 다메섹으로 가서 웅거하고[거하며] **거기서 왕이 되었더라. 솔로몬의 일평생에 하닷의 끼친 환난 외에 르손이 수리아 왕이 되어 이스라엘을 대적하고 미워하였더라. 솔로몬의 신복 느밧의 아들 여로보암이 또한 손을 들어 왕을 대적하였으니 저는 에브라임 족속인 스레다 사람이요 그 어미의 이름은 스루아니 과부더라. 저가 손을 들어 왕을 대적하는 까닭은 이러하니라. 솔로몬이 밀로를 건축하고 그 부친 다윗의 성의 무너진 것을 수축하였는데 이 사람 여로보암은 큰 용사라. 솔로몬이 이 소년**[젊은이]**의 부지런함을 보고 세워 요셉 족속의 역사를 감독하게 하였더니 그 즈음에 여로보암이 예루살렘에서 나갈 때에 실로 사람 선지자 아히야가 길에서 저를 만나니 아히야가 새 의복을 입었고 그 두 사람만 들에 있었더라. 아히야가 그 입은 새 옷을 잡아 열두 조각에 찢고 여로보암에게 이르되 너는 열 조각을 취하라. 이스라엘 하나님 여호와의 말씀이 내가 이 나라를 솔로몬의 손에서 찢어 빼앗아 열 지파를 네게 주고 오직 내 종 다윗을 위하고 이스라엘 모든 지파 중에서 뺀 성 예루살렘을 위하여 한 지파를 솔로몬에게 주리니 이는 저희가 나를 버리고 시돈 사람의 여신 아스다롯과 모압의 신 그모스와 암몬 자손의 신 밀곰을 숭배하며 그 아비 다윗의 행함 같지 아니하여 내 길로 행치 아니하며 나 보기에 정직한 일과 나의 법도와 나의 율례를 행치 아니함이니라. 그러나 내가 뺀 내 종 다윗이 내 명령과 내 법도를 지켰으므로 내가 저를 위하여 솔로몬의 생전에는 온 나라를 그 손에서 빼앗지**[취하지] **아니하고 주관하게 하려니와 내가 그 아들의 손에서 나라를 빼앗아**[취하여] **그 열 지파를 네게 줄 것이요 그 아들에게는 내가 한 지파를 주어서 내가 내 이름을 두고자 하여 택한 성 예루살렘에서 내 종 다윗에게 한 등불이 항상 내 앞에 있게 하리라. 내가 너를 취하리니 너는 무릇 네 마음에 원하는 대로 다스려 이스라엘 위(位)**[왕위]**에 왕이 되되 네가 만일 내가 명한 모든 일에 순종하고 내**

길로 행하며 내 눈에 합당한 일을 하며 내 종 다윗의 행함같이 내 율례와 명령을 지키면 내가 너와 함께 있어 내가 다윗을 위하여 세운 것같이 너를 위하여 견고한 집을 세우고 이스라엘을 네게 주리라. 내가 이로 인하여 다윗의 자손을 괴롭게 할 터이나 영원히 하지는 아니하리라 하셨느니라 한지라. 이러므로 솔로몬이 여로보암을 죽이려 하매 여로보암이 일어나 애굽으로 도망하여 애굽 왕 시삭에게 이르러 솔로몬의 죽기까지 애굽에 있으니라.

하나님께서는 르손과 여로보암이 솔로몬의 대적이 되게 하셨다.

〔41-43절〕 솔로몬의 남은 사적과 무릇 저의 행한 일과 그 지혜는 솔로몬의 행장[행적의 책]**에 기록되지 아니하였느냐? 솔로몬이 예루살렘에서 온 이스라엘을 다스린 날 수가 40년이라. 솔로몬이 그 열조와 함께 자매 그 부친 다윗의 성에 장사되고 그 아들 르호보암이 대신하여 왕이 되니라.**

본장의 교훈을 정리해보자. 첫째로, 사람은 참으로 연약하다. 하나님의 사랑을 많이 받고 쓰임을 받았던 솔로몬이었지만, 이렇게 배교하였다. 사람은 하나님의 은혜가 아니면 끝까지 바른 믿음을 지킬 수 없다.

둘째로, 솔로몬의 실패는 잘못된 교제에 기인했다. 솔로몬은 이방의 많은 여인들을 사랑했다. 그것은 하나님의 명령을 어기는 일이었다. 오늘날도 믿는 성도는 믿지 않는 자와 교제하지 말아야 한다. 고린도후서 6:14, "너희는 믿지 않는 자와 멍에를 같이하지 말라." 하나님의 백성이 세상 사람들과 무분별하게 교제하면 그들의 불경건과 부도덕의 영향을 받을 수밖에 없다. 우리는 구원의 복음을 전하기 위해서는 모든 사람과 접촉해야 하지만, 그들과 인생관을 나누는 영적 교제를 나누어서는 안 된다. 우리는 믿지 않는 사람들과의 교제를 매우 조심해야 한다.

셋째로, 하나님께서는 배교하고 변절한 솔로몬에게 벌을 내리실 것이다. 믿음에서 변절하는 자는 하나님의 징벌을 받고 결국 멸망할 것이다. 우리는 순수한, 성경적 믿음을 지켜야 한다. 우리는 말세에 나타나는 많은 이단사설들을 분별하고 경계하고 사도들이 전한 복음과 교훈 곧 성경 교훈을 잘 지켜야 한다(딤후 1:13). 보수 신앙은 생명과 같다.

12장: 왕국의 분열

〔1-11절〕 르호보암이 세겜으로 갔으니 이는 온 이스라엘이 저로 왕을 삼고자 하여 세겜에 이르렀음이더라. 느밧의 아들 여로보암이 전에 솔로몬 왕의 얼굴을 피하여 애굽으로 도망하여 있었더니 이제 그 소문을 듣고 오히려 애굽에 있는 중에 무리가 보내어 저를 불렀더라. 여로보암과 이스라엘의 온 회중이 와서 르호보암에게 고하여 가로되 왕의 부친이 우리의 멍에를 무겁게 하였으나 왕은 이제 왕의 부친이 우리에게 시킨 고역과 메운 무거운 멍에를 가볍게 하소서. 그리하시면 우리가 왕을 섬기겠나이다. 르호보암이 대답하되 갔다가 3일 후에 다시 내게로 오라 하매 백성이 가니라. 르호보암 왕이 그 부친 솔로몬의 생전에 그 앞에 모셨던 노인들과 의논하여 가로되 너희는 어떻게 교도(敎導)[조언](KJV, NASB, NIV)**하여 이 백성에게 대답하게 하겠느뇨? 대답하여 가로되 왕이 만일 오늘날 이 백성의 종이 되어 저희를 섬기고 좋은 말로 대답하여 이르시면 저희가 영영히 왕의 종이 되리이다 하나 왕이 노인의 교도**[조언]**하는 것을 버리고 그 앞에 모셔 있는 자기와 함께 자라난 소년**[청년]**들과 의논하여 가로되 너희는 어떻게 교도**[조언]**하여 이 백성에게 대답하게 하겠느뇨? 백성이 내게 말하기를 왕의 부친이 우리에게 메운 멍에를 가볍게 하라 하였느니라. 함께 자라난 소년**[청년]**들이 왕께 고하여 가로되 이 백성들이 왕께 고하기를 왕의 부친이 우리의 멍에를 무겁게 하였으나 왕은 우리를 위하여 가볍게 하라 하였은즉 왕은 대답하기를 나의 새끼손가락이 내 부친의 허리보다 굵으니 내 부친이 너희로 무거운 멍에를 메게 하였으나 이제 나는 너희의 멍에를 더욱 무겁게 할지라. 내 부친은 채찍으로 너희를 징치하였으나 나는 전갈로 너희를 징치하리라 하소서.**

노인들의 조언은 바른 조언이었다. 왕은 겸손한 마음으로 백성을 섬겨야 하였다. 하나님의 율법은 왕이 율법책을 곁에 두고 항상 읽어 하나님을 경외하고 교만한 마음을 품지 말아야 한다고 가르쳤다(신 17:18-20). 그러나 르호보암은 노인들의 바른 조언을 버리고 그의 앞에 모셔 있는 자기와 함께 자라난 청년들의 잘못된 조언을 들었다.

〔12-20절〕 3일 만에 여로보암과 모든 백성이 르호보암에게 나아왔으니

이는 왕이 명하여 이르기를 3일 만에 내게로 다시 오라 하였음이라. 왕이 포학한 말로 백성에게 대답할새 노인의 교도[조언]를 버리고 소년의 가르침을 좇아 저희에게 고하여 가로되 내 부친은 너희의 멍에를 무겁게 하였으나 나는 너희의 멍에를 더욱 무겁게 할지라. 내 부친은 채찍으로 너희를 징치하였으나 나는 전갈로 너희를 징치하리라 하니라. 왕이 이같이 백성의 말을 듣지 아니하였으니 이 일은 여호와께로 말미암아 난 것이라. 여호와께서 전에 실로 사람 아히야로 느밧의 아들 여로보암에게 고한 말씀을 응하게 하심이더라. 온 이스라엘이 자기들의 말을 왕이 듣지 아니함을 보고 왕에게 대답하여 가로되 우리가 다윗과 무슨 관계가 있느뇨? 이새의 아들에게서 업이 없도다. 이스라엘아, 너희의 장막으로 돌아가라. 다윗이여. 이제 너는 네 집이나 돌아보라 하고 이스라엘이 그 장막으로 돌아가니라. 그러나 유다 성읍들에 사는 이스라엘 자손에게는 르호보암이 그 왕이 되었더라. 르호보암 왕이 역군의 감독 아도니람을 보내었더니 온 이스라엘이 저를 돌로 쳐죽인지라. 르호보암 왕이 급히 수레에 올라 예루살렘으로 도망하였더라. 이에 이스라엘이 다윗의 집을 배반하여 오늘날까지 이르렀더라. 온 이스라엘이 여로보암의 돌아왔다 함을 듣고 보내어 저를 공회로 청하여다가 온 이스라엘의 왕을 삼았으니 유다 지파 외에는 다윗의 집을 좇는 자가 없으니라.

르호보암의 대답은 온유하거나 겸손하지 못하고 거칠고 포학하였다. 그는 지혜가 없었다. 왕은 이와 같이 백성의 말을 듣지 않았다. 그러나 이 일은 여호와께로 말미암아 난 것이었다. 즉 여호와께서 전에 실로 사람 아히야로 여로보암에게 하신 말씀이 이루어지게 하심이었다. 하나님께서는 아히야를 통하여 여로보암에게 말씀하시기를, 솔로몬 왕이 이방신들을 섬기므로 그의 왕국을 찢어 열 지파를 그에게 주겠다고 하셨었다(왕상 11:30-33). 솔로몬 왕의 아들 르호보암의 교만한 대답은 솔로몬의 노년의 우상숭배에 대한 하나님의 징벌이었다. 온 이스라엘 백성의 마음은 르호보암에게서 돌아섰다. 사람들의 마음과 여론은 변화무쌍하다. 르호보암이 역군의 감독 아도니람을 보내었으나, 백성은 그를 돌로 쳐죽였다. 백성은 악한 폭도로 돌변하였다. 그러나 반역은 악한 일이다(잠 24:21; 롬 13:1-2).

〔21-24절〕 르호보암이 예루살렘에 이르러 유다 온 족속과 베냐민 지파를 모으니 택한 용사가 18만이라. 이스라엘 족속과 싸워 나라를 회복하여 솔로몬의 아들 르호보암에게 돌리려 하더니 하나님의 말씀이 하나님의 사람 스마야에게 임하여 가라사대 솔로몬의 아들 유다 왕 르호보암과 유다와 베냐민 온 족속과 또 그 남은 백성에게 고하여 이르기를 여호와의 말씀이 너희는 올라가지 말라. 너희 형제 이스라엘 자손과 싸우지 말고 각기 집으로 돌아가라. 이 일이 내게로 말미암아 난 것이라 하셨다 하라 하신지라. 저희가 여호와의 말씀을 듣고 그 말씀을 좇아 돌아갔더라.

르호보암은 예루살렘에 이르러 유다 온 족속과 베냐민 지파를 모았는데, 택한 용사가 18만명이었다. 그는 여로보암을 따르는 이스라엘 족속과 싸워 나라를 회복시키려 했다. 그러나 그때 하나님의 말씀이 하나님의 사람 스마야에게 임하여 유다 왕 르호보암과 유다와 베냐민 온 족속과 또 그 남은 백성에게 고하였다. "여호와의 말씀이 너희는 올라가지 말라. 너희 형제 이스라엘 자손과 싸우지 말고 각기 집으로 돌아가라. 이 일은 내게로 말미암아 난 것이니라." 하나님께서는 그 내전(內戰)을 막으셨고 그들은 하나님의 말씀에 순종했다.

〔25-33절〕 여로보암이 에브라임 산지에 세겜을 건축하고 거기서 살며 또 거기서 나가서 부느엘을 건축하고 그 마음에 스스로 이르기를 나라가 이제 다윗의 집으로 돌아가리로다. 만일 이 백성이 예루살렘에 있는 여호와의 전에 제사를 드리고자 하여 올라가면 이 백성의 마음이 유다 왕된 그 주 르호보암에게로 돌아가서 나를 죽이고 유다 왕 르호보암에게로 돌아가리로다 하고 이에 계획하고 두 금송아지를 만들고 무리에게 말하기를 너희가 다시는 예루살렘에 올라갈 것이 없도다. 이스라엘아, 이는 너희를 애굽 땅에서 인도하여 올린 너희 신이라 하고 하나는 벧엘에 두고 하나는 단에 둔지라. 이 일이 죄가 되었으니 이는 백성들이 단까지 가서 그 하나에게 숭배함이더라. 저가 또 산당들을 짓고 레위 자손 아닌 보통 백성으로 제사장을 삼고 8월 곧 그 달 15일로 절기를 정하여 유다의 절기와 비슷하게 하고 단에 올라가되 벧엘에서 그와 같이 행하여 그 만든 송아지에게 제사를 드렸으며 그 지은 산당의 제사장은 벧엘에서 세웠더라. 저가 자기 마음대로 정한 달 곧

8월 15일로 이스라엘 자손을 위하여 절기로 정하고 벧엘에 쌓은 단에 올라가서 분향하였더라.

르호보암을 대적하고 분열한 무리의 왕이 된 여로보암은 우상숭배의 죄를 범하였다. 그는 백성의 마음이 유다 왕에게로 돌아갈 것을 염려하여 벧엘과 단에 금송아지를 만들었다. 또 그는 산당들을 지었고 레위 자손이 아닌 보통 백성으로 제사장을 삼았고 또 8월 15일로 절기를 정해 유다의 절기와 비슷하게 했다. 북쪽 이스라엘의 종교는 참된 경건에서 떠나 빠르게 부패했다. 여로보암과 이스라엘 백성은 솔로몬 왕이 노년에 범한 바로 그 우상숭배의 죄에 빠졌다. 그들은 십계명의 제2계명을 범하였고 율법에 규정된 규례들을 떠났다.

본장의 교훈을 정리해보자. 첫째로, 솔로몬 왕국의 분열은 솔로몬 왕의 우상숭배의 죄에 대한 하나님의 징벌이었다. 백성들의 요구에 대한 르호보암의 교만하고 거친 대답과 이스라엘 백성들의 반역은 다 하나님께로 말미암은 일이었다. 솔로몬의 나라는 결국 남북으로 분열되었다. 그러나 열 지파들의 나라가 된 북쪽 이스라엘도 여로보암으로 인해 우상숭배에 떨어졌다. 우리는 우상을 섬기는 자가 되지 말아야 하며 또 하나님과 우상을 함께 섬기는 자가 되어서도 안 된다. 우리는 여호와 하나님만 섬기며 성경 진리만 믿고 성경의 교훈대로만 살아야 한다.

둘째로, 르호보암은 노인들의 바른 조언을 버리고 어릴 때부터 함께 자란 청년들의 잘못된 조언을 따라 포학하고 거친 말로 백성에게 대답했다. 교만은 큰 죄악이다. 교만에서는 다툼만 일어난다(잠 13:10). 주께서는, "나는 마음이 온유하고 겸손하니 나의 멍에를 메고 내게 배우라"고 말씀하셨고(마 11:29) 또 "너희 중에 누구든지 으뜸이 되고자 하는 자는 너희 종이 되어야 하리라"고 하셨다(마 20:27). 사도 바울은 에베소서 4장에서 겸손과 온유, 인내와 사랑으로 일치 단합하라고 교훈하였다(엡 4:1-3). 우리는 온유하고 겸손한 마음으로 일치단합해야 한다.

13장: 유다의 한 선지자

〔1-3절〕 때에 하나님의 사람이 여호와의 말씀으로 인하여 유다에서부터 벧엘에 이르니 마침 여로보암이 단 곁에 서서 분향하는지라. 하나님의 사람이 단을 향하여 여호와의 말씀으로 외쳐 가로되 단아, 단아, 여호와께서 말씀하시기를 다윗의 집에 요시야라 이름하는 아들을 낳으리니 저가 네 위에 분향하는 산당 제사장을 네 위에 제사할 것이요 또 사람의 뼈를 네 위에 사르리라 하셨느니라 하고 그 날에 저가 예조를 들어 가로되 이는 여호와의 말씀하신 예조라. 단이 갈라지며 그 위에 있는 재가 쏟아지리라 하매.

북쪽 이스라엘의 왕 여로보암이 벧엘과 단에 금송아지를 만들고 우상숭배를 했던 때, 하나님의 사람이 여호와의 말씀을 인해 유다에서부터 벧엘에 이르렀다. '하나님의 사람'이라는 표현이 본장에 열여섯 번 나온다. '하나님의 사람'은 하나님께서 세우셨고 하나님에게 속하고 하나님과 기도로 교제하며 하나님 말씀 전파의 사명을 받았고 하나님의 권위를 가졌고 하나님의 성품을 본받는 사람을 가리킨다.

하나님의 사람이 벧엘에 도착했을 때 마침 여로보암이 제단 곁에 서서 분향하고 있었다. 하나님의 시간표는 매우 신기하고 또 정확하다. 하나님께서는 여로보암의 우상숭배에 대해 그에게 경고하시려고 하나님의 사람을 보내신 것이었다. 하나님의 사람은 단을 향해 다윗의 집에 요시야라 이름하는 아들이 네 위에 분향하는 산당 제사장을 네 위에 제사할 것이며 여호와의 말씀하신 징조로 단이 갈라지며 그 위에 있는 재가 쏟아지리라고 말하였다.

이 일이 여로보암이 왕이 된 지 수 년 안에 있었던 일이라면, 하나님의 사람은 그때로부터 약 300여년 후에 있을 일을 예언한 것이다. 오랜 후에, 유다 왕 요시야는 주전 622년경 실제로 그런 종교개혁을 단행했다(왕하 23:15-16). 하나님의 말씀은 하나님께서 여로보암의 단을 인정치 않으심을 나타낸다. 그는 그 단을 미워하셨고 징벌하실 것이다. 그는 사람들로 이 일을 믿게 하시려고 징조까지 주셨다.

왕 앞에서 그의 죄악을 지적하고 하나님의 징벌의 뜻을 선포하는 것은 용기와 담력이 필요한 어려운 일이다. 그러나 하나님의 사람은 그 일을 행하였다. 비록 그의 선포한 말로 인해 여로보암이 회개하고 하나님께로 돌아온 것은 아니었지만(33-34절), 그는 그의 임무를 다 했다. 설교의 일차적 목표는 사람들에게 은혜를 끼쳐 변화시키는 것이 아니고, 하나님의 말씀을 충실히 선포하는 것이다. 영혼들이 은혜를 받고 변화되는 것은 전적으로 하나님의 선하신 뜻에 달려 있다. 그가 허락하시면 사람들은 바른 말씀을 통해 큰 은혜를 받을 것이지만, 그가 허락하지 않으시면 그렇지 않을 것이다.

〔4-6절〕 여로보암 왕이 하나님의 사람의 벧엘에 있는 단을 향하여 외쳐 말함을 들을 때에 단에서 손을 펴며 저를 잡으라 하더라. 저를 향하여 편 손이 말라 다시 거두지 못하며 하나님의 사람의 여호와의 말씀으로 보인 예조대로 단이 갈라지며 재가 단에서 쏟아진지라. 왕이 하나님의 사람에게 말하여 가로되 청컨대 너는 나를 위하여 네 하나님 여호와께 은혜를 구하여 내 손으로 다시 성하게 기도하라. 하나님의 사람이 여호와께 은혜를 구하니 왕의 손이 다시 성하여 전과 같이 되니라.

하나님께서는 하나님의 사람의 기도를 들으셨고 우상숭배자 여로보암에게도 긍휼을 베푸셔서 그의 말라진 손을 회복시켜 주셨다.

〔7-10절〕 왕이 하나님의 사람에게 이르되 나와 함께 집에 가서 몸을 쉬라. 내가 네게 예물을 주리라. 하나님의 사람이 왕께 대답하되 왕께서 왕의 집 절반으로 내게 준다 할지라도 나는 왕과 함께 들어가지도 아니하고 이곳에서는 떡도 먹지 아니하고 물도 마시지 아니하리니 이는 곧 여호와의 말씀이 내게 명하여 이르시기를 떡도 먹지 말며 물도 마시지 말고 왔던 길로 도로 가지도 말라 하셨음이니이다 하고 이에 다른 길로 가고 자기가 벧엘에 오던 길로 좇아 돌아가지 아니하니라.

하나님께서는 하나님의 사람이 우상숭배하는 나라에서 먹는 것이나 배교자들의 물질적 도움을 받는 것을 허락지 않으셨고 또 갔던 길로 도로 오지 말라고 지시하셨다. 그것은, 사람들로 하여금 벧엘로 가는 길과 그런 생각을 미워하게 하시기 위함이거나(Poole) 그를 알아보고 머물게 하지 못하게 하시기 위함이었을 것이다(박윤선).

〔11-17절〕 벧엘에 한 늙은 선지자가 살더니 그 아들들이 와서 이 날에 하나님의 사람이 벧엘에서 행한 모든 일을 저에게 고하고 또 그가 왕에게 고한 말씀도 저희가 그 아비에게 고한지라. 그 아비가 저희에게 이르되 그가 어느 길로 가더냐 하니 그 아들들이 유다에서부터 온 하나님의 사람의 간 길을 보았음이라. 저가 그 아들들에게 이르되 나를 위하여 나귀에 안장을 지우라. 저희가 나귀에 안장을 지우니 저가 타고 하나님의 사람의 뒤를 좇아가서 상수리나무 아래 앉은 것을 보고 이르되 그대가 유다에서 온 하나님의 사람이뇨? 대답하되 그러하다. 저가 그 사람에게 이르되 나와 함께 집으로 가서 떡을 먹으라. 대답하되 나는 그대와 함께 돌아가지도 못하겠고 그대와 함께 들어가지도 못하겠으며 내가 이 곳에서 그대와 함께 떡도 먹지 아니하고 물도 마시지 아니하리니 이는 여호와의 말씀이 내게 이르시기를 네가 거기서 떡도 먹지 말고 물도 마시지 말며 또 네가 오던 길로 돌아가지도 말라 하셨음이로라.

벧엘에 살았던 한 늙은 선지자는 여로보암의 우상숭배를 알았을 것이나 그의 잘못을 지적하는 하나님의 말씀을 깨닫지도, 받지도, 전하지도 못한 자이었다. 그는 확실히 우상숭배의 악을 용납한 타협하는 선지자요 하나님 앞에서 불충성된 자이었다. 그는 이사야가 말한 바 '소경이요 무지하며 벙어리 개'와 같은 파수꾼이었다(사 56:10).

〔18-22절〕 저가 그 사람에게 이르되 나도 그대와 같은 선지자라. 천사가 여호와의 말씀으로 내게 이르기를 그를 네 집으로 데리고 돌아가서 그에게 떡을 먹이고 물을 마시우라 하였느니라 하니 이는 그 사람을 속임이라. 이에 그 사람이 저와 함께 돌아가서 그 집에서 떡을 먹으며 물을 마시니라. 저희가 상 앞에 앉았을 때에 여호와의 말씀이 그 사람을 데려온 선지자에게 임하니 저가 유다에서부터 온 하나님의 사람을 향하여 외쳐 가로되 여호와의 말씀에 네가 여호와의 말씀을 어기며 네 하나님 여호와가 네게 명한 명령을 지키지 아니하고 돌아와서 여호와가 너더러 떡도 먹지 말고 물도 마시

지 말라 한 곳에서 떡을 먹고 물을 마셨으니 네 시체가 네 열조의 묘실에 들어가지 못하리라 하셨느니라 하니라.

하나님의 사람은 그 늙은 선지자의 거짓말을 분간치 못하고 그와 함께 돌아가서 그 집에서 떡을 먹으며 물을 마셨다. 그들이 상 앞에 앉았을 때에 여호와의 말씀이 그를 데려온 선지자에게 임했다. 하나님께서는 때때로 악과 타협하는 선지자도 사용하시는 것 같다. 그것은 그가 그런 자를 하나님의 종으로 인정하신다는 뜻이 아니고, 단지 그런 자도 사용하여 하나님의 뜻을 이루심을 보인 것이라고 본다.

〔23-28절〕 자기가 데리고 온 선지자가 떡을 먹고 물을 마신 후에 그를 위하여 나귀에 안장을 지우니라. 이에 그 사람이 가더니 사자가 길에서 저를 만나 죽이매 그 시체가 길에 버린 바 되니 나귀는 그 곁에 섰고 사자도 그 시체 곁에 섰더라. 지나가는 사람들이 길에 버린 시체와 그 시체 곁에 선 사자를 보고 그 늙은 선지자가 사는 성읍에 와서 말한지라. 그 사람을 길에서 데리고 돌아간 선지자가 듣고 말하되 이는 여호와의 말씀을 어긴 하나님의 사람이로다. 여호와께서 그에게 하신 말씀과 같이 여호와께서 그를 사자에게 붙이시매 사자가 그를 찢어 죽였도다 하고 이에 그 아들들에게 말하여 가로되 나를 위하여 나귀에 안장을 지우라. 저희가 안장을 지우매 저가 가서 본즉 그 시체가 길에 버린 바 되었고 나귀와 사자는 그 시체 곁에 섰는데 사자가 시체를 먹지도 아니하였고 나귀를 찢지도 아니하였더라.

비록 그 하나님의 사람이 하나님의 명령을 순종하지 않아서 죽임을 당하였지만, 그의 시체는 하나님의 긍휼로 보존되었다.

〔29-32절〕 늙은 선지자가 하나님의 사람의 시체를 떠들어 나귀에 실어 가지고 돌아와 자기 성읍으로 들어가서 슬피 울며 장사하되 곧 그 시체를 자기의 묘실에 두고 그를 위하여 슬피 울며 가로되 오호라, 나의 형제여 하니라. 그 사람을 장사한 후에 저가 그 아들들에게 말하여 가로되 내가 죽거든 하나님의 사람을 장사한 묘실에 나를 장사하되 내 뼈를 그의 뼈 곁에 두라. 그가 여호와의 말씀으로 벧엘에 있는 단을 향하고 또 사마리아 성읍들에 있는 모든 산당을 향하여 외쳐 말한 것이 반드시 이룰 것임이니라.

〔33-34절〕 여로보암이 이 일 후에도 그 악한 길에서 떠나 돌이키지 아

니하고 다시 보통 백성으로 산당의 제사장을 삼되 누구든지 자원하면 그 사람으로 산당의 제사장을 삼았으므로 이 일이 여로보암 집에 죄가 되어 그 집이 지면에서 끊어져 멸망케 되니라.

여로보암은 그의 손이 말랐다가 하나님의 긍휼로 회복된 후에도 그 악에서 떠나지 않았다. 사람은 전적으로 부패되어 하나님의 은혜가 아니고서는 깨달음도, 회개도, 하나님을 경외함과 섬김도 없다.

본장의 교훈을 정리해보자. 첫째로, 하나님께서는 하나님의 사람을 보내어 여로보암과 그의 우상숭배를 책망하셨다. 우상숭배는 가장 큰 죄악이다. 하나님을 첫째로 섬기지 않는 것은 가장 큰 죄악이다. 그것은 십계명의 제1, 2계명을 어기는 죄악이다. 우리는 우상을 만들지도 절하지도 섬기지도 말아야 한다. 우리는 우상들을 멀리해야 한다. 현대인의 우상은 돈, 육신의 쾌락, 때로는 자식이다. 우리는 그런 우상들을 버려야 하고 극복해야 한다. 우리는 자식을 바르게 교육해야 한다. 자식이 믿음으로 바르게 살지 않는다면 엄하게 책망해야 한다. 그래야 하나님을 바로 섬기는 것이다. 하나님이 첫째, 가족이 그 다음이어야 한다.

둘째로, 하나님의 사람은 하나님의 명령을 어겼을 때 길에서 죽임을 당하였고, 이스라엘 왕 여로보암은 하나님의 경고를 듣고도 회개치 않다가 그 집이 다 멸망을 당하였다. 죄의 보응은 죽음과 지옥 형벌이다. 사람은 하나님의 계명을 어기면 죽는다. 로마서 6:23, "죄의 삯은 사망이요." 우리는 하나님의 말씀과 계명을 어기면 죽을 줄 알아야 한다.

셋째로, 하나님의 사람은 벧엘의 한 선지자의 거짓말에 속아 넘어갔다. 그 거짓말한 늙은 선지자는 여로보암과 북방 이스라엘의 악을 용납하고 침묵하는 타협자이었다. 오늘날 역사적 대교단들에서 자유주의 신학과 천주교회와 은사주의의 용납, 심지어 동성애의 용납 등, 교리적, 윤리적 악의 타협이 적지 않다. 누룩은 온 덩어리에 퍼지는 법이다(갈 5:9; 고전 5:6). 에베소서 5:11, "너희는 열매 없는 어두움의 일에 참여하지 말고 도리어 책망하라." 우리는 타협자들의 말을 조심해야 한다.

14장: 여로보암의 아들의 죽음

〔1-3절〕 그때에 여로보암의 아들 아비야가 병든지라. 여로보암이 그 아내에게 이르되 청컨대 일어나 변장하여 사람으로 그대가 여로보암의 아내임을 알지 못하게 하고 실로(세겜과 벧엘의 중간지점쯤에 있었음)**로 가라. 거기 선지자 아히야가 있나니 저는 이전에 내가 이 백성의 왕이 될 것을 내게 고한 사람이니라. 그대의 손에 떡 열과 과자와 꿀 한 병을 가지고 그에게로 가라. 저가 그대에게 이 아이의 어떻게 될 것을 알게 하리라.**

여로보암이 마른 손의 회복을 체험한 후에도 범죄하였을 때, 그의 아들 아비야가 병이 들었다. 그것은 분명히 하나님께서 치신 병이었다. 여로보암은 그의 아내를 실로에 있는 선지자 아히야에게 보냈다.

〔4-5절〕 여로보암의 아내가 그대로 하여 일어나 실로로 가서 아히야의 집에 이르니 아히야는 나이로 인하여 눈이 어두워 보지 못하더라. 여호와께서 아히야에게 이르시되 여로보암의 아내가 그 아들이 병듦을 인하여 네게 물으러 오나니 너는 이리이리 대답하라. 저가 들어올 때에 다른 사람인 체 함이니라.

아히야는 하나님과 교제하며 그의 뜻을 아는 참 선지자이었다.

〔6-9절〕 저가 문으로 들어올 때에 아히야가 그 발소리를 듣고 말하되 여로보암의 처여, 들어오라. 네가 어찌하여 다른 사람인 체하느뇨? 내가 명령을 받아 흉한(카쉐 קָשֶׁה)[중한, 가혹한](BDB) **일로 네게 고하리니 가서 여로보암에게 고하라. 이스라엘 하나님 여호와의 말씀이 내가 너를 백성 중에서 들어 내 백성 이스라엘의 주권자가 되게 하고 나라를 다윗의 집에서 찢어내어 네게 주었거늘 너는 내 종 다윗이 나의 명령을 지켜 전심으로 나를 좇으며 나 보기에 정직한 일만 행하였음과 같지 아니하고 너의 이전 사람들보다도 악을 행하고 가서 너를 위하여 다른 신**[신들]**을 만들며 우상을 부어만들어 나의 노를 격발하고 나를 네 등 뒤에 버렸도다.**

아히야는 하나님을 '이스라엘 하나님 여호와'라고 부르며 하나님께서는 북쪽 이스라엘을 '내 백성 이스라엘'이라고 부르신다. 여로보암이 이스라엘 왕이 되게 하신 이는 하나님이셨다. 그러나 여로보암은 다윗과 달랐다. 그는 그의 이전 사람들보다도 더 악을 행하였고 가서 그를 위해 다른 신들을 만들었고 우상들을 부어만들었으며 하나님의 노를 일으키고 하나님을 그의 등뒤에 버렸다. 이것은 완전한 불신앙과 배교이었다. 하나님께서는 지식과 감정과 의지와 도덕성을 가지셨기 때문에 사람들이 악을 행하면 노하시고 심판하신다.

〔10-11절〕 그러므로 내가 여로보암의 집에 재앙을 내려 여로보암에게 속한 사내는 이스라엘 가운데 매인 자나 놓인 자나 다 끊어버리되 거름을 쓸어버림같이 여로보암의 집을 말갛게 쓸어버릴지라. 여로보암에게 속한 자가 성에서 죽은즉 개가 먹고 들에서 죽은즉 공중의 새가 먹으리니 이는 여호와가 말하였음이니라 하셨나니.

하나님께서는 선지자 아히야를 통해 여로보암의 집에 재앙을 선포하셨다. 그는 여로보암의 집에 재앙을 내리실 것이다.

〔12-13절〕 너는 일어나 네 집으로 가라. 네 발이 성에 들어갈 때에 그 아이가 죽을지라. 온 이스라엘이 저를 위하여 슬퍼하며 장사하려니와 여로보암에게 속한 자는 오직 이 아이만 묘실에 들어가리니 이는 여로보암의 집 가운데서 저가 이스라엘 하나님 여호와를 향하여 선한 뜻을 품었음이니라.

여로보암의 아들은 죽을 것이다. 그러나 그 아이만 무덤에 안장될 것이다. 왜냐하면 그에게 '선한 것'(다바르 토브 דָּבָר טוֹב)이 있었기 때문이다. 그것은 하나님의 공의와 긍휼이었다.

〔14-16절〕 여호와께서 이스라엘의 위(位)[왕위]**에 한 왕을 일으키신즉 저가 그 날에 여로보암의 집을 끊어버리리라. 어느 때냐? 곧 이제라. 여호와께서 이스라엘을 쳐서 물에서 흔들리는 갈대같이 되게 하시고 이스라엘을 그 열조에게 주신 이 좋은 땅에서 뽑아 저희를 하수**(유브라데 강) **밖으로 흩으시리니 저희가 아세라 목상을 만들어 여호와를 진노케 하였음이니라. 여호와께서 여로보암의 죄로 인하여 이스라엘을 버리시리니 이는 저도 범죄하고 이스라엘로 범죄케 하였음이니라 하니라.**

하나님께서는 여로보암의 집을 멸하시기 위해 한 왕을 일으키실 것이다. 그가 바아사이었다. 또 여로보암의 죄는 자기 집의 멸망뿐 아니라, 장차 이스라엘 나라 전체의 멸망을 가져올 것이다.

〔17-20절〕 여로보암의 처가 일어나 디르사로 돌아가서 집 문지방에 이를 때에 아이가 죽은지라. 온 이스라엘이 저를 장사하고 저를 위하여 슬퍼하니 여호와께서 그 종 선지자 아히야로 하신 말씀과 같이 되었더라. 여로보암의 그 남은 행적 곧 저가 어떻게 싸운 것과 어떻게 다스린 것은 이스라엘 왕 역대지략에 기록되니라. 여로보암이 왕이 된 지 22년이라. 저가 그 열조와 함께 자매 그 아들 나답이 대신하여 왕이 되니라.

〔21-24절〕 솔로몬의 아들 르호보암은 유다 왕이 되었으니 르호보암이 위(位)에 나아갈 때에 나이 41세라. 여호와께서 자기 이름을 두시려고 이스라엘 모든 지파 가운데서 빼신 성 예루살렘에서 17년을 치리하니라. 그 모친의 이름은 나아마라. 암몬 사람이더라. 유다가 여호와 보시기에 악을 행하되 그 열조의 행한 모든 일보다 뛰어나게 하여 그 범한 죄로 여호와의 노를 격발하였으니 이는 저희도 산 위에와 모든 푸른 나무 아래 산당과 우상과 아세라 목상을 세웠음이라. 그 땅에 또 남색하는 자(카데쉬 קָדֵשׁ)[남자 매춘부](신 23:17; 왕상 15:12; 22:46 등)**가 있었고 여호와께서 이스라엘 자손 앞에서 쫓아내신 국민의 모든 가증한 일을 무리가 본받아 행하였더라.**

본장에 유다 왕 르호보암의 모친이 암몬 사람인 것이 두 번 기록된 것(21, 31절)은 르호보암이 모친을 통하여 경건한 교육을 잘 받지 못했음을 암시하는 것 같다. 사람이 어릴 때 부모를 통하여 경건하고 선한 교훈을 받고 온유와 겸손의 훈련을 받는다는 것은 참으로 복된 일이다. 잠언 22:6은, "마땅히 행할 길을 아이에게 가르치라. 그리하면 늙어도 그것을 떠나지 아니하리라"고 말하였다. 북쪽 이스라엘과 같이 남쪽 유다 나라도 여호와 보시기에 악을 행하여 우상들을 섬겼다. 또 그 땅에 남색하는 자(동성애자들) 즉 남자 매춘부들도 있었다.

〔25-28절〕 르호보암 왕 제5년에 애굽 왕 시삭이 올라와서 예루살렘을 치고 여호와의 전의 보물과 왕궁의 보물을 몰수히 빼앗고 또 솔로몬의 만든 금방패를 다 빼앗은지라. 르호보암 왕이 그 대신 놋[청동]**으로 방패를 만들어 왕궁 문을 지키는 시위대 장관의 손에 맡기매 왕이 여호와의 전에 들어갈 때**

마다 시위하는 자가 그 방패를 들고 갔다가 시위소로 도로 가져갔더라.

〔29-31절〕 르호보암의 남은 사적과 무릇 그 행한 일이 유다 왕 역대지략에 기록되지 아니하였느냐? 르호보암과 여로보암 사이에 항상 전쟁이 있으니라. 르호보암이 그 열조와 함께 자니 그 열조와 함께 다윗 성에 장사되니라. 그 모친의 이름은 나아마라. 암몬 사람이더라. 그 아들 아비얌이 대신하여 왕이 되니라.

본장의 교훈을 정리해보자. 첫째로, 하나님께서는 여로보암을 택하여 이스라엘의 열 지파를 통치하는 왕이 되게 하셨으나, 여로보암은 그 은혜에 보답하지 않았고 마음이 교만해졌고 하나님을 배반하고 하나님의 말씀대로 통치하지 않고 자기 생각대로 했다. 우리는 하나님을 배반하지 말고 하나님 앞에서 항상 온유하고 겸손하며 그의 구원의 은혜에 빚진 자임을 깨닫고 경건하고 바르고 선하고 진실하게 살아야 한다.

둘째로, 여로보암은 다윗처럼 전심으로 하나님을 섬기며 정직한 일을 행하지 않고 다른 신들과 우상들을 섬겼다. 우리는 우상숭배하지 말아야 하고, 특히 현대적 우상들을 배격해야 한다. 우리는 세상 사람들처럼 자기를 사랑하지 말고 이 세상과 돈과 육신의 쾌락을 사랑하지 말고 음란하지 말고 오직 하나님을 경외하고 그의 모든 계명들을 힘써 지켜야 한다. 우리는 하나님을 알고 순수한 성경적 보수신앙을 가지고 하나님께 항상 경건한 예배를 드리며 구약과 신약의 성경말씀에 가르치신 모든 교훈대로 정직하고 의롭고 선하고 진실하게 살아야 한다.

셋째로, 하나님께서는 여로보암에게 징벌로 그 아들 아비야가 병으로 죽게 하셨을 뿐 아니라 그 자손들에게 재앙을 내리실 것을 선언하셨다. 범죄하는 자들과 그 국가는 망할 것이다. 우리는 하나님을 두려워하며 무엇보다 죄 짓지 않기를 소원해야 한다. 예수님 믿음으로 구원 얻은 신약 성도도 범죄하면 하나님께서 그를 징계하실 것이다. 히브리서 12:8, "징계는 다 받는 것이거늘 너희에게 없으면 사생자요 참 아들이 아니니라." 우리는 죄에 대한 하나님의 징계와 징벌을 두려워해야 한다.

15장: 아사와 바아사

〔1-8절〕 느밧의 아들 여로보암 왕 제18년에 아비얌이 유다 왕이 되고 예루살렘에서 3년을 치리하니라. 그 모친의 이름은 마아가라. 아비살롬의 딸이더라. 아비얌이 그 부친의 이미 행한 모든 죄를 행하고 그 마음이 그 조상 다윗의 마음 같지 아니하여 그 하나님 여호와 앞에 온전치 못하였으나 그 하나님 여호와께서 다윗을 위하여 예루살렘에서 저에게 등불을 주시되 그 아들을 세워 후사가 되게 하사 예루살렘을 견고케 하셨으니 이는 다윗이 헷 사람 우리아의 일 외에는 평생에 여호와 보시기에 정직히 행하고 자기에게 명하신 모든 일을 어기지 아니하였음이라. 르호보암과 여로보암 사이에 사는 날 동안 전쟁이 있었더니 아비얌과 여로보암 사이에도 전쟁이 있으니라. 아비얌의 남은 사적과 무릇 행한 일이 유다 왕 역대지략에 기록되지 아니하였느냐? 아비얌이 그 열조와 함께 자니 다윗 성에 장사되고 그 아들 아사가 대신하여 왕이 되니라.

유다 왕 아비얌은 역대하에서는 '아비야'라고 불리었다. 그의 통치 기간은 짧았다. 아비얌은 그의 부친의 죄악들, 즉 우상숭배와 동성애 포용의 죄악들(왕상 14:22-24)을 미워하지 않았고 떠나지 않았다. 그러나 하나님께서는 그 조상 다윗 때문에 그에게 등불 곧 기쁨과 평안을 주셨고 그 아들을 세워 후사가 되게 하셨고 예루살렘 성을 견고케 하셨다. 다윗은 경건하고 의로운 사람의 모범이었다. 비록 그가 밧세바를 범한 큰 실수를 했으나 그 외에는 일평생 여호와 보시기에 정직히 행하였고 하나님의 율법의 모든 교훈을 힘써 행하였다.

〔9-15절〕 이스라엘 왕 여로보암 제20년에 아사가 유다 왕이 되어 예루살렘에서 41년을 치리하니라. 그 모친의 이름은 마아가라. 아비살롬의 딸이더라. 아사가 그 조상 다윗같이 여호와 보시기에 정직하게[올바른 것을] **행하여 남색하는 자**[남자 매춘부들]**를 그 땅에서 쫓아내고 그 열조의 지은 모든 우상을 없이하고 또 그 모친 마아가가 아세라의 가증한 우상을 만들었으므로 태후의 위(位)**[지위]**를 폐하고 그 우상을 찍어서 기드론 시냇가에서 불살**

랐으나 오직 산당[산당들]은 없이하지 아니하니라. 그러나 아사의 마음이 일평생 여호와 앞에 온전하였으며 저가 그 부친의 구별한 것과 자기의 구별한 것을 여호와의 전에 받들어 드렸으니 곧 은과 금과 기명(器皿)들이더라.

아사의 모친의 이름을 아비살롬의 딸 마아가라고 한 것(10절)은 그의 모친이 일찍 죽어 그의 할머니를 언급한 것 같다(2절). 아사는 그의 조상 다윗같이 여호와 보시기에 올바른 것을 행하여 남색(男色)하는 자들[동성애자들, 남자 매춘부들]을 그 땅에서 쫓아내었고 열조들이 지은 모든 우상들을 없이하였다. 우상숭배와 음란은 인간 사회의 대표적 죄악들이다. 사회적으로 그런 악을 제거하는 일은 예나 오늘날이나 어려운 일이다. 그러나 그는 그 일을 과감히 실행했다. 그는 경건하고 도덕적인 사회를 만들었다. 그는 심지어 그의 모친, 아마 그의 할머니 마아가가 아세라의 가증한 우상을 만들었으므로 태후[왕의 모친]의 지위를 폐하고 그 우상을 찍어서 기드론 시냇가에서 불살랐다. 이것은 불효하는 행위가 아니고, 하나님 앞에서 참으로 바르고 용기 있는 행위이었다. 비록 그가 산당들을 없애지 못하였으나, 그의 마음은 일평생 여호와 앞에 온전하였다고 본문은 기록한다. 사람이 일평생 믿음으로 바로 사는 것은 참으로 귀하고 복된 일이다.

〔16-24절〕 아사와 이스라엘 왕 바아사 사이에 일생 전쟁이 있으니라. 이스라엘 왕 바아사가 유다를 치러 올라와서 라마를 건축하여 사람을 유다 왕 아사에게 왕래하지 못하게 하려 한지라. 아사가 여호와의 전 곳간과 왕궁 곳간에 남은 은금을 몰수히 취하여 그 신복의 손에 붙여 다메섹에 거한 아람 왕 헤시온의 손자 다브림몬의 아들 벤하닷에게 보내며 가로되 나와 당신 사이에 약조가 있고 내 부친과 당신의 부친 사이에도 있었느니라. 내가 당신에게 은금 예물을 보내었으니 이스라엘 왕 바아사와 세운 약조를 깨뜨려서 저로 나를 떠나게 하라 하매 벤하닷이 아사 왕의 말을 듣고 그 군대장관들을 보내어 이스라엘 성들을 치되 이욘과 단과 아벨벧마아가와 긴네렛 온 땅과 납달리 온 땅을 쳤더니 바아사가 듣고 라마 건축하는 일을 그치고 디르사에 거하니라. 이에 아사 왕이 온 유다에 영을 내려 한 사람도 모면하

지 못하게 하여 바아사가 라마를 건축하던 돌과 재목을 가져오게 하고 그것으로 베냐민의 게바와 미스바를 건축하였더라. 아사의 남은 사적과 모든 권세와 무릇 그 행한 일과 성읍을 건축한 것이 유다 왕 역대지략에 기록되지 아니하였느냐? 그러나 저가 늙을 때에 발에 병이 있었더라. 아사가 그 열조와 함께 자매 그 열조와 함께 그 조상 다윗의 성에 장사되고 그 아들 여호사밧이 대신하여 왕이 되니라.

아사와 이스라엘 왕 바아사 사이에 일생 전쟁이 있었다. '전쟁'이라는 원어는 단수명사이다. 그것은 아사와 바아사의 통치 기간에 여러 번의 전쟁들이 아니고 한번 전쟁이 있었다는 뜻 같다. 그것은 아사가 시작한 전쟁이 아니고, 이스라엘 왕 바아사가 유다를 치러 올라온 것이었다. 그 전쟁은 아사 제36년에 있었다(대하 16:1). 바아사는 유다에 들어와 라마를 건축하여 사람들을 유다 왕 아사에게 왕래하지 못하게 하려 했다. 아사가 경건했음에도 불구하고 하나님께서는 그의 시대 말년에 전쟁을 허락하셨다. 우리가 경건하게 살 때도 하나님께서는 깊으신 뜻 가운데 우리에게 어려운 문제를 주기도 하신다.

그런데 아사는 그때에 바르게 행치 못하였다. 그는 여호와의 전의 창고와 왕궁 창고에 남은 은금을 전부 취하여 그 신복들의 손에 붙여 다메섹 아람 왕 벤하닷에게 보내며 이스라엘 왕 바아사와 세운 약조를 깨뜨려 그로 하여금 자기를 떠나게 하기를 요청하였다.

벤하닷은 아사 왕의 말을 듣고 그 군대장관들을 보내어 이스라엘 성들을 쳤다. 바아사는 아람의 침략 소식을 듣고 라마 건축하는 일을 그치고 디르사에 거하였다. 그래서 아사 왕은 온 유다에 영을 내려 한 사람도 예외 없이 바아사가 라마를 건축하던 돌과 재목을 가져오게 하고 그것으로 베냐민의 게바와 미스바를 건축하였다.

비록 전쟁의 위기를 모면했지만, 그때에 아사가 하나님을 더 의지했더라면 좋았을 것이다. 그러나 아사는 하나님보다 아람 왕 벤하닷의 도움을 더 의지했다. 역대기에 보면, 그러므로 하나님께서는 선견자 하나니를 보내어, "왕이 아람 왕을 의지하고 왕의 하나님 여호와를 의지하지 아니한 고로 아람 왕의 군대가 왕의 손에서 벗어났나이다"라고 책망했다(대하 16:7). 그러나 아사는 도리어 노하며 그 선견자를 옥에 가두었다(대하 16:10).

역대기에 보면, 그는 제39년에 그 발이 병들어 심히 중하나 병이 있을 때 여호와께 구하지 않고 의원들에게 구했다(대하 16:12). 그것은 아사의 부족한 점들이었다. 그는 말년에 부족함을 나타내었다.

〔25-26절〕 유다 왕 아사 제2년에 여로보암의 아들 나답이 이스라엘 왕이 되어 2년을 이스라엘을 다스리니라. 저가 여호와 보시기에 악을 행하되 그 아비의 길로 행하며 그가 이스라엘로 범하게 한 그 죄 중에 행한지라.

나답은 아버지의 실패를 보았음에도 그 발자취를 따랐다.

〔27-32절〕 이에 잇사갈 족속 아히야의 아들 바아사가 저를 모반하여 블레셋 사람에게 속한 깁브돈에서 저를 죽였으니 이는 나답과 온 이스라엘이 깁브돈을 에워싸고 있었음이더라. 유다 왕 아사 제3년에 바아사가 나답을 죽이고 대신하여 왕이 되고 왕이 될 때에 여로보암의 온 집을 쳐서 생명 있는 자를 하나도 남기지 아니하고 다 멸하였는데 여호와께서 그 종 실로 사람 아히야로 하신 말씀과 같이 되었으니 이는 여로보암이 범죄하고 또 이스라엘로 범하게 한 죄로 인함이며 또 저가 이스라엘 하나님 여호와의 노를 격동시킨 일을 인함이었더라. 나답의 남은 사적과 무릇 행한 일이 이스라엘 왕 역대지략에 기록되지 아니하였느냐? 아사와 이스라엘 왕 바아사 사이에 일생 전쟁이 있으니라.

죄의 결과는 하나님의 진노이며 멸망이다.

〔33-34절〕 유다 왕 아사 제3년에 아히야의 아들 바아사가 디르사에서 온 이스라엘의 왕이 되어 24년을 치리하니라. 바아사가 여호와 보시기에 악을 행하되 여로보암의 길로 행하며 그가 이스라엘로 범하게 한 그 죄 중에 행하였더라.

여로보암의 우상숭배는 후대의 왕들에게 악한 본이 되었다.

본장의 교훈을 정리해보자. 첫째로, 나답은 여호와 보시기에 악을 행하였고(26절), 바아사도 여호와 보시기에 악을 행하였다(34절). 악인들은 하나님 앞에서 악을 행하였으나, 의인들은 하나님 앞에서 정직하게 행했다. 다윗은 헷 사람 우리아의 일 외에는 평생에 여호와 보시기에 정직히 행했다. 아사는 여호와 보시기에 정직하게 행했고 그의 마음이 일평생 여호와 앞에 온전했다. 하나님의 계명은 우리의 생활 규범이다. 신앙생활은 평소생활이다. 우리는 날마다 성경 읽고 기도하기를 힘쓰고 죄악된 일은 무엇이든지 다 버리기를 힘써야 한다. 우리는 평생토록 하나님 앞에서 정직하고 선하고 진실하게 살아야 한다.

둘째로, 아비얌은 그 부친의 이미 행한 모든 죄를 행했고(3절), 바아사는 여로보암의 길로 행했다(34절). 악인들은 불경건하고 악한 조상의 발자취를 따랐으나 의인들은 경건하고 선한 조상의 발자취를 따랐다. 아사는 그 조상 다윗같이 여호와 보시기에 정직하게 행했다. 다윗뿐 아니라 에녹과 노아, 아브라함과 욥, 요셉, 모세와 여호수아와 갈렙, 히스기야와 요시야, 다니엘과 세 친구들, 그리고 주 예수 그리스도와 사도들은 우리의 모범이 되었다. 우리는 경건하고 선한 선진들의 발자취를 따라가야 한다. 우리는 경건하게 살아야 하고 바르고 선하게 살아야 한다.

셋째로, 본장은 악한 자들에게 전쟁이 있음을 보인다. 르호보암과 여로보암 사이에 사는 날 동안 전쟁이 있었고, 아비얌과 여로보암 사이에도 전쟁이 있었다. 또 악인에게는 반역이 있었다. 나답이 악을 행할 때 바아사는 반역하여 그를 죽였고 또 악한 여로보암의 모든 후손을 완전히 멸했다. 그것은 여로보암의 죄에 대한 하나님의 징벌이었고 하나님의 종 아히야의 예언대로 된 것이었다. 그러나 경건한 아사 왕 시대에는 상당한 평안이 있었다. 역대하 14:6, "여호와께서 아사에게 평안을 주셨으므로 그 땅이 평안하여 여러 해 싸움이 없은지라." 역대하 15:19, "이때[아사 15년]부터 아사 왕 35년까지 다시는 전쟁이 없으니라." 우리가 하나님의 계명을 어기면 우리에게는 불행한 일들이 있을 것이지만, 우리가 하나님의 계명을 지키면 우리는 풍성한 평안을 누릴 것이다.

16장: 오므리와 아합

〔1-4절〕 여호와의 말씀이 하나니의 아들 예후에게 임하여 바아사를 꾸짖어 가라사대 내가 너를 진토에서 들어 나의 백성 이스라엘 위에 주권자가 되게 하였거늘 네가 여로보암의 길로 행하며 내 백성 이스라엘로 범죄케 하여 저희 죄로 나의 노를 격동하였은즉 내가 너 바아사와 네 집을 쓸어버려 네 집으로 느밧의 아들 여로보암의 집같이 되게 하리니 바아사에게 속한 자가 성읍에서 죽은즉 개가 먹고 들에서 죽은즉 공중의 새가 먹으리라 하셨더라.

하나님께서 예후를 통해 바아사를 꾸짖어 말씀하신 것은 선지자 아히야를 통해 여로보암에게 하신 말씀(왕상 14:7-11)과 비슷했다. '여로보암의 길로 행하였다'는 말은 우상을 숭배했다는 뜻이다.

〔5-7절〕 바아사의 남은 사적과 무릇 행한 일과 권세는 이스라엘 왕 역대지략에 기록되지 아니하였느냐? 바아사가 그 열조와 함께 자매 디르사에 장사되고 그 아들 엘라가 대신하여 왕이 되니라. 여호와의 말씀이 하나니의 아들 선지자 예후에게 임하사 바아사와 그 집을 꾸짖으심은 저가 여로보암의 집을 본받아 여호와 보시기에 모든 악을 행하며 그 손의 소위로 여호와의 노를 격동하였음이며 또 그 집을 쳤음이더라.

바아사가 우상숭배를 한 것과 또 여로보암의 집을 친 것은 하나님의 진노의 이유가 되었다. 바아사는 하나님의 뜻을 이루는 도구이었으나 반역의 행위 자체는 그의 진노를 받을 이유가 되었다.

〔8-14절〕 유다 왕 아사 제26년에 바아사의 아들 엘라가 디르사에서 이스라엘 왕이 되어 2년을 위(位)[왕위]에 있으니라. 엘라가 디르사에 있어 궁내대신 아르사의 집에서 마시고 취할 때에 그 신복 곧 병거 절반을 통솔한 장관 시므리가 왕을 모반하여 들어가서 저를 쳐죽이고 대신하여 왕이 되니 곧 유다 왕 아사 제27년이라. 시므리가 왕이 되어 그 위(位)[왕위]에 오를 때에 바아사의 온 집을 죽이되 남자는 그 족속이든지 그 친구든지 하나도 남기지 아니하고 바아사의 온 집을 멸하였는데 여호와께서 선지자 예후로 바아사를 꾸짖어 하신 말씀같이 되었으니 이는 바아사의 모든 죄와 그

아들 엘라의 죄를 인함이라. 저희가 범죄하고 또 이스라엘로 범죄케 하여 그 헛된 것으로 이스라엘 하나님 여호와의 노를 격발하였더라. 엘라의 남은 사적과 무릇 행한 일이 이스라엘 왕 역대지략에 기록되지 아니하였느냐?

디르사는 사마리아로부터 동쪽으로 약 13-14킬로미터 떨어진 곳인데, 당시 이스라엘 나라의 수도이었다. 엘라가 디르사에 있어 궁내대신 아르사의 집에서 마시고 취할 때 그 신복 곧 병거 절반을 통솔한 장관 시므리가 왕을 모반하여 들어가서 저를 쳐죽이고 대신하여 왕이 되었다. 시므리가 왕위에 오를 때 바아사의 온 집을 죽이되 남자는 그 족속이든지 그 친구든지 하나도 남기지 아니하고 바아사의 온 집을 멸했는데 여호와께서 선지자 예후로 바아사를 꾸짖어 하신 말씀 같이 되었다. 그것은 바아사의 모든 죄와 그 아들 엘라의 죄 곧 헛된 것들을 섬기는 우상숭배의 죄 때문이었다.

〔15-20절〕 유다 왕 아사 제27년에 시므리가 디르사에서 7일 동안 왕이 되니라. 때에 백성들이 블레셋 사람에게 속한 깁브돈을 향하여 진을 치고 있더니 진중 백성들이 시므리가 모반하여 왕을 죽였다는 말을 들은지라. 그 날에 이스라엘의 무리가 진에서 군대장관 오므리로 이스라엘 왕을 삼으매 오므리가 이에 이스라엘 무리를 거느리고 깁브돈에서부터 올라와서 디르사를 에워쌌더라. 시므리가 성이 함락됨을 보고 왕궁 위소[도피처]**에 들어가서 왕궁에 불을 놓고 그 가운데서 죽었으니 이는 저가 여호와 보시기에 악을 행하여 범죄함을 인함이라. 저가 여로보암의 길로 행하며 그가 이스라엘로 죄를 범하게 한 그 죄 중에 행하였더라. 시므리의 남은 행위와 그 모반한 일이 이스라엘 왕 역대지략에 기록되지 아니하였느냐?**

우상숭배가 많았던 이스라엘 나라에는 모반과 내전으로 인한 피흘림과 살육이 그치지 않았다. 이것은 하나님의 징벌이었다.

〔21-24절〕 그때에 이스라엘 백성이 둘에 나뉘어 그 절반은 기낫의 아들 디브니를 좇아 저로 왕을 삼으려 하고 그 절반은 오므리를 좇았더니 오므리를 좇은 백성이 기낫의 아들 디브니를 좇은 백성을 이긴지라. 디브니가 죽으매 오므리가 왕이 되니라. 유다 왕 아사 제31년에 오므리가 이스라엘 왕이 되어 12년을 위(位)[왕위]**에 있으며 디르사에서 6년 동안 치리하니라.**

저가 은 두 달란트[약 60킬로그램]로 세멜에게서 사마리아 산을 사고 그 산 위에 성을 건축하고 그 건축한 성 이름을 그 산 주인이 되었던 세멜의 이름을 좇아 사마리아라 일컬었더라.

오므리 제7년부터 사마리아는 북방 이스라엘의 수도가 되었다.

〔25-28절〕 오므리가 여호와 보시기에 악을 행하되 그 전의 모든 사람보다 더욱 악하게 행하여 느밧의 아들 여로보암의 모든 길로 행하며 그가 이스라엘로 죄를 범하게 한 그 죄 중에 행하여 그 헛된 것으로 이스라엘 하나님 여호와의 노를 격발케 하였더라. 오므리의 행한 그 남은 사적과 그 베푼 권세가 이스라엘 왕 역대지략에 기록되지 아니하였느냐? 오므리가 그 열조와 함께 자매 사마리아에 장사되고 그 아들 아합이 대신하여 왕이 되니라.

오므리도 심히 악하여 우상숭배로 하나님의 노를 일으켰다.

〔29-33절〕 유다 왕 아사 제38년에 오므리의 아들 아합이 이스라엘 왕이 되니라. 오므리의 아들 아합이 사마리아에서 22년을 이스라엘을 다스리니라. 오므리의 아들 아합이 그 전의 모든 사람보다 여호와 보시기에 악을 더욱 행하여 느밧의 아들 여로보암의 죄를 따라 행하는 것을 오히려 가볍게 여기며 시돈 사람의 왕 엣바알의 딸 이세벨로 아내를 삼고 가서 바알을 섬겨 숭배하고 사마리아에 건축한 바알의 사당 속에 바알을 위하여 단을 쌓으며 또 아세라 목상을 만들었으니 저는 그 전의 모든 이스라엘 왕보다 심히 이스라엘 하나님 여호와의 노를 격발하였더라.

오므리의 아들 아합은 이전의 모든 사람보다 여호와 보시기에 더욱 악을 행하였다. 그는 여로보암의 죄를 따르는 것을 가볍게 여기며 시돈 사람의 왕 엣바알의 딸 이세벨로 아내를 삼고 가서 바알을 숭배하고 바알의 사당 속에 단을 쌓고 또 아세라 목상을 만들었다. 그는 이전의 모든 이스라엘 왕보다 심히 여호와 하나님의 노를 일으켰다.

〔34절〕 그 시대에 벧엘 사람 히엘이 여리고를 건축하였는데 저가 그 터를 쌓을 때에 맏아들 아비람을 잃었고 그 문을 세울 때에 말째 아들 스굽을 잃었으니 여호와께서 눈의 아들 여호수아로 하신 말씀과 같이 되었더라.

여호수아는 여리고를 점령한 후 저주를 선포하기를, “이 여리고 성을 누구든지 일어나서 건축하는 자는 여호와 앞에서 저주를 받을 것이라. 그 기초를 쌓을 때에 장자를 잃을 것이요 문을 세울 때에 계자[막내아들]를 잃으리라"고 했었는데(수 6:26), 그 말씀대로 되었다.

본장의 교훈을 정리해보자. 첫째로, 이스라엘 왕들인 바아사나 시므리나 오므리나 아합 등은 다 그 선조 여로보암의 악, 즉 우상숭배의 악과 반역의 악을 본받아 행했다. 비록 그들이 하나님의 예언을 성취하는 도구들이었지만, 그들의 악은 여전히 악으로 간주되었다. 우리는 선조의 악, 특히 우상숭배의 죄와 반역의 죄를 본받지 말아야 한다. 비록 우리의 부모들이 하나님을 알지 못하여 범죄하였을지라도 우리는 그들의 죄를 본받지 말아야 한다. 우리는 선조들의 죄를 본받지 말아야 한다.

둘째로, 바아사는 여로보암의 길로 행함으로 하나님의 노를 일으켜 그의 집이 완전히 멸망하리라는 선언을 받았다. 그 선언은 그의 아들 엘라 때 군대장관 시므리가 반역을 일으켜 바아사의 온 집을 다 멸함으로 이루어졌다. 바아사의 집에 그런 재앙이 임한 것은 그의 모든 죄와 그 아들 엘라의 죄를 인함이었다. 오므리도 악을 행함으로 여호와의 노를 일으켰다. 죄는 하나님의 노를 일으킨다. 벧엘 사람 히엘은 여리고를 건축하다가 맏아들과 막내아들을 잃어버렸다. 그것은 여호수아 때에 선포된 저주대로 된 일이었다. 하나님께서는 사람의 죄를 미워하시고 벌하신다. 우리는 하나님의 진노를 두려워하고 모든 악을 버려야 한다.

셋째로, 우리는 하나님 앞에서 의롭게만 살아야 한다. 의롭게 산다는 것은 하나님의 뜻과 명령대로 사는 것을 말한다. 하나님의 뜻과 명령은 성경에 기록되어 있다. 그러므로 오늘날 의롭게 사는 것은 성경말씀대로 하나님을 경외하며 믿고 소망하며 정직하고 선하고 진실하게 사는 것을 말한다. 시편 119:105, "주의 말씀은 내 발에 등이요 내 길에 빛이니이다." 디모데후서 3:16, "모든 성경은 하나님의 감동으로 된 것으로 교훈과 책망과 바르게 함과 의로 교육하기에 유익하니." 성경에 계시된 하나님의 뜻과 계명에 일치하게 행하는 것이 의(義)이다. 그러므로 우리는 날마다 성경을 읽고 기도하며 성경 교훈대로 의와 선을 행해야 한다.

17장: 엘리야가 가뭄을 예언함

〔1절〕 길르앗에 우거하는 자 중에 디셉 사람 엘리야가 아합에게 고하되 나의 섬기는 이스라엘 하나님 여호와의 사심을 가리켜 맹세하노니 내 말이 없으면 수년 동안 우로(雨露)[비와 이슬]**가 있지 아니하리라 하니라.**

엘리야가 아합에게 가뭄이 있겠다고 한 기간은 3년 6개월이었다(눅 4:25; 약 5:17; 왕상 18:1). 이스라엘 왕 아합은 그 전의 모든 왕들보다 여호와 보시기에 악을 더욱 행했고 바알과 아세라 숭배에 열심이었다. 그러므로 하나님께서는 엘리야를 통해 가뭄의 징벌을 선포하신 것이었다. 신명기 28장에 보면, 모세는 이스라엘 백성에게 그들이 하나님의 계명을 거역하면, “네 머리 위의 하늘은 청동이 되고 네 아래의 땅은 철이 될 것이며 여호와께서 비 대신에 티끌과 모래를 네 땅에 내리시리니 그것들이 하늘에서 네 위에 내려서 필경 너를 멸하리라”고 경고하였었다(23-24절). 율법에 경고된 대로 하나님께서는 엘리야를 통하여 여러 해의 가뭄을 선언하신 것이다.

〔2-7절〕 여호와의 말씀이 엘리야에게 임하여 가라사대 너는 여기서 떠나 동으로 가서 요단 앞 그릿 시냇가에 숨고 그 시냇물을 마시라. 내가 까마귀들을 명하여 거기서 너를 먹이게 하리라. 저가 여호와의 말씀과 같이 하여 곧 가서 요단 앞 그릿 시냇가에 머물매 까마귀들이 아침에도 떡과 고기를, 저녁에도 떡과 고기를 가져왔고 저가 시내를 마셨더니 땅에 비가 내리지 아니하므로 얼마 후에 그 시내가 마르니라.

이스라엘 땅에 오랜 가뭄이 들면 선지자도 그 고난을 피할 수 없다. 가뭄이 있는 동안에 아합은 엘리야를 찾아 죽이려 할 것이기 때문에 엘리야는 요단 앞 그릿 시냇가에 숨어 지내었다. 그러나 하나님께서는 비상한 때에 비상한 방법으로 그의 종을 돌보시며 공급하셨다.

〔8-12절〕 여호와의 말씀이 엘리야에게 임하여 가라사대 너는 일어나 시돈에 속한 사르밧으로 가서 거기 유하라. 내가 그 곳 과부에게 명하여 너를

공궤하게 하였느니라. 저가 일어나 사르밧으로 가서 성문에 이를 때에 한 과부가 그 곳에서 나뭇가지를 줍는지라. 이에 불러 가로되 청컨대 그릇에 물을 조금 가져다가 나로 마시게 하라. 저가 가지러 갈 때에 엘리야가 저를 불러 가로되 청컨대 네 손에 떡 한 조각을 내게로 가져오라. 저가 가로되 당신의 하나님 여호와의 사심을 가리켜 맹세하노니 나는 떡이 없고 다만 통에 가루 한 움큼과 병에 기름 조금뿐이라. 내가 나뭇가지 두엇을 주워다가 나와 내 아들을 위하여 음식을 만들어 먹고 그 후에는 죽으리라.

하나님께서는 엘리야를 이스라엘 북쪽 국경 너머 북서쪽 해변에 있는 이방인이 사는 시돈 땅의 사르밧으로 보내셨다. 하나님께서는 거기서 엘리야의 피신을 위해 한 과부를 예비하셨다. 그때에 이스라엘 땅이 위험하기도 했겠지만, 하나님께서는 이스라엘 땅에 사는 그 어떤 사람에게 엘리야를 섬기는 일을 맡기지 않으셨다. 그 과부는 참으로 가난했다. 또 그 정도로 가뭄이 심했다. 하나님께서는 그런 때에 그 가난한 과부에게 하나님의 종 엘리야를 맡기셨다.

〔13-16절〕 엘리야가 저에게 이르되 두려워 말고 가서 네 말대로 하려니와 먼저 그것으로 나를 위하여 작은 떡 하나를 만들어 내게로 가져오고 그 후에 너와 네 아들을 위하여 만들라. 이스라엘 하나님 여호와의 말씀이 나 여호와가 비를 지면에 내리는 날까지 그 통의 가루는 다하지 아니하고 그 병의 기름은 없어지지 아니하리라 하셨느니라. 저가 가서 엘리야의 말대로 하였더니 저와 엘리야와 식구가 여러 날 먹었으나 여호와께서 엘리야로 하신 말씀같이 통의 가루가 다하지 아니하고 병의 기름이 없어지지 아니하니라.

엘리야의 말이 인간적으로는 이기적이게 보이는 듯도 하지만, 그는 하나님의 뜻을 분명히 알았기 때문에 그에게 담담하게 말하였다. 그 과부는 하나님을 경외하는 마음이 있었음에 틀림없다. 그 여자는 가서 엘리야의 말대로 하였다. 하나님을 참으로 경외하는 자는 그의 말씀에 겸손히 순종할 것이다. 그 과부는 그러하였다. 그런데 참으로 신기하고 놀라운 일이 일어났다. 그 과부와 엘리야와 식구가 여러 날 먹었으나, 여호와께서 엘리야로 하신 말씀같이 통의 가루가 다하지 않았고 병의 기름이 없어지지 않았다. 선지자의 말에 순종한 그 과부는 하나님의 신기한 돌보심과 공급하심을 체험하였다.

〔17-18절〕 이 일 후에 그 집 주모 되는 여인의 아들이 병들어 증세가 심히 위중하다가 숨이 끊어진지라. 여인이 엘리야에게 이르되 하나님의 사람이여, 당신이 나로 더불어 무슨 상관이 있기로 내 죄를 생각나게 하고 또 내 아들을 죽게 하려고 내게 오셨나이까?

하나님의 기적을 체험한 지 얼마 후 그 집에 주인 되는 여인 즉 그 과부(20절)의 아들이 병이 들었고 그 증세가 매우 위중하다가 숨이 끊어졌다. 그 여자는 그 일로 인해 자신의 부족과 죄를 깨달았던 것 같다. 하나님의 종을 섬기는 믿음이 있는 그 여자에게도 부족이 있었고 고난 중에 자신의 부족을 깨달았다고 본다(시 119:67, 71). 그 과부는 아마 그 불행 속에서 더욱 회개하였을 것이다.

〔19-21절〕 엘리야가 저에게 그 아들을 달라 하여 그를 그 여인의 품에서 취하여 안고 자기의 거처하는 다락에 올라가서 자기 침상에 누이고 여호와께 부르짖어 가로되 나의 하나님 여호와여, 주께서 또 내가 우거하는 집 **과부에게 재앙을 내리사 그 아들로 죽게 하셨나이까 하고 그 아이 위에 몸을 세 번 펴서 엎드리고 여호와께 부르짖어 가로되 나의 하나님 여호와여, 원컨대 이 아이의 혼으로 그 몸에 돌아오게 하옵소서 하니.**

엘리야는 여호와께 부르짖어 기도하였다. '나의 하나님 여호와'라는 말은 엘리야가 평소에 하나님을 친근히 자신의 하나님으로 섬겨왔음을 보인다. 성도는 평소에, 일상생활 속에서 하나님을 경외하고 하나님과 동행하며 말씀과 기도로 산다. 엘리야는 그 과부의 고통을 자신의 고통으로 여기듯 하나님 앞에 간절히 부르짖어 기도하였다.

〔22-24절〕 여호와께서 엘리야의 소리를 들으시므로 그 아이의 혼이 몸으로 돌아오고 살아난지라. 엘리야가 그 아이를 안고 다락에서 방으로 내려가서 그 어미에게 주며 이르되 보라, 네 아들이 살았느니라. 여인이 엘리야에게 이르되 내가 이제야 당신은 하나님의 사람이시요 당신의 입에 있는 여호와의 말씀이 진실한[진리인] **줄 아노라 하니라.**

여호와께서는 엘리야의 기도 소리를 들어주셨다. 하나님의 놀라운 기적이 일어났다. 그 여인은 엘리야가 하나님의 사람이며 그를 통해 주시는 하나님의 말씀이 진리임을 확신케 되었다. 오늘 우리는 성경을 통해 하나님과 주 예수 그리스도를 믿고 확신한다.

본장의 교훈을 정리해보자. 첫째로, 이스라엘 땅에 닥친 여러 해의 가뭄의 재앙은 확실히 아합의 우상숭배의 죄 때문에 하나님께서 내리신 징벌이었다. 사람이 죄를 지으면 재앙이 그에게 임한다. 우리는 우리에게 닥친 고난의 원인과 이유를 깨달아 하나님 앞에 회개해야 한다.

둘째로, 엘리야는 길르앗에서도 안정이 없이 우거했고 요단 앞 그릿 시냇가에 숨어살았고 까마귀를 통한 하나님의 공급하심을 경험했고, 그 후, 시돈 땅 사르밧의 한 과부의 집으로 보냄을 받았다. 하나님의 사람은 이처럼 정처가 없었으나 하나님께서는 그를 항상 인도하셨고 그를 공급하셨다. 하나님의 종들과 하나님의 사람들은 인간적 계획과 계산으로 살아서는 안 된다. 하나님의 사람들은 하나님의 인도하심을 따라 살아야 한다. 그들은 하나님의 인도하심을 따라 어디든지 가고 무엇이든지 하며 하나님께 충성해야 한다. 하나님께서는 그들을 결코 버리지 않으시고 항상 지키시고 도우시고 인도하시고 공급하실 것이다.

셋째로, 이방 땅 사르밧의 가난한 과부는 하나님의 종 엘리야를 섬겼고 그러면서 그는 기근의 때에도 굶지 않는 기적을 체험했고 또 그의 아들이 병들어 죽는 슬픔도 있었지만 그의 죽은 아들이 다시 살아나는 기쁨도 얻었다. 모든 일이 그에게 유익했고 큰 은혜가 되었다. 그 과부는 하나님을 경외하였고 하나님의 말씀을 순종했고 하나님의 종 엘리야를 존중하였고 섬겼다. 하나님의 백성은 하나님의 말씀을 순종하고 하나님의 종들을 존중해야 한다. 하나님의 백성들은 하나님을 두려워하고 그의 종들을 영접하고 존중하고 귀히 여겨야 하며(살전 5:12-13; 딤전 5:17; 갈 6:6; 히 13:17) 성도들 서로 간에도 그러해야 한다.

18장: 갈멜산의 승리

〔1-6절〕 많은 날을 지내고 제3년에 여호와의 말씀이 엘리야에게 임하여 가라사대 너는 가서 아합에게 보이라. 내가 비를 지면에 내리리라. 엘리야가 아합에게 보이려고 가니 그때에 사마리아에 기근이 심하였더라. 아합이 궁내대신[비서실장] **오바댜를 불렀으니 이 오바댜는 크게 여호와를 경외하는 자라. 이세벨이 여호와의 선지자들을 멸할 때에 오바댜가 선지자 1백인을 가져 50인씩 굴에 숨기고 떡과 물을 먹였었더라. 아합이 오바댜에게 이르되 이 땅의 모든 물 근원과 모든 내로 가자. 혹시 꼴을 얻으리라. 그러면 말과 노새를 살리리니 짐승을 다 잃지 않게 되리라 하고 두 사람이 두루 다닐 땅을 나누어 아합은 홀로 이 길로 가고 오바댜는 홀로 저 길로 가니라.**

3년이 지난 후 하나님께서 엘리야에게 "너는 가서 아합에게 보이라"고 말씀하셨고, 아합과 비서실장 오바댜는 물을 찾으러 나왔다.

〔7-15절〕 오바댜가 길에 있을 때에 엘리야가 저를 만난지라. 저가 알아보고 엎드려 말하되 내 주 엘리야여, 당신이시니이까? 대답하되 그러하다. 가서 네 주에게 고하기를 엘리야가 여기 있다 하라. 가로되 내가 무슨 죄를 범하였기에 당신이 당신의 종을 아합의 손에 붙여 죽이게 하려 하시나이까? 당신의 하나님 여호와의 사심을 가리켜 맹세하노니 내 주께서 사람을 보내어 당신을 찾지 아니한 족속이나 나라가 없었는데 저희가 말하기를 엘리야가 없다 하면 그 나라와 그 족속으로 당신을 보지 못하였다는 맹세를 하게 하였거늘 이제 당신의 말씀이 가서 네 주에게 고하기를 엘리야가 여기 있다 하라 하시나 내가 당신을 떠나간 후에 여호와의 신[영]**이 나의 알지 못하는 곳으로 당신을 이끌어 가시리니 내가 가서 아합에게 고하였다가 저가 당신을 찾지 못하면 내가 죽임을 당하리이다. 당신의 종은 어려서부터 여호와를 경외하는 자라. 이세벨이 여호와의 선지자들을 죽일 때에 내가 여호와의 선지자 중에 1백인을 50인씩 굴에 숨기고 떡과 물로 먹인 일이 내 주께 들리지 아니하였나이까? 이제 당신의 말씀이 가서 네 주에게 고하기를 엘리야가 여기 있다 하라 하시니 그리하면 저가 나를 죽이리이다. 엘리야가 이르되 내가 모시는 만군의 여호와의 사심을 가리켜 맹세하노니 내가 오늘**

날 아합에게 보이리라.

오바댜가 길에 있을 때 엘리야가 그를 만났다. 하나님께서는 경건했던 오바댜를 통해 자기 종들을 기이하게 보호하셨었다. 엘리야는 맹세하며 "내가 오늘날 아합에게 보이리라"고 말하였다.

〔16-19절〕 오바댜가 가서 아합을 만나 고하매 아합이 엘리야를 만나려 하여 가다가 엘리야를 볼 때에 저에게 이르되 이스라엘을 괴롭게 하는 자여, 네냐? 저가 대답하되 내가 이스라엘을 괴롭게 한 것이 아니라 당신과 당신의 아비의 집이 괴롭게 하였으니 이는 여호와의 명령을 버렸고 당신이 바알들을 좇았음이라. 그런즉 보내어 온 이스라엘과 이세벨의 상에서 먹는 바알의 선지자 450인과 아세라의 선지자 400인을 갈멜산으로 모아 내게로 나오게 하소서.

엘리야는 아합을 만나 온 이스라엘과 이세벨의 상에서 먹는 바알의 선지자 450명과 아세라의 선지자 400명을 갈멜산으로 모으기를 요청하였다. 왕후 이세벨의 후원을 받는 바알과 아세라 선지자 850명은 그 기근의 때에도 고난을 모르고 물질적 유여함을 누렸을 것이다. 그들은 자신들의 처신과 삶을 지혜와 요령이 있고 행복하다고 생각하였을지 모른다. 그러나 그들의 불행이 곧 나타날 것이다. 엘리야는 여호와만 참 하나님이시라는 것과 이스라엘의 기근의 원인이 그들이 하나님을 버리고 이방신을 섬겼기 때문임을 증거하기를 원하였다. 그러나 그 싸움은 850 대 1이라는 매우 외로운 싸움이었다.

〔20-24절〕 아합이 이에 이스라엘 모든 자손에게로 보내어 선지자들을 갈멜산으로 모으니라. 엘리야가 모든 백성에게 가까이 나아가 이르되 너희가 어느 때까지 두 사이에서(알 쉐테 핫세입핌 עַל־שְׁתֵּי הַסְּעִפִּים)[두 견해 사이에서](KJV, NASB) **머뭇머뭇 하려느냐? 여호와가 만일 하나님이면 그를 좇고 바알이 만일 하나님이면 그를 좇을지니라 하니 백성이 한 말도 대답지 아니하는지라. 엘리야가 백성에게 이르되 여호와의 선지자는 나만 홀로 남았으나 바알의 선지자는 450인이로다. 그런즉 두 송아지를 우리에게 가져오게 하고 저희는 한 송아지를 택하여 각을 떠서 나무 위에 놓고 불은 놓지**

말며 나도 한 송아지를 잡아 나무 위에 놓고 불은 놓지 말고 너희는 너희 신(神)의 이름을 부르라. 나는 여호와의 이름을 부르리니 이에 불로 응답하는 신(神) 그가 하나님이니라. 백성이 다 대답하되 그 말이 옳도다.

아합은 엘리야의 요청대로 이스라엘 백성과 선지자들을 갈멜산으로 모이게 했다. 엘리야는 모인 모든 백성에게 "너희가 어느 때까지 두 견해 사이에서 머뭇머뭇 하느냐?"고 지적하면서 불로 응답하는 신(神) 그가 하나님이라고 말했고 백성은 다 그 말이 옳다고 했다.

〔25-29절〕 엘리야가 바알의 선지자들에게 이르되 너희는 많으니 먼저 한 송아지를 택하여 잡고[죽이고] **너희 신의 이름을 부르라. 그러나 불을 놓지 말라. 저희가 그 받은 송아지를 취하여 잡고 아침부터 낮까지 바알의 이름을 불러 가로되 바알이여, 우리에게 응답하소서 하나 아무 소리도 없고 아무 응답하는 자도 없으므로 저희가 그 쌓은 단 주위에서 뛰놀더라. 오정에 이르러는 엘리야가 저희를 조롱하여 가로되 큰 소리로 부르라. 저는 신인즉 묵상하고 있는지 혹 잠간 나갔는지 혹 길을 행하는지 혹 잠이 들어서 깨워야 할 것인지 . . . 하매 이에 저희가 큰 소리로 부르고 그 규례를 따라 피가 흐르기까지 칼과 창으로 그 몸을 상하게 하더라. 이같이 하여 오정이 지났으나 저희가 오히려 진언(嗔言)**[예언]**을 하여 저녁 소제 드릴 때까지 이를지라도 아무 소리도 없고 아무 응답하는 자도 없고 아무 돌아보는 자도 없더라.**

엘리야는 바알의 선지자들에게 먼저 제물을 드리고 그들의 신의 이름을 부르라고 말했다. 그들은 제물을 드렸고 바알의 이름을 불렀다. 그들이 저녁이 될 때까지 바알의 이름을 불렀으나 아무 응답이 없었다. 바알이 참 신이 아니므로 기도 응답이 있을 리가 없었다.

〔30-35절〕 엘리야가 모든 백성을 향하여 이르되 내게로 가까이 오라. 백성이 다 저에게 가까이 오매 저가 무너진 여호와의 단을 수축하되 야곱의 아들들의 지파의 수효를 따라 열두 돌을 취하니 이 야곱은 여호와께서 옛적에 저에게 임하여 이르시기를 네 이름을 이스라엘이라 하리라 하신 자더라. 저가 여호와의 이름을 의지하여 그 돌로 단을 쌓고 단으로 돌아가며 곡식 종자 두 세아[약 14리터]**를 용납할 만한 도랑을 만들고 또 나무를 벌이고 송아지의 각을 떠서 나무 위에 놓고 이르되 통 넷에 물을 채워다가 번제물과**

나무 위에 부으라 하고 또 이르되 다시 그리하라 하여 다시 그리하니 또 이르되 세 번 그리하라 하여 세 번 그리하니 물이 단으로 두루 흐르고 도랑에도 물이 가득하게 되었더라.

엘리야의 차례가 되었다. 그는 모든 백성을 자기에게 가까이 오게 했고 열두 돌로 단을 쌓고 나무 위에 번제물을 놓고 단 주위에 도랑을 만들고 번제물 위에 물을 네 통씩 세 번이나 부었다.

〔36-40절〕 저녁 소제 드릴 때에 이르러 선지자 엘리야가 나아가서 말하되 아브라함과 이삭과 이스라엘의 하나님 여호와여, 주께서 이스라엘 중에서 하나님이 되심과 내가 주의 종이 됨과 내가 주의 말씀대로 이 모든 일을 행하는 것을 오늘날 알게 하옵소서. 여호와여, 내게 응답하옵소서. 내게 응답하옵소서. 이 백성으로 주 여호와는 하나님이신 것과 주는 저희의 마음으로 돌이키게 하시는 것을 알게 하옵소서 하매 이에 여호와의 불이 내려서 번제물과 나무와 돌과 흙을 태우고 또 도랑의 물을 핥은지라. 모든 백성이 보고 엎드려 말하되 여호와, 그는 하나님이시로다. 여호와, 그는 하나님이시로다 하니 엘리야가 저희에게 이르되 바알의 선지자를 잡되 하나도 도망하지 못하게 하라 하매 곧 잡은지라. 엘리야가 저희를 기손 시내로 내려다가 거기서 죽이니라.

엘리야는 여호와 하나님께서 온 세상의 유일하신 참 하나님이심을 증거해달라고 간절히 기도했다. 그러자, 여호와의 불이 내려와 번제물과 나무와 돌과 흙을 태우고 도랑의 물을 핥았다. 모든 백성은 그것을 보고 엎드려 "여호와, 그는 하나님이시로다. 여호와, 그는 하나님이시로다"라고 말했다. 그들은 하나님을 바르게 인식했다. 엘리야는 그들에게 바알의 선지자들을 다 죽이라고 말했다.

〔41-46절〕 엘리야가 아합에게 이르되 올라가서 먹고 마시소서. 큰 비의 소리가 있나이다. 아합이 먹고 마시러 올라가니라. 엘리야가 갈멜산 꼭대기로 올라가서 땅에 꿇어 엎드려 그 얼굴을 무릎 사이에 넣고 그 사환에게 이르되 올라가 바다 편을 바라보라. 저가 올라가 바라보고 고하되 아무것도 없나이다. 가로되 일곱 번까지 다시 가라. 일곱 번째 이르러서는 저가 고하되 바다에서 사람의 손 만한 작은 구름이 일어나나이다. 가로되 올라가 아

합에게 고하기를 비에 막히지 아니하도록 마차를 갖추고 내려가소서 하라 하니라. 조금 후에 구름과 바람이 일어나서 하늘이 캄캄하여지며 큰 비가 내리는지라. 아합이 마차를 타고 이스르엘로 가니 여호와의 능력이 엘리야에게 임하매 저가 허리를 동이고 이스르엘로 들어가는 곳까지 아합 앞에서 달려갔더라.

하나님께서는 이제 3년의 가뭄을 끝내시고 그 땅에 비를 내리기를 원하셨다. 엘리야는 아합에게 큰 비가 내릴 것을 말했다. 엘리야는 하나님께 비를 주시기를 일곱 번이나 간절히 기도하였다. 드디어 기도의 응답이 왔다. 하늘이 캄캄해지며 큰 비가 내리기 시작했다.

본장의 교훈을 정리해보자. 첫째로, 이스라엘 땅에 임한 3년 기근은 아합과 그 아비 집의 죄악 곧 우상숭배의 죄악 때문에 왔다. 죄가 기근의 원인이었다. 악인에게는 평안이 없다. 이스라엘 백성은 아합 가문의 우상숭배의 죄를 배격하지 않고 용납했다. 북방 이스라엘 나라의 백성들은 우상숭배적이며 포용주의적이었다. 재앙은 죄 때문에 온다.

둘째로, 엘리야는 거짓 선지자 850명과의 싸움에서 여호와 하나님께서 불로 응답하심으로 승리하였다. 바알은 응답할 수 없었으나, 여호와 하나님께서는 불로 응답하셨다. 성경은 살아계시고 참되시고 유일하신 여호와 하나님을 증거한다. 오늘날 기독교계 안에는 배교적 자유주의 신학과 비성경적 연합주의와 타협적 복음주의가 유행하고 은사주의의 혼란도 많고 윤리적 부패도 크다. 그러므로 이런 때에 우리는 성경을 더 열심히 읽고 연구하고 옛길, 바른 길을 파악하고 붙들어야 한다. 우리는 성경적 신앙을 확신하고 성경 교훈에 온전히 순종해야 한다.

셋째로, 바알의 선지자들 450명은 처단되었고 엘리야의 간절한 기도는 응답되어 큰 비가 내렸다. 비를 주시는 하나님의 뜻은 사람들이 죄를 깨닫고 그 죄를 버리고 바른 믿음으로 돌아올 때 이루어졌다. 하나님께서는 그의 작정하신 때에 그들에게 비를 내려주셨다. 오늘날 우리들도 죄를 버릴 때 하나님의 징계가 그치고 회복을 주실 것이다.

19장: 엘리야의 도망

〔1-2절〕 아합이 엘리야의 무릇 행한 일과 그가 어떻게 모든 선지자를 칼로 죽인 것을 이세벨에게 고하니 이세벨이 사자를 엘리야에게 보내어 이르되 내가 내일 이맘때에는 정녕 네 생명으로 저 사람들 중 한 사람의 생명 같게 하리라. 아니하면 신들이 내게 벌 위에 벌을 내림이 마땅하니라 한지라.

갈멜산에서 여호와 하나님의 불의 응답을 받고 바알의 선지자들을 처단한 사건이 있은 후, 아합으로부터 엘리야의 모든 행한 일과 그가 어떻게 모든 선지자를 칼로 죽인 것을 들은 이세벨은 사자를 엘리야에게 보내어 내일 이맘때 그를 죽이겠다고 통보하였다.

〔3-8절〕 저가 이 형편을 보고 일어나 그 생명을 위하여 도망하여 유다에 속한 브엘세바에 이르러 자기의 사환을 그 곳에 머물게 하고 스스로 광야로 들어가 하룻길쯤 행하고 한 로뎀나무(로셈 רֹתֶם)[노간주 나무(juniper tree)(KJV, NASB) 혹은 금작화(broom)(NIV)](NBD) **아래 앉아서 죽기를 구하여 가로되 여호와여, 넉넉하오니 지금 내 생명을 취하옵소서. 나는 내 열조보다 낫지 못하니이다 하고 로뎀나무 아래 누워 자더니 천사가 어루만지며 이르되 일어나서 먹으라 하는지라. 본즉 머리맡에 숯불에 구운 떡과 한 병 물이 있더라. 이에 먹고 마시고 다시 누웠더니 여호와의 사자가 또다시 와서 어루만지며 이르되 일어나서 먹으라. 네가 길을 이기지 못할까 하노라 하는지라. 이에 일어나 먹고 마시고 그 식물의 힘을 의지하여 40주(晝) 40야(夜)를 행하여 하나님의 산 호렙에 이르니라.**

엘리야는 죽음의 위협을 당하자 그 생명을 위해 도망하여 유다의 최남단의 성 브엘세바에 이르렀다. 그는 그의 수종자를 그 곳에 머물게 하고 혼자서 광야로 들어갔다. 광야는 네게브라 불린 남쪽 광야를 가리킨다. 그는 광야로 하룻길쯤 가다가 한 로뎀나무(노간주 나무) 아래 앉아 죽기를 구했다. 우리는 그에게서 갈멜산에서의 확신에 찬 모습을 찾아볼 수 없고 좌절감과 두려움이 가득한 연약한 인간 엘리야의 모습을 볼 뿐이다. 심신으로 피곤했을 그는 로뎀나무 아래 누워 잤다. 그런데 하나님께서는 천사를 보내어 깨우시고 그에게 숯불에 구운 떡과 한 병 물을 주어 먹고 힘을 내어 길을 가게 하셨고 40일을 밤낮으로 걸어 호렙산에 이르게 하셨다.

〔9-12절〕 엘리야가 그 곳 굴에 들어가 거기서 유하더니 여호와의 말씀이 저에게 임하여 이르시되 엘리야야, 네가 어찌하여 여기 있느냐? 저가 대답하되 내가 만군의 하나님 여호와를 위하여 열심이 특심하오니 이는 이스라엘 자손이 주의 언약을 버리고 주의 단을 헐며 칼로 주의 선지자들을 죽였음이오며 오직 나만 남았거늘 저희가 내 생명을 찾아 취하려 하나이다. 여호와께서 가라사대 너는 나가서 여호와의 앞에서 산에 섰으라 하시더니 여호와께서 지나가시는데 여호와의 앞에 크고 강한 바람이 산을 가르고 바위를 부수나 바람 가운데 여호와께서 계시지 아니하며 바람 후에 지진이 있으나 지진 가운데도 여호와께서 계시지 아니하며 또 지진 후에 불이 있으나 불 가운데도 여호와께서 계시지 아니하더니 불 후에 세미한 소리가 있는지라.

하나님께서는 외로운 싸움에 지친 엘리야를 떠나지 않으셨고 그 곁에 계셨다. 엘리야는 한 굴에 유했는데 여호와의 말씀이 그에게 임했다. 그런데 여호와께서는 크고 강한 바람 속에나 지진 속에나 불 속에 계시지 않았고 세미한 소리[조용한 작은 목소리] 중에 계셨다.

〔13-18절〕 엘리야가 듣고 겉옷으로 얼굴을 가리우고 나가 굴 어귀에 서매 소리가 있어 저에게 임하여 가라사대 엘리야야, 네가 어찌하여 여기 있느냐? 저가 대답하되 내가 만군의 하나님 여호와를 위하여 열심이 특심하오니 이는 이스라엘 자손이 주의 언약을 버리고 주의 단을 헐며 칼로 주의 선지자들을 죽였음이오며 오직 나만 남았거늘 저희가 내 생명을 찾아 취하려 하나이다. 여호와께서 저에게 이르시되 너는 네 길을 돌이켜 광야로 말미암아 다메섹에 가서 이르거든 하사엘에게 기름을 부어 아람 왕이 되게 하고 너는 또 님시의 아들 예후에게 기름을 부어 이스라엘 왕이 되게 하고 또 아벨므홀라 사밧의 아들 엘리사에게 기름을 부어 너를 대신하여 선지자가 되게 하라. 하사엘의 칼을 피하는 자를 예후가 죽일 것이요 예후의 칼을 피하는 자를 엘리사가 죽이리라. 그러나 내가 이스라엘 가운데 7천인을 남기리니 다 무릎을 바알에게 꿇지 아니하고 다 그 입을 바알에게 맞추지 아니

한 자니라.

하나님께서는 엘리야에게 세 가지 남은 사명을 주셨다. 첫째는 다메섹에 가서 하사엘에게 기름을 부어 아람 왕이 되게 하고, 둘째는 예후에게 기름을 부어 이스라엘 왕이 되게 하고, 셋째는 엘리사에게 기름을 부어 그를 대신하여 선지자가 되게 하는 것이었다. 또 하나님께서는 이스라엘 가운데 바알에게 무릎을 꿇지 않은 7천명을 남겨두실 것을 말씀하셨다. 하나님의 일은 결코 실패치 않을 것이다. 어두운 배교의 시대에도 하나님의 거룩한 백성이 남아 있을 것이다.

〔19-21절〕 엘리야가 거기서 떠나 사밧의 아들 엘리사를 만나니 저가 열두 겨리 소를 앞세우고 밭을 가는데 자기는 열둘째[열두 째] **겨리와 함께 있더라. 엘리야가 그리로 건너가서 겉옷을 그의 위에 던졌더니 저가 소를 버리고 엘리야에게로 달려가서 이르되 청컨대 나로 내 부모와 입맞추게 하소서. 그리한 후에 내가 당신을 따르리이다. 엘리야가 저에게 이르되 돌아가라. 내가 네게 어떻게 행하였느냐 하니라. 엘리사가 저를 떠나 돌아가서 소 한 겨리를 취하여 잡고 소의 기구를 불살라 그 고기를 삶아 백성에게 주어 먹게 하고 일어나 가서 엘리야를 좇으며 수종들었더라.**

본장의 교훈을 정리해보자. 첫째로, 하나님의 종인 엘리야는 목숨의 위협 앞에 도피했다. 사람은 누구나 연약하다. 심신이 강한 사람도 때때로 두려움과 연약 가운데 떨어지기도 한다. 능력은 하나님께만 있다.

둘째로, 하나님께서는 엘리야에게 천사를 보내셔서 먹을것을 주셨고 또 세미한 음성으로 말씀하셨고 바알에게 무릎꿇지 않은 7천명을 남겨두셨다. 이것은 두려움과 외로움이 있었던 엘리야에게 큰 위로와 힘이 되었을 것이다. 하나님께서는 자기 백성을 늘 위로하신다(고후 1:3).

셋째로, 하나님께서는 엘리야에게 남은 사명을 주셨다. 오늘날에도 하나님께서는 우리에게 사명을 주시고 우리가 그것을 완수하기를 원하신다(골 4:17). 하나님의 뜻은 개인의 성화와 전도와 교회 건립이다. 우리는 우리를 향하신 하나님의 뜻을 깨닫고 오직 충성해야 한다.

20장: 아합이 아람 왕을 살려줌

〔1-6절〕 아람 왕 벤하닷이 그 군대를 다 모으니 왕 32인이 저와 함께 있고 또 말과 병거들이 있더라. 이에 올라가서 사마리아를 에워싸고 치며 사자들을 성중 이스라엘 왕 아합에게 보내어 이르기를 벤하닷은 이르노니 네 은금은 내 것이요 네 처들과 네 자녀들의 아름다운 자도 내 것이니라 하매 이스라엘 왕이 대답하여 말하기를 내 주 왕이여, 왕의 말씀같이 나와 나의 것은 다 왕의 것이니이다 하였더니 사자가 다시 와서 이르기를 벤하닷은 이르노라. 내가 이미 네게 보내어 말하기를 너는 네 은금과 처들과 자녀들을 내게 붙이라 하였거니와 내일 이맘때에 내가 내 신복을 네게 보내리니 저희가 네 집과 네 신복의 집을 수탐하여 무릇 네 눈이 기뻐하는 것을 그 손으로 잡아 가져가리라 한지라.

아람 왕 벤하닷은 32명의 왕들과 함께 사마리아를 에워싸며 이스라엘을 모욕하였다. 그러나 이스라엘 왕 아합에게는 힘이 없었다.

〔7-9절〕 이에 이스라엘 왕이 나라의 장로를 다 불러 이르되 너희는 이 사람이 잔해하려고 구하는 줄을 자세히 알라. 저가 나의 처들과 자녀들과 은금을 취하려고 사람을 내게 보내었으나 내가 거절치 못하였노라. 모든 장로와 백성들이 다 왕께 고하되 왕은 듣지도 말고 허락지도 마옵소서 한지라. 그러므로 왕이 벤하닷의 사자에게 이르되 너희는 내 주 왕께 고하기를 왕이 처음에 보내어 종에게 구하신 것은 내가 다 그대로 하려니와 이것은 내가 할 수 없나이다 하라. 사자들이 돌아가서 고하니라.

이스라엘 나라의 장로들은 아합 왕에게 왕비들과 자녀들을 취하겠다는 아람 왕의 요구를 들어주지 말라고 말하였다.

〔10-12절〕 벤하닷이 다시 저에게 보내어 이르되 사마리아의 부스러진 것이 나를 좇는 백성의 무리의 손에 채우기에 족할 것 같으면 신들이 내게 벌 위에 벌을 내림이 마땅하니라 하매 이스라엘 왕이 대답하여 가로되 갑옷 **입는 자가** 갑옷 **벗는 자같이 자랑치 못할 것이라 하라 하니라. 벤하닷이 왕들과 장막에서 마시다가 이 말을 듣고 그 신복에게 이르되 너희는 진을 베풀라**[정렬하라, 정위치를 하라] **하매 곧 성을 향하여 진을 베푸니라.**

아합이 아람 왕에게 "갑옷 입는 자가 갑옷 벗는 자같이 자랑치 못할 것이라"고 말한 것은 전쟁을 시작하는 사람이 전쟁을 끝낸 사람, 즉 전쟁을 승리로 끝낸 사람처럼 자랑하지 말라는 뜻이다.

〔13-15절〕 한 선지자가 이스라엘 왕 아합에게 나아가서 가로되 여호와의 말씀이 네가 이 큰 무리를 보느냐? 내가 오늘 저희를 네 손에 붙이리니 너는 내가 여호와인 줄 알리라 하셨나이다. 아합이 가로되 누구로 하시리이까? 대답하되 여호와의 말씀이 각 도의 방백의 소년들로 하리라 하셨나이다. 아합이 가로되 누가 싸움을 시작하리이까? 대답하되 왕이니이다. 아합이 이에 각 도의 방백의 소년들을 계수하니 232인이요 그 외에 모든 백성 곧 이스라엘의 모든 자손을 계수하니 7천인이더라.

이스라엘 백성은 갈멜산 사건 이후 하나님의 참되심에 대해 깨닫게 되었을 것이다. 바알 숭배는 크게 위축되었을 것이다. 아직도 아합의 아내 이세벨 때문에 바알 숭배가 완전히 없어지지 않았던 것 같으나 하나님께서는 회개한 이스라엘 백성을 아끼셨다. 아합 왕이 비록 악하였고 이세벨도 그러했지만, 하나님께서는 자기 백성 이스라엘을 이방인 손에 쉽게 내어주지 않으셨다. 이스라엘의 바알 숭배를 생각하면 그들이 큰 징계를 받아야 마땅했지만, 하나님께서는 오래 참고 기다리셨다. 군사력에 있어서 큰 차이가 있었고 사람의 생각으로는 승리하기 어려운 전쟁이었지만, 하나님께서는 "내가 오늘 저희를 네 손에 붙이리니 너는 내가 여호와인 줄 알리라"고 말씀하셨다.

〔16-22절〕 저희가 오정에 나가니 벤하닷은 장막에서 돕는 왕 32인으로 더불어 마시고 취한 중이라. 각 도의 방백의 소년들이 먼저 나갔더라. 벤하닷이 탐지군을 보내었더니 저희가 회보하여 가로되 사마리아에서 사람들이 나오더이다 하매 저가 이르되 화친하러 나올지라도 사로잡고 싸우러 나올지라도 사로잡으라 하니라. 각 도의 방백의 소년들과 저희를 좇는 군대들이 성에서 나가서 각각 적군을 쳐죽이매 아람 사람이 도망하는지라. 이스라엘이 쫓으니 아람 왕 벤하닷이 말을 타고 마병으로 더불어 도망하여 면하니라. 이스라엘 왕이 나가서 말과 병거를 치고 또 아람 사람을 쳐서 크게 도륙

하였더라. 그 선지자가 이스라엘 왕에게 나아와 가로되 왕은 가서 힘을 기르고 왕의 행할 일을 알고 준비하소서. 해가 돌아오면[봄이 오면](BDB) **아람 왕이 왕을 치러 오리이다 하니라.**

벤하닷은 대낮에 장막에서 돕는 왕 32명으로 더불어 마시고 취한 중이었다. 그는 자신의 군사력만 믿고 있었고 이스라엘 군대가 감히 기습 공격을 하리라고는 전혀 생각지 못하였다. 이스라엘의 각 도의 방백들의 소년들이 먼저 나갔다. 그들은 나가서 각각 적군을 쳐죽였고 아람 사람들은 도망했다. 아람 왕 벤하닷은 겨우 죽음을 면하였다. 하나님께서는 그 전쟁에서 이스라엘에게 승리를 주셨다.

〔23-25절〕 아람 왕의 신복들이 왕께 고하되 저희의 신은 산의 신이므로 저희가 우리보다 강하였거니와 우리가 만일 평지에서 저희와 싸우면 정녕 저희보다 강할지라. 왕은 이 일을 행하실지니 곧 왕들을 제하여 각각 그 곳에서 떠나게 하고 저희 대신에 장관들을 두시고 또 왕의 잃어버린 군대와 같은 군대를 왕을 위하여 충수(充數)하고[수를 보충하고] **말도 말대로, 병거도 병거대로 충수하고**[수를 보충하고] **우리가 평지에서 저희와 싸우면 정녕 저희보다 강하리이다. 왕이 그 말을 듣고 그리하니라.**

아람 왕은 신복들의 말을 듣고 장관들과 군사들을 보충하였고 산이 아니고 평지에서 싸우면 승리하리라고 생각하였다.

〔26-30절〕 해가 돌아오매 벤하닷이 아람 사람을 점고(點考)하고 아벡으로 올라와서 이스라엘과 싸우려 하매 이스라엘 자손도 점고함을 입고 군량을 받고 마주 나가서 저희 앞에 진을 치니 이스라엘은 염소새끼의 두 적은 떼와 같고 아람 사람은 그 땅에 가득하였더라. 때에 하나님의 사람이 이스라엘 왕에게 나아와 고하여 가로되 여호와의 말씀이 아람 사람이 말하기를 여호와는 산의 신이요 골짜기의 신은 아니라 하도다. 그러므로 내가 이 큰 군대를 다 네 손에 붙이리니 너희는 내가 여호와인 줄 알리라 하셨나이다 하니라. 진이 서로 대한 지 7일이라. 제7일에 접전하여 이스라엘 자손이 하루에 아람 보병 10만을 죽이매 그 남은 자는 아벡으로 도망하여 성읍으로 들어갔더니 그 성[성벽]**이 그 남은 자 2만 7천 위에 무너지고 벤하닷은 도망하여 성읍에 이르러**[그 성의 한] **골방으로 들어가니라.**

벤하닷과 아람 사람들은 아벡으로 올라와 이스라엘과 싸우려 하였다. 이스라엘은 염소새끼의 두 적은 떼와 같고 아람 사람은 그 땅에 가득했다. 진이 서로 대치한지 7일에 접전하여 이스라엘 자손이 하루에 아람 보병 10만을 죽였고 아람 군대의 남은 자들은 아벡으로 도망해 성읍으로 들어갔으나, 그 성벽이 그 남은 자 2만 7천명 위에 무너지고 벤하닷은 도망하여 그 성의 한 골방으로 들어갔다.

〔31-34절〕 그 신복들이 저에게 고하되 우리가 들은즉 이스라엘 집의 왕들은 인자한 왕이라 하니 만일 우리가 굵은 베로 허리를 묶고 테두리를 머리에 이고 이스라엘 왕에게로 나아가면 저가 혹시 왕의 생명을 살리리이다 하고 저희가 굵은 베로 허리를 묶고 테두리를 머리에 이고 이스라엘 왕에게 이르러 가로되 왕의 종 벤하닷이 청하기를 나의 생명을 살려주옵소서 하더이다. 아합이 가로되 저가 오히려 살았느냐? 저는 나의 형제니라. 그 사람들이 징조로 여기고 그 말을 얼른 받아 대답하여 가로되 벤하닷은 왕의 형제니이다. 왕이 가로되 너희는 가서 저를 인도하여 오라. 벤하닷이 이에 왕에게 나아오니 왕이 저를 병거에 올린지라. 벤하닷이 왕께 고하되 내 부친이 당신의 부친에게서 빼앗은 모든 성읍을 내가 돌려 보내리이다. 또 나의 부친이 사마리아에서 만든 것같이 당신도 다메섹에서 당신을 위하여 거리를 만드소서. 아합이 가로되 내가 이 약조로 당신을 놓으리라 하고 이에 더불어 약조하고 저를 놓았더라.

아람 왕과 신복들은 굵은 베로 허리를 묶고 테두리를 머리에 이고 이스라엘 왕에게 와서 생명을 구하였다. 아합은 아람 왕을 형제라고 칭하며 받아주었다. 벤하닷은 그 부친이 빼앗은 모든 성읍들을 돌려주고 다메섹에 이스라엘 왕의 거리를 만들게 하겠다고 약조했다.

〔35-43절〕 선지자의 무리중 한 사람이 여호와의 말씀으로 그 동무에게 이르되 너는 나를 치라 하였더니 그 사람이 치기를 싫어하는지라. 저가 그 사람에게 이르되 네가 여호와의 말씀을 듣지 아니하였으니 네가 나를 떠나갈 때에 사자가 너를 죽이리라. 그 사람이 저의 곁을 떠나가더니 사자가 그를 만나 죽였더라. 저가 또다른 사람을 만나 가로되 너는 나를 치라 하매 그 사람이 저를 치되 상하도록 친지라. 선지자가 가서 수건으로 그 눈을 가

리워 변형하고 길가에서 왕을 기다리다가 왕이 지나갈 때에 소리질러 왕을 불러 가로되 종이 전장[전쟁터] **가운데 나갔더니 한 사람이 돌이켜 어떤 사람을 끌고 내게로 와서 말하기를 이 사람을 지키라. 만일 저를 잃어버리면 네 생명으로 저의 생명을 대신하거나 그렇지 아니하면 네가 은 한 달란트를 내어야 하리라 하였거늘 종이 이리저리 일 볼 동안에 저가 없어졌나이다. 이스라엘 왕이 저에게 이르되 네가 스스로 결정하였으니 그대로 당하여야 하리라. 저가 급히 그 눈에 가리운 수건을 벗으니 이스라엘 왕이 저는 선지자 중 한 사람인 줄 알아본지라. 저가 왕께 고하되 여호와의 말씀이 내가 멸하기로 작정한 사람을 네 손으로 놓았은즉 네 목숨은 저의 목숨을 대신하고 네 백성은 저의 백성을 대신하리라 하셨나이다. 이스라엘 왕이 근심하고 답답하여 그 궁으로 돌아가려고 사마리아에 이르니라.**

하나님께서는 한 선지자를 보내어 이스라엘 왕의 잘못을 꾸짖고 그가 아람 왕 벤하닷의 목숨 대신 죽을 것이라고 선언하셨다.

본장의 교훈을 정리해보자. 첫째로, 비록 이스라엘 왕 아합과 왕후 이세벨이 악하였지만, 하나님께서는 자기 백성 이스라엘을 오래 참으시고 아끼셨고 아람과의 전쟁에서 두 번이나 긍휼과 은혜로 승리하게 하셨다. 우리는 참 부족하고 연약하지만 우리의 부족과 연약을 용서하시는 하나님의 크신 긍휼과 은혜만 의지하며 살아가야 한다.

둘째로, 이스라엘과 아람의 군사력의 차이는 매우 컸고 사람의 판단으로는 이스라엘이 아람과의 전쟁에서 이길 가능성은 거의 없었으나 하나님께서는 이스라엘에게 승리를 주셨다. 전쟁은 하나님의 손에 있다. 이 세상에서의 우리의 영육의 삶이나 봉사의 삶도 전쟁과 같으나, 우리는 하나님의 능력을 의지함으로 항상 승리의 삶을 살 수 있다.

셋째로, 하나님께서는 그의 뜻을 어긴 선지자를 사자에게 죽게 하셨고 그가 멸하기로 작정하신 자를 놓아준 아합에게 죽음을 선언하셨다. 우리는 하나님의 계명에 복종하며 죄를 짓지 말아야 한다. 로마서 8:13, "너희가 육신대로 살면 반드시 죽을 것이로되 영[성령]으로써 몸의 행실을 죽이면 살리라." 우리는 하나님의 공의를 항상 두려워해야 한다.

21장: 아합이 나봇의 포도원을 빼앗음

〔1-4절〕 그 후에 이 일이 있으니라. 이스르엘 사람 나봇이 이스르엘에 포도원이 있어 사마리아 왕 아합의 궁에서 가깝더니 아합이 나봇에게 일러 가로되 네 포도원이 내 궁 곁에 가까이 있으니 내게 주어 나물 밭[채소밭]을 삼게 하라. 내가 그 대신에 그보다 더 아름다운 포도원을 네게 줄 것이요 만일 합의하면 그 값을 돈으로 네게 주리라. 나봇이 아합에게 말하되 내 열조의 유업을 왕에게 주기를 여호와께서 금하실지로다 하니 이스르엘 사람 나봇이 아합에게 대답하여 이르기를 내 조상의 유업을 왕께 줄 수 없다 함을 인하여 아합이 근심하고 답답하여 궁으로 돌아와서 침상에 누워 얼굴을 돌이키고 식사를 아니하니.

본장의 사건은 이스라엘 왕 아합이 아람 군대를 하나님의 은혜로 물리쳤으나 아람 왕 벤하닷을 살려보낸 후에 일어난 일이었다. 아합은 왕궁 곁에 있는 나봇의 포도원을 자기의 채소밭으로 삼기를 원했으나, 나봇은 하나님께서 열조의 유업을 파는 것을 금하신다고 말하면서 거절하였다. 나봇의 대답은 모세의 율법에 가르친 대로이었다. 하나님께서는 레위기 25:23에서 "토지를 영영히 팔지 말 것은 토지는 다 내 것임이라. 너희는 나그네요 우거하는 자로서 나와 함께 있느니라"고 말씀하셨다. 그러나 이스라엘의 왕인 아합은 하나님의 율법을 지키는 일보다 자신의 욕심을 채우려고만 하였다.

〔5-10절〕 그 아내 이세벨이 저에게 나아와 가로되 왕의 마음에 무엇을 근심하여 식사를 아니하나이까? 왕이 이르되 내가 이스르엘 사람 나봇에게 말하여 이르기를 네 포도원을 내게 주되 돈으로 바꾸거나 만일 네가 좋아하면 내가 그 대신에 포도원을 네게 주리라 한즉 저가 대답하기를 내가 내 포도원을 네게 주지 않겠노라 함을 인함이로라. 그 아내 이세벨이 저에게 이르되 왕이 이제 이스라엘 나라를 다스리시나이까? 일어나 식사를 하시고 마음을 즐겁게 하소서. 내가 이스르엘 사람 나봇의 포도원을 왕께 드리리이다 하고 아합의 이름으로 편지들을 쓰고 그 인을 쳐서 그 성에서 나봇과 함

께 사는 장로와 귀인들에게 보내니 그 편지 사연에 이르기를 금식을 선포하고 나봇을 백성 가운데 높이 앉힌 후에 비류(베네 벨리야알 בְּנֵי־בְלִיַּעַל) [벨리알의 아들들, 악하고 무가치한 자들] **두 사람을 그 앞에 마주 앉히고 저에게 대하여 증거하기를 네가 하나님과 왕을 저주하였다 하게 하고 곧 저를 끌고 나가서 돌로 쳐죽이라 하였더라.**

이세벨은 거짓 증인을 내세워 나봇을 죽이고 그 포도원을 빼앗으려는 무서운 계획을 세웠다. 그것은 큰 죄악이다. 이런 유의 악을 행하는 자는 천국에 들어가지 못하고 지옥에 들어간다(계 21:8; 22:15). 이세벨은 이런 악을 행하였고 아합은 그것을 용납하였다.

〔11-16절〕 그 성 사람 곧 그 성에 사는 장로와 귀인들이 이세벨의 분부 곧 저가 자기들에게 보낸 편지에 쓴 대로 하여 금식을 선포하고 나봇을 백성 가운데 높이 앉히매 때에 비류 두 사람이 들어와서 그 앞에 앉고 백성 앞에서 나봇에게 대하여 증거를 지어 이르기를 나봇이 하나님과 왕을 저주하였다 하매 무리가 저를 성밖으로 끌고 나가서 돌로 쳐죽이고 이세벨에게 통보하기를 나봇이 돌에 맞아 죽었나이다 하니 이세벨이 나봇이 돌에 맞아 죽었다 함을 듣고 아합에게 이르되 일어나서 그 이스르엘 사람 나봇이 돈으로 바꾸어 주기를 싫어하던 포도원을 취하소서. 나봇이 살아 있지 아니하고 죽었나이다. 아합이 나봇의 죽었다 함을 듣고 곧 일어나 이스르엘 사람 나봇의 포도원을 취하러 그리로 내려갔더라.

그 성 장로들과 귀인들은 왕후 이세벨의 편지에 담긴 이상한 명령을 그대로 실행했다. 그들은 양심을 파는 기회주의적 지도자들이었다. 무고한 시민 나봇은 이렇게 억울하게 죽임을 당했다. 경건과 도덕성이 없는 아합은 나봇의 죽었다는 말을 듣고 곧 일어나 그의 포도원을 취하러 내려갔다. 그는 세상적 욕심만 가득하였다.

〔17-22절〕 여호와의 말씀이 디셉 사람 엘리야에게 임하여 가라사대 너는 일어나 내려가서 사마리아에 거하는 이스라엘 왕 아합을 만나라. 저가 나봇의 포도원을 취하러 그리로 내려갔나니 너는 저에게 말하여 이르기를 여호와의 말씀이 네가 죽이고 또 빼앗았느냐 하셨다 하고 또 저에게 이르기를 여호와의 말씀이 개들이 나봇의 피를 핥은 곳에서 개들이 네 피 곧 네

몸의 피도 핥으리라 하셨다 하라. 아합이 엘리야에게 이르되 나의 대적이여, 네가 나를 찾았느냐? 대답하되 내가 찾았노라. 네가 스스로 팔려[네 의지대로] **여호와 보시기에 악을 행하였으므로** 여호와의 말씀이 **내가 재앙을 네게 내려 너를 쓸어버리되 네게 속한 남자는 이스라엘 가운데 매인 자나 놓인 자**[종과 자유인]**를 다 멸할 것이요 또 네 집으로 느밧의 아들 여로보암의 집처럼 되게 하고 아히야의 아들 바아사의 집처럼 되게 하리니 이는 네가 나의 노를 격동하고 이스라엘로 범죄케 한 까닭이니라 하셨고.**

하나님께서는 나봇의 억울한 죽음을 다 보셨고 또 아합과 이세벨의 악한 행위도 다 보고 계셨다. 하나님께서는 엘리야를 보내셔서 그들의 악에 대해 엄중한 벌을 선언하셨다. 엘리야는 하나님의 명하신 대로 하나님의 공의롭고 두려운 징벌을 아합에게 선언하였다.

〔23-26절〕 이세벨에게 대하여도 여호와께서 말씀하여 가라사대 개들이 이스르엘 성 곁에서 이세벨을 먹을지라. 아합에게 속한 자로서 성읍에서 죽은 자는 개들이 먹고 들에서 죽은 자는 공중의 새가 먹으리라 하셨느니라 하니 예로부터 아합과 같이 스스로 팔려[자기 의지대로] **여호와 보시기에 악을 행한 자가 없음은 저가 그 아내 이세벨에게 충동되었음이라. 저가 여호와께서 이스라엘 자손 앞에서 쫓아내신 아모리 사람의 모든 행한 것같이 우상에게 복종하여 심히 가증하게 행하였더라.**

하나님께서는 이세벨에 대한 심판도 엄중히 선언하셨다. 사람의 시체가 개들이나 새들에게 먹히는 것보다 더 가련한 일이 없을 것이다. 이세벨은 그런 죽음을 당할 것이다. 본문은 아합이 아내 이세벨에게 충동되어 악을 행했다고 증거한다. 아합은 불경건한 우상숭배자인 아내 때문에 악한 일들을 행했다. 어느 시대나 그러하지만, 아내가 경건하고 도덕적이면 그 남편은 복되고 유익하지만, 아내가 불경건하고 부도덕하면 그 남편에게는 화가 있고 해가 된다.

〔27-29절〕 아합이 이 모든 말씀을 들을 때에 그 옷을 찢고 굵은 베로 몸을 동이고 금식하고 굵은 베에 누우며 행보도 천천히(아트 אַט)[혹은 '겸비하게'] **한지라. 여호와의 말씀이 디셉 사람 엘리야에게 임하여 가라사대 아합이 내 앞에서 겸비함을 네가 보느냐? 저가 내 앞에서 겸비함을 인하여**

내가 재앙을 저의 시대에 내리지 아니하고 그 아들의 시대에야 그 집에 재앙을 내리리라 하셨더라.

아합은 엘리야의 전한 하나님의 모든 말씀을 들을 때 그 옷을 찢고 굵은 베로 몸을 동이고 금식하고 굵은 베에 누우며 행보도 천천히, 겸비하게 했다. 그는 하나님을 두려워하는 마음이 있었으나 그 아내 때문에 바르게 행하지 못했던 것 같다. 그러므로 하나님께서는 아합에게 공의의 징벌을 선언하시면서도 그의 긍휼로 그 징벌을 지연하셔서 그 아들 시대에 재앙을 내리시겠다고 말씀하셨다.

본장의 교훈을 정리해보자. 첫째로, 아합의 아내인 이세벨은 세상의 권력을 가지고 거짓 증인들을 세워 무고한 시민인 나봇을 죽이고 그의 소유인 포도원을 빼앗았다. 그것은 매우 악한 행위이었다. 우리는 아합의 아내인 이세벨과 같이 악을 행하는 자가 되지 말아야 한다.

둘째로, 아합은 그 아내 이세벨의 악한 계획과 거짓 증거와 살인을 묵인하고 용납하였다. 그는 이세벨의 악행의 공범이었다. 우리는 아합처럼 하나님의 계명과 양심에 어긋나는 악을 용납하지 말고 어떤 악과도 타협하지 말아야 한다. 우리는 악행의 공범이 되지 말아야 한다.

셋째로, 하나님께서는 아합과 이세벨의 악행에 대해 개들이 나봇의 피를 핥았듯이 아합의 피를 핥을 것이며, 또 이세벨의 시체를 먹을 것이라고 엄중하게 벌을 선언하셨다. 아합의 가족들과 자손들은 완전히 멸망할 것이다. 천지만물을 창조하신 하나님께서는 도덕적 신이시며 세상을 공의로 통치하시고 악행하는 자들에게 엄중한 벌을 내리시는 자이시다. 우리는 하나님의 공의의 보응을 두려워하여야 한다.

넷째로, 하나님께서는 악한 아합이라도 선지자 엘리야를 통해 하나님의 징벌의 선언을 듣고 금식하여 자신을 낮출 때 그 재앙을 지연시키셨다. 공의의 하나님께서는 또한 긍휼이 많으시다. 우리는 그의 긍휼로 구원을 얻었고 그의 긍휼로 이제까지 살고 있다. 그러므로 우리는 하나님의 긍휼을 감사하며 의지하고 바르고 선하게만 살아야 한다.

22장: 아합의 죽음

〔1-4절〕 아람과 이스라엘 사이에 전쟁이 없이 3년을 지내었더라. 제3년에 유다 왕 여호사밧이 이스라엘 왕에게 내려가매 이스라엘 왕이 그 신복에게 이르되 길르앗 라못은 본래 우리의 것인 줄을 너희가 알지 못하느냐? 우리가 어찌 아람 왕의 손에서 취하지 아니하고 잠잠히 있으리요 하고 여호사밧에게 이르되 당신은 나와 함께 길르앗 라못으로 가서 싸우시겠느뇨? 여호사밧이 이스라엘 왕에게 이르되 나는 당신과 일반이요 내 백성은 당신의 백성과 일반이요 내 말들도 당신의 말들과 일반이니이다.

3년은 이스라엘 왕 아합에게 철저히 회개하기에 충분한 시간이었으나, 그는 영적으로 더 나아지지 않았다. 제3년에 유다 왕 여호사밧이 이스라엘 왕에게 방문한 일이 있었다. 아합의 계획된 초청이었던 것 같다. 그때 아합은 길르앗 라못을 아람 왕의 손에서 되찾을 계획을 말했다. 아람 왕은 이스라엘에게서 빼앗았던 모든 땅을 약속대로 돌려보내지 않았던 것 같다(왕상 20:34). 아합은 유다 왕 여호사밧에게 길르앗 라못을 되돌리려는 전쟁에 참여해 줄 것을 제안했다. 그러나 경건한 자가 불경건한 자의 전쟁을 돕는 것은 큰 잘못이었다.

〔5-9절〕 여호사밧이 또 이스라엘 왕에게 이르되 청컨대 먼저 여호와의 말씀이 어떠하신지 물어 보소서. 이스라엘 왕이 이에 선지자 400인쯤 모으고 저희에게 이르되 내가 길르앗 라못에 가서 싸우랴 말랴. 저희가 가로되 올라가소서. 주께서 그 성을 왕의 손에 붙이시리이다. 여호사밧이 가로되 이 외에 우리가 물을 만한 여호와의 선지자가 여기 있지 아니하니이까? 이스라엘 왕이 여호사밧에게 이르되 오히려 이믈라의 아들 미가야 한 사람이 있으니 저로 말미암아 여호와께 물을 수 있으나 저는 내게 대하여 길한 일은 예언하지 아니하고 흉한 일만 예언하기로 내가 저를 미워하나이다. 여호사밧이 가로되 왕은 그런 말씀을 마소서. 이스라엘 왕이 한 내시를 불러 이르되 이믈라의 아들 미가야로 속히 오게 하라 하니라.

경건한 여호사밧은 전쟁하기 전에 먼저 하나님께 묻기를 청하였다.

아합이 소집하여 모인 선지자 400명쯤은 이구동성으로 승리를 예언하였다. 여호사밧은 그들의 일치된 말을 의아하게 여겼던 것 같다. 그는 또다른 선지자가 없는지 물었다. 아합은 좋은 것 대신 나쁜 것만 예언하는 한 선지자가 있다고 말하면서 미가야를 데려오게 하였다.

〔10-14절〕 이스라엘 왕과 유다 왕 여호사밧이 왕복을 입고 사마리아 문 어귀 광장에서 각기 보좌에 앉았고 모든 선지자가 그 앞에서 예언을 하는데 그나아나의 아들 시드기야는 철로 뿔들을 만들어 가지고 **말하되 여호와의 말씀이 왕이 이것들로 아람 사람을 찔러 진멸하리라 하셨다 하고 모든 선지자도 그와 같이 예언하여 이르기를 길르앗 라못으로 올라가 승리를 얻으소서. 여호와께서 그 성을 왕의 손에 붙이시리이다 하더라. 미가야를 부르러 간 사자가 일러 가로되 선지자들의 말이 여출일구(如出一口)하여**[한 입 같아서] **왕에게 길하게 하니 청컨대 당신의 말도 저희 중 한 사람의 말처럼 길하게 하소서. 미가야가 가로되 여호와의 사심을 가리켜 맹세하노니 여호와께서 내게 말씀하시는 것 곧 그것을 내가 말하리라 하고.**

거짓 선지자들 중에는 실감나는 예언을 한 자도 있었으나, 미가야의 말처럼 여호와께서 말씀하시는 것을 말하는 자가 참 선지자이다. 선지자는 상황에 맞추어 말해서는 안 되고, 하나님의 말씀을 그대로 대언(代言)해야 한다. 그것은 때때로 힘든 일이지만 바른 일이다.

〔15-18절〕 이에 왕에게 이르니 왕이 저에게 이르되 미가야야, 우리가 길르앗 라못으로 싸우러 가랴 말랴. 저가 왕께 이르되 올라가서 승리를 얻으소서. 여호와께서 그 성을 왕의 손에 붙이시리이다. 왕이 저에게 이르되 내가 몇 번이나 너로 맹세케 하여야 네가 여호와의 이름으로 진실한 것으로만 내게 고하겠느냐? 저가 가로되 내가 보니 온 이스라엘이 목자 없는 양같이 산에 흩어졌는데 여호와의 말씀이 이 무리가 주인이 없으니 각각 평안히 그 집으로 돌아갈 것이니라 하셨나이다. 이스라엘 왕이 여호사밧에게 이르되 저 사람이 내게 대하여 길한 것을 예언하지 아니하고 흉한 것을 예언하겠다고 당신에게 말씀하지 아니하였나이까?

미가야의 처음 대답은 진지함이 없는 퉁명스러운 말투이었던 것 같다. 그러나 왕이 재차 묻자 그는 비로소 진지하게 말했다. 그것은 이스라엘의 목자인 왕이 죽을 것을 암시하는 예언이었다.

〔19-23절〕 미가야가 **가로되 그런즉 왕은 여호와의 말씀을 들으소서. 내가 보니 여호와께서 그 보좌에 앉으셨고 하늘의 만군이 그 좌우편에 모시고 서 있는데 여호와께서 말씀하시기를 누가 아합을 꾀어 저로 길르앗 라못에 올라가서 죽게 할꼬 하시니 하나는 이렇게 하겠다 하고 하나는 저렇게 하겠다 하였는데 한 영이 나아와 여호와 앞에 서서 말하되 내가 저를 꾀이겠나이다. 여호와께서 저에게 이르시되 어떻게 하겠느냐? 가로되 내가 나가서 거짓말하는 영이 되어 그 모든 선지자의 입에 있겠나이다. 여호와께서 가라사대 너는 꾀이겠고 또 이루리라. 나가서 그리하라 하셨은즉 이제 여호와께서 거짓말하는 영을 왕의 이 모든 선지자의 입에 넣으셨고 또 여호와께서 왕에게 대하여 화를 말씀하셨나이다.**

미가야가 말한 거짓말하는 영은 사탄이나 악령을 가리킬 것이다.

〔24-28절〕 그나아나의 아들 시드기야가 가까이 와서 미가야의 뺨을 치며 이르되 여호와의 영이 나를 떠나 어디로 말미암아 가서 네게 말씀하더냐? 미가야가 가로되 네가 골방에 들어가서 숨는 그 날에 보리라. 이스라엘 왕이 가로되 미가야를 잡아 부윤[성주(城主)] **아몬과 왕자 요아스에게로 끌고 돌아가서 말하기를 왕의 말씀이 이 놈을 옥에 가두고 내가 평안히 돌아올 때까지 고생의 떡과 고생의 물로 먹이라 하라. 미가야가 가로되 왕이 참으로 평안히 돌아오시게 될진대 여호와께서 나로 말씀하지 아니하셨으리이다. 또 가로되 너희 백성들아, 다 들을지어다 하니라.**

시드기야는 미가야의 뺨을 쳤고 아합 왕도 자기가 평안히 돌아오리라고 생각했다. 그러나 미가야는 하나님의 참된 말씀을 전하였다.

〔29-33절〕 이스라엘 왕과 유다 왕 여호사밧이 길르앗 라못으로 올라가니라. 이스라엘 왕이 여호사밧에게 이르되 나는 변장하고 군중으로 들어가려 하노니 당신은 왕복을 입으소서 하고 이스라엘 왕이 변장하고 군중으로 들어가니라. 아람 왕이 그 병거의 장관 32인에게 명하여 이르기를 너희는 작은 자나 큰 자나 더불어 싸우지 말고 오직 이스라엘 왕과 싸우라 한지라. 병거의 장관들이 여호사밧을 보고 이르되 이가 필연 이스라엘 왕이라 하고 돌이켜 저와 싸우려 한즉 여호사밧이 소리지르는지라. 병거의 장관들이 저가 이스라엘 왕이 아님을 보고 쫓기를 그치고 돌이켰더라.

아합과 여호사밧은 길르앗 라못으로 올라갔다. 아합은 꾀를 내어 죽음을 피하려 하였다. 그는 변장하고 군사들 속으로 들어갔다.

〔34-36절〕 한 사람이 우연히 활을 당기어 이스라엘 왕의 갑옷 솔기[이음매]를 쏜지라. 왕이 그 병거 모는 자에게 이르되 내가 부상하였으니 네 손을 돌이켜 나로 군중에서 나가게 하라 하였으나 이 날에 전쟁이 맹렬하였으므로 왕이 병거 가운데 붙들려 서서 아람 사람을 막다가 저녁에 이르러 죽었는데 상처의 피가 흘러 병거 바닥에 고였더라. 해가 질 즈음에 군중에서 외치는 소리 있어 가로되 각기 성읍으로, 각기 본향으로 하더라.

아람 군사 한 사람이 우연히 쏜 화살이 이스라엘 왕 아합의 갑옷 이음매에 맞았다. 그는 피신하지 못하고 아람 사람을 막다가 죽었다.

〔37-40절〕 왕이 이미 죽으매 그 시체를 메어 사마리아에 이르러 거기 장사하니라. 그 병거를 사마리아 못에 씻으매 개들이 그 피를 핥았으니 여호와의 하신 말씀과 같이 되었더라. 거기는 창기들의 목욕하는 곳이었더라. 아합의 남은 행적과 무릇 그 행한 일과 그 건축한 상아궁과 그 건축한 모든 성은 이스라엘 왕 역대지략에 기록되지 아니하였느냐? 아합이 그 열조와 함께 자매 그 아들 아하시야가 대신하여 왕이 되니라.

아합은 죽었고 신하들은 그 병거를 사마리아 못에 씻었는데 개들이 그 피를 핥았다. 이로써 "개들이 나봇의 피를 핥은 곳에서 개들이 네 몸의 피도 핥으리라"(왕상 21:19)고 하신 말씀이 이루어졌다.

〔41-50절〕 이스라엘 왕 아합 제4년에 아사의 아들 여호사밧이 유다 왕이 되니 여호사밧이 왕이 될 때에 나이 35세라. 예루살렘에서 25년을 치리하니라. 그 모친의 이름은 아수바라. 실히의 딸이더라. 여호사밧이 그 부친 아사의 모든 길로 행하며 돌이켜 떠나지 아니하고 여호와 보시기에 정직히 행하였으나 산당은 폐하지 아니하였으므로 백성이 오히려 산당에서 제사를 드리며 분향하였더라. 여호사밧이 이스라엘 왕으로 더불어 평화하니라. 여호사밧의 남은 사적과 그 베푼 권세와 그 어떻게 전쟁한 것은 다 유다 왕 역대지략에 기록되지 아니하였느냐? 저가 그 부친 아사의 시대에 남아 있던 남색하는 자[동성애자들]를 그 땅에서 쫓아내었더라. 그때에 에돔에는 왕이 없고 섭정왕이 있었더라. 여호사밧이 다시스의 선척[배들]을 제조하고

오빌로 금을 취하러 보내려 하였더니 그 배가 에시온게벨에서 파선하였으므로 가지 못하게 되매 아합의 아들 아하시야가 여호사밧에게 이르되 나의 종으로 당신의 종과 함께 배에 가게 하라 하나 여호사밧이 허락지 아니하였더라. 여호사밧이 그 열조와 함께 자매 그 조상 다윗 성에 그 열조와 함께 장사되고 그 아들 여호람이 대신하여 왕이 되니라.

여호사밧은 후에 이스라엘 왕과의 협력을 조심했던 것 같다.

〔51-53절〕 유다 왕 여호사밧 제17년에 아합의 아들 아하시야가 사마리아에서 이스라엘 왕이 되어 2년을 이스라엘을 다스리니라. 저가 여호와 보시기에 악을 행하여 그 아비의 길과 그 어미의 길과 이스라엘로 범죄케 한 느밧의 아들 여로보암의 길로 행하며 바알을 섬겨 숭배하여 이스라엘 하나님 여호와의 노를 격동하기를 그 아비의 온갖 행위같이 하였더라.

본장의 교훈을 정리해보자. 첫째로, 아합 시대에 거짓 선지자는 400명 가량이었고 참 선지자는 미가야 혼자뿐이었다. 세상에는 참 선지자도 있고 거짓 선지자도 있다. 오늘날에는 신구약성경을 바르게 해석하고 거기에 계시되고 증거된 하나님의 뜻을 전하는 목사가 참 목사이다.

둘째로, 선지자들 속에 들어간 거짓말하는 영, 곧 악령도 하나님의 주권적 섭리 안에 있다. 악령들도 하나님의 허락 속에서만 활동할 수 있다. 잠언 16:4는, “여호와께서 온갖 것을 그 씌움에 적당하게 지으셨나니 악인도 악한 날에 적당하게 하셨느니라”고 말한다. 하나님께서는 악한 자도 사용하신다. 주 예수의 재림이 가까운, 배교와 타협의 시대에, 하나님께서는 진리를 떠난 악한 목사들도 주권적으로 허용하신다.

셋째로, 아합의 전쟁 계획, 거짓 선지자들의 거짓말, 아합의 변장과 죽음, 그의 병거를 못에 씻어 개들이 그 물을 핥은 것 등은 하나님의 뜻을 이루신 과정이었다. 오늘날도 많은 교회들이 부패하고 배교하고 타협하고 혼란할지라도 하나님께서는 작정하신 거룩하고 선한 뜻을 다 이루실 것이다. 하나님의 뜻은 다 이루어질 것이다. 그러므로 우리는 하나님만 경외하며 의지하고 의와 선을 행하는 자들이 되어야 한다.

열왕기하 1장: 아하시야의 죽음

〔1-4절〕 아합이 죽은 후에 모압이 이스라엘을 배반하였더라. 아하시야가 사마리아에 있는 그 다락 난간(세바카 שְׂבָכָה)[격자 창문](KJV, NASB)**에서 떨어져 병들매 사자를 보내며 저희더러 이르되 가서 에그론의 신 바알세붑에게 이 병이 낫겠나 물어 보라 하니라. 여호와의 사자가 디셉 사람 엘리야에게 이르시되 너는 일어나 올라가서 사마리아 왕의 사자를 만나서 저에게 이르기를 이스라엘에 하나님이 없어서 너희가 에그론의 신 바알세붑에게 물으러 가느냐? 그러므로 여호와의 말씀이 네가 올라간 침상에서 내려오지 못할지라. 네가 반드시 죽으리라 하셨다 하라. 엘리야가 이에 가니라.**

아합이 죽은 후 모압이 이스라엘을 배반한 것은 아합과 그 아들의 죄 때문에 하나님께서 하신 일이었다. 하나님께서는 공의로 모든 일을 섭리하시며 자기 백성을 훈련시키신다. 세상에서 그의 섭리 밖에서 우연히 발생하는 일은 없다. 아합의 아들 아하시야가 궁궐 다락의 격자 창문에서 떨어져 병든 것도 분명히 하나님의 징벌이었다.

'바알세붑'(바알 제붑 בַּעַל זְבוּב)은 '파리들의 바알' 즉 '파리들의 주(主)'라는 뜻을 가진 블레셋 신이다. 아하시야가 에그론의 신 바알세붑에게 물으러 사람을 보낸 것은 그의 신앙 상태를 나타낸다. 그는 하나님을 경외하며 섬기지 않았고 바알을 섬기는 자, 곧 바알 숭배자이었다. 그는 그 부모의 악을 버리지 않았고 그대로 배웠던 것이다. 하나님께서 이미 모압의 배반과 자신의 병을 통해 징벌하셨음에도 불구하고, 그는 깨닫지 못하고 바알세붑에게 묻는 죄악을 더하였다. 하나님께서는 엘리야를 통해 그가 죽을 것이라고 전하셨다.

〔5-8절〕 사자들이 왕에게 돌아오니 왕이 이르되 너희는 어찌하여 돌아왔느냐? 저희가 고하되 한 사람이 올라와서 우리를 만나 이르되 너희는 너희를 보낸 왕에게로 돌아가서 저에게 고하기를 여호와의 말씀이 이스라엘에 하나님이 없어서 네가 에그론의 신 바알세붑에게 물으려고 보내느냐?

그러므로 네가 올라간 침상에서 내려오지 못할지라. 네가 반드시 죽으리라 하셨다 하라 하더이다. 왕이 저희에게 이르되 올라와서 너희를 만나 이 말을 너희에게 고한 그 사람의 모양이 어떠하더냐? 저희가 대답하되 그는 털이 많은 사람인데 허리에 가죽띠를 띠었더이다. 왕이 가로되 그는 디셉 사람 엘리야로다.

엘리야는 털이 많고 허리에 가죽띠를 띤 사람으로 묘사되었다.

〔9-12절〕 이에 50부장과 그 50인을 엘리야에게로 보내매 저가 엘리야에게로 올라가서 본즉 산꼭대기에 앉았는지라. 저가 엘리야에게 이르되 하나님의 사람이여, 왕의 말씀이 내려오라 하셨나이다. 엘리야가 50부장에게 대답하여 가로되 내가 만일 하나님의 사람이면 불이 하늘에서 내려와서 너와 너의 50인을 사를지로다 하매 불이 곧 하늘에서 내려와서 저와 그 50인을 살랐더라. 왕이 다시 다른 50부장과 그 50인을 엘리야에게로 보내니 저가 엘리야에게 일러 가로되 하나님의 사람이여, 왕의 말씀이 속히 내려오라 하셨나이다. 엘리야가 저희에게 대답하여 가로되 내가 만일 하나님의 사람이면 불이 하늘에서 내려와서 너와 너의 50인을 사를지로다 하매 하나님의 불이 곧 하늘에서 내려와서 저와 그 50인을 살랐더라.

엘리야는 산꼭대기에 앉아 있었고, 왕은 50부장과 그 50인을 그에게 보내었으나 불이 하늘에서 내려와 그들을 살랐다. 왕은 하나님의 능력과 참 선지자의 권위를 보고 그 악한 계획을 포기하고 뉘우쳐야 했으나 다른 50부장과 그 50인을 보냈고 그들도 불태움을 당했다.

〔13-16절〕 왕이 세 번째 50부장과 그 50인을 보낸지라. 셋째 50부장이 올라가서 엘리야의 앞에 이르러 꿇어 엎드려 간구하여 가로되 하나님의 사람이여, 원컨대 나의 생명과 당신의 종인 이 50인의 생명을 당신은 귀히 보소서. 불이 하늘에서 내려와서 전번의 50부장 둘과 그 50인들을 살랐거니와 나의 생명을 당신은 귀히 보소서 하매 여호와의 사자가 엘리야에게 이르되 너는 저를 두려워 말고 함께 내려가라 하신지라. 엘리야가 곧 일어나 저와 함께 내려와서 왕에게 이르러 고하되 여호와의 말씀이 네가 사자를 보내어 에그론의 신 바알세붑에게 물으려 하니 이스라엘에 그 말을 물을 만한 하나님이 없음이냐? 그러므로 네가 그 올라간 침상에서 내려오지 못할지라. 네가 반드시 죽으리라 하셨다 하니라.

세 번째로 보냄 받은 50부장은 지혜로웠다. 그는 올라가서 엘리야의 앞에 이르러 꿇어 엎드려 자기들의 목숨을 귀히 여겨주기를 간청하였다. 하나님께서는 엘리야에게 두려워 말고 함께 가라고 하셨다.

〔17-18절〕 왕이 엘리야의 전한 여호와의 말씀대로 죽고 저가 아들이 없으므로 여호람이 대신하여 왕이 되니 유다 왕 여호사밧의 아들 여호람의 제2년이었더라. 아하시야의 남은 사적은 모두 이스라엘 왕 역대지략에 기록되지 아니하였느냐?

본장의 교훈을 정리해보자. 첫째로, 모압이 배반한 것과 아하시야가 왕궁 다락 격자 창문에서 떨어져 병든 것은 하나님의 징벌이었다. 사람은 범죄하면 하나님의 노를 일으키며 징벌을 받는다. 하나님의 은혜로 의롭다 하심을 얻은 신약성도도 범죄하면 하나님의 징계를 받을 것이다. 히브리서 12:8, "징계는 다 받는 것이거늘 너희에게 없으면 사생자요 참 아들이 아니니라." 범죄한 자는 하나님의 징벌을 받을 것이다.

둘째로, 아하시야는 고난 중에 하나님 대신 에그론의 신 바알세붑에게 물으려고 사자들을 보내었다. 본장은 세 번이나 그 사실을 말한다. 그것은 매우 악한 일이었다. 우리는 고난 중에 세상적인 방법을 구하기 전에 먼저 하나님께 나아가 기도하며 성경말씀을 묵상해야 한다. 야고보서 5:13은, "너희 중에 고난당하는 자가 있느냐? 저는 기도할 것이요"라고 말한다. 우리는 고난 중에 먼저 하나님께 나아가 성경말씀을 읽고 묵상하고 자신을 성찰하며 기도로 우리의 소원을 아뢰어야 한다.

셋째로, 아하시야는 하나님의 경고를 대항해 선지자 엘리야를 죽이려고만 하였으나 결국 자신이 죽고 말았다. 인생의 살 길은 회개뿐이다. 이사야 55:7은, "악인은 그 길을, 불의한 자는 그 생각을 버리고 여호와께로 돌아오라. 그리하면 그가 긍휼히 여기시리라"고 말한다. 주께서는 "너희도 만일 회개치 아니하면 다 이와 같이 망하리라"고 말씀하셨다(눅 13:3, 5). 사람은 죄를 회개치 않으면 결국 멸망한다. 사람은 자기의 죄를 회개하고 예수 그리스도를 믿고 계명에 순종해야 멸망치 않는다.

2장: 엘리야의 승천

〔1-2절〕 여호와께서 회리바람으로 엘리야를 하늘에 올리고자 하실 때에 엘리야가 엘리사로 더불어 길갈에서 나가더니 엘리야가 엘리사에게 이르되 청컨대 너는 여기 머물라. 여호와께서 나를 벧엘로 보내시느니라. 엘리사가 가로되 여호와의 사심과 당신의 혼의 삶을 가리켜 맹세하노니 내가 당신을 떠나지 아니하겠나이다. 이에 두 사람이 벧엘로 내려가니.

엘리야를 하늘로 올리는 회리바람은 하나님께서 일으키는 초자연적 바람이며, 엘리야가 올라갈 하늘은 천국이다. 엘리야는 엘리사와 함께 길갈에서 벧엘로 갔다. 엘리사는 하나님께서 엘리야를 하늘로 올리고자 하심을 알았고 그의 곁을 떠나지 않으려고 하였다.

〔3-4절〕 벧엘에 있는 선지자의 생도들이 엘리사에게로 나아와 이르되 여호와께서 오늘날 당신의 선생을 당신의 머리 위로 취하실 줄을 아나이까? 가로되 나도 아노니 너희는 잠잠하라. 엘리야가 저에게 이르되 엘리사야, 청컨대 너는 여기 머물라. 여호와께서 나를 여리고로 보내시느니라. 엘리사가 가로되 여호와의 사심과 당신의 혼의 삶을 가리켜 맹세하노니 내가 당신을 떠나지 아니하겠나이다 하니라. 저희가 여리고에 이르매.

엘리야의 수종자 엘리사나 벧엘에 있는 선지자의 생도들은 그들의 큰 스승 엘리야를 하나님께서 하늘로 취하실 줄을 알고 있었다. 엘리야는 엘리사와 함께 여리고로 갔다. 벧엘에도 여리고에도 선지학교와 선지 생도들, 즉 오늘날 말로 하면 신학교와 신학생들이 있었다. 그들은 종교적으로 심히 어두운 그 시대에 하나님의 바른 뜻을 전하도록 하나님께서 은혜로 남겨두시고 훈련시키시는 종들이었다.

〔5-7절〕 여리고에 있는 선지자의 생도들이 엘리사에게 나아와 이르되 여호와께서 오늘날 당신의 선생을 당신의 머리 위로 취하실 줄을 아나이까? 엘리사가 가로되 나도 아노니 너희는 잠잠하라. 엘리야가 또 엘리사에게 이르되 청컨대 너는 여기 머물라. 여호와께서 나를 요단으로 보내시느니라. 저가 가로되 여호와의 사심과 당신의 혼의 삶을 가리켜 맹세하노니 내

가 당신을 떠나지 아니하겠나이다. 이에 두 사람이 행하니라. 선지자의 생도 50인이 가서 멀리 서서 바라보매 그 두 사람이 요단 가에 섰더니.

여리고에 있는 선지자의 생도들도 하나님께서 엘리야를 하늘로 취하실 줄을 알고 있었다. 엘리야는 엘리사와 함께 요단으로 갔다. 선지자의 생도들 50명은 멀리 서서 그 두 사람이 요단강 가에 선 것을 보았다. 엘리야의 승천 곧 그가 하늘로 올리움을 받은 것은 여리고의 선지자의 생도 50명이 멀리서 바라보는 가운데 이루어진 사건이었다.

〔8-11절〕 엘리야가 겉옷을 취하여 말아 물을 치매 물이 이리저리 갈라지고 두 사람이 육지 위로 건너더라. 건너매 엘리야가 엘리사에게 이르되 나를 네게서 취하시기 전에 내가 네게 어떻게 할 것을 구하라. 엘리사가 가로되 당신의 영감이 갑절이나 내게 있기를 구하나이다[당신의 영의 갑절이 내게 있기를 구하나이다]. **가로되 네가 어려운 일을 구하는도다. 그러나 나를 네게서 취하시는 것을 네가 보면 그 일이 네게 이루려니와 그렇지 않으면 이루지 아니하리라 하고 두 사람이 행하며 말하더니 홀연히 불수레와 불말들이 두 사람을 격**[격리]**하고 엘리야가 회리바람을 타고 승천하더라.**

엘리사는 엘리야에게 그의 영, 즉 그의 정신, 그의 생각과 사상, 그의 영감, 그의 능력의 갑절을 얻기를 구했다. 엘리사는 이 소원 때문에 그의 스승을 끝까지 따라갔고 떠나지 않았던 것이다. 그의 중심은 진지하고 간절했다. 엘리사가 엘리야의 영의 갑절을 구한 것은 그의 시대가 그의 스승의 시대보다 한층 더 어려운 시대가 될 것을 예견하였기 때문일 것이다. 과연 엘리사는 그의 스승보다 두 배나 많은 수의 기적을 행하였고 약 66년 동안 영감 있는 사역을 하였다.

엘리사의 구한 것은 사람이 줄 수 있는 것이 아니었다. 그것은 하나님께서만 주실 수 있는 일이었다. 그러나 엘리야는 엘리사의 간절한 소원을 하나님께서 주실 것을 확신하였다. 엘리야는 제자들의 보는 앞에서 하늘로 올리웠다. 엘리야의 승천은 에녹의 승천과 더불어(창 5:24; 히 11:5) 예수 그리스도의 승천의 예표이며 천국의 존재를 확증한 것이다. 이 세상보다 더 좋은 천국이 확실히 있다.

〔12-14절〕 엘리사가 보고 소리지르되 내 아버지여, 내 아버지여, 이스라엘의 병거와 그 마병이여 하더니 다시 보이지 아니하는지라. 이에 엘리사가 자기의 옷을 잡아 둘에 찢고 엘리야의 몸에서 떨어진 겉옷을 주워가지고 돌아와서 요단 언덕에 서서 엘리야의 몸에서 떨어진 그 겉옷을 가지고 물을 치며 가로되 엘리야의 하나님 여호와는[여호와께서는] **어디 계시니이까 하고 저도 물을 치매 물이 이리저리 갈라지고 엘리사가 건너니라.**

엘리사가 엘리야를 '이스라엘의 병거와 그 마병'이라고 부른 까닭은 엘리야가 병거들과 그 마병들처럼 이스라엘을 방어하고 보존하였다는 뜻이다. 엘리야의 기도와 조언과 하나님의 능력은 이스라엘에게 큰 힘과 능력이었다. 하늘로 올리운 그는 다시 보이지 아니하였다. 엘리사는 돌아올 때 요단강 언덕에 서서 엘리야의 몸에서 떨어진 그 겉옷을 가지고 물을 쳤는데 강물이 이리저리 갈라졌고 그는 그 강을 건넜다. 엘리야에게 역사하셨던 하나님께서는 이제 엘리사를 통해 동일한 능력을 나타내셨다. 그것은 엘리야의 영감과 하나님의 능력의 역사가 엘리사 위에 임하였음을 증거하였다.

〔15-18절〕 맞은편 여리고에 있는 선지자의 생도들이 저를 보며 말하기를 엘리야의 영감이 엘리사의 위에 머물렀다[머물러 있다] **하고 가서 저를 영접하여 그 앞에서 땅에 엎드리고 가로되 당신의 종들에게 용사 50인이 있으니 청컨대 저희로 가서 당신의 주를 찾게 하소서. 염려컨대 여호와의 신**[영]**이 저를 들어가다가 어느 산에나 어느 골짜기에 던지셨을까 하나이다. 엘리사가 가로되 보내지 말라 하나 무리가 저로 부끄러워하도록 강청하매 보내라 한지라. 저희가 50인을 보내었더니 사흘을 찾되 발견하지 못하고 엘리사가 여리고에 머무는 중에 무리가 저에게 돌아오니 엘리사가 저희에게 이르되 내가 가지 말라고 너희에게 이르지 아니하였느냐 하였더라.**

여리고에 있는 선지자의 생도들은 50명을 보내어 엘리야를 사흘 동안 찾았으나 발견치 못하였다. 엘리야는 확실히 승천하였다.

〔19-22절〕 그 성 사람들이 엘리사에게 고하되 우리 주께서 보시는 바와 같이 이 성읍의 터는 아름다우나 물이 좋지 못하므로 토산이 익지 못하고

떨어지나이다. 엘리사가 가로되 새 그릇에 소금을 담아 내게로 가져오라 하매 곧 가져온지라. 엘리사가 물 근원으로 나아가서 소금을 그 가운데 던지며 가로되 여호와의 말씀이 내가 이 물을 고쳤으니 이로 좇아 다시는 죽음이나 토산이 익지 못하고 떨어짐이 없을지니라 하셨느니라 하니 그 물이 엘리사의 말과 같이 고쳐져서 오늘날에 이르렀더라.

엘리사는 소금을 던지며 여호와의 말씀으로 말하여 물을 고쳤다.

〔23-25절〕 엘리사가 거기서 벧엘로 올라가더니 길에 행할 때에 젊은 아이[소년]들이 성에서 나와서 저를 조롱하여 가로되 대머리여, 올라가라. 대머리여, 올라가라 하는지라. 엘리사가 돌이켜 저희를 보고 여호와의 이름으로 저주하매 곧 수풀에서 암곰 둘이 나와서 아이들 중에 42명을 찢었더라. 엘리사가 거기서부터 갈멜산으로 가고 거기서 사마리아로 돌아왔더라.

하나님께서는 엘리사를 조롱하고 비난한 소년들을 징벌하셨다.

본장의 교훈을 정리해보자. 첫째로, 엘리야의 승천은 제자 엘리사나 벧엘과 여리고의 선지 생도들이 미리 알고 있었고 엘리사와 여리고의 선지 생도 50명이 친히 보았고 또 여리고의 생도들 50명이 사흘간 그 주위를 두루 찾았으나 발견치 못한 사건이었다. 엘리야는 확실히 승천하였다. 엘리야의 승천은 에녹의 승천(창 5:24; 히 11:5)과 더불어 예수 그리스도의 승천을 예표하며 천국의 존재를 확증한다. 성경은 천국을 밝히 증거한다(벧후 3:12-13; 계 21:1-7). 우리는 천국을 확신해야 한다.

둘째로, 엘리사는 하나님께서 배교과 타협의 시대에 그 스승 엘리야에게 주셨던 영의 갑절, 곧 그의 바른 정신, 바른 생각, 바른 영감, 바른 능력의 갑절을 받기를 소원하였다. 그래서 그는 엘리야를 끝까지 따랐던 것이다. 우리는 엘리야와 엘리사의 시대보다 더 어둡고 악한 시대를 이기기 위해 하나님의 은혜와 능력을 받아서 거짓된 목사들과 그들의 교훈들을 분별하고 오직 성경의 바른 교훈들을 붙들어야 한다. 우리는 성경말씀의 바른 지식과, 우리 안에 거하시는 성령의 인도하심과 능력을 늘 구하며 받아서 바르고 힘있는 신앙생활과 봉사생활을 해야 한다.

3장: 모압을 이기게 하심

〔1-3절〕 유다 왕 여호사밧의 18년에 아합의 아들 여호람이 사마리아에서 이스라엘 왕이 되어 12년을 치리하니라. 저가 여호와 보시기에 악을 행하였으나 그 부모와 같이 하지는 아니하였으니 이는 저가 그 아비의 만든 바알의 주상을 제하였음이라. 그러나 저가 느밧의 아들 여로보암이 이스라엘로 범하게 한 그 죄를 따라 행하고 떠나지 아니하였더라.

이스라엘 왕 여호람의 통치 12년은 하나님께서 이스라엘 백성을 오래 참으시는 기간이었다. 하나님의 시간표는 사람들의 시간표와 다르다. 하나님의 하시는 일은 사람들 보기에 더딘 것 같다. 여호람은 여호와 보시기에 악을 행하였으나 그 부모와 같이 하지는 아니하였는데, 그것은 그가 그 아비의 만든 바알의 우상을 제거했기 때문이다. 그러나 그는 느밧의 아들 여로보암이 이스라엘 백성으로 범하게 한 그 죄를 따라 행하고 떠나지 아니하였다. 여로보암의 죄란 그가 벧엘과 단에 두 금송아지를 만들어 이스라엘 백성으로 섬기게 한 것이었다. 모든 우상숭배는 하나님 앞에서 죄이며 그의 진노를 받을 만하다. 여호람은 어느 정도 경건했으나, 그의 믿음과 순종은 불완전했다.

〔4-5절〕 모압 왕 메사는 양을 치는 자라. 새끼 양 10만의 털과 수양[숫양] **10만의 털**[새끼양 십만과 숫양 십만과 그 털](KJV)[5]**을 이스라엘 왕에게 바치더니 아합이 죽은 후에 모압 왕이 이스라엘 왕을 배반한지라.**

모압의 배반은 아합의 아들들의 죄에 대한 하나님의 징벌이었다.

〔6-8절〕 그때에 여호람 왕이 사마리아에서 나가서 온 이스라엘을 점고하고 또 가서 유다 왕 여호사밧에게 보내어 이르되 모압 왕이 나를 배반하였으니 당신은 나와 함께 가서 모압을 치시겠느뇨? 저가 가로되 내가 올라가리이다. 나는 당신과 일반이요 내 백성은 당신의 백성과 일반이요 내 말

---

5) 원문을 직역하면, "새끼양 10만과 숫양 10만, 양털"인데, 옛날 영어성경(KJV)의 번역은 원문의 구조에 가장 맞는 것 같다.

들도 당신의 말들과 일반이니이다. 여호람이 가로되 우리가 어느 길로 올라 가리이까? 저가 대답하되 에돔 광야 길로니이다.

여호사밧의 문제는 악한 이스라엘 왕과 교제하는 것이었다. 어떻게 하나님을 경외하는 그와 그의 백성이, 우상숭배에 빠져 있는 이스라엘 왕과 그 백성과 교제할 수 있는가? 잘못된 교제와 악의 용납이 그의 문제점이었다. 에돔 광야 길은 사해 서남부와 남부를 돌아 모압으로 가는 길이다. 모압 남쪽에는 모압의 수도 길하레셋이 있었다.

〔9-12절〕 이스라엘 왕이 유다 왕과 에돔 왕으로 더불어 행하더니 길을 둘러 행한 지 7일에 군사와 따라가는 생축을 먹일 물이 없는지라. 이스라엘 왕이 가로되 슬프다, 여호와께서 이 세 왕을 불러모아 모압의 손에 붙이려 하시는도다. 여호사밧이 가로되 우리가 여호와께 물을 만한 여호와의 선지자가 여기 없느냐? 이스라엘 왕의 신복 중에 한 사람이 대답하여 가로되 전에 엘리야의 손에 물을 붓던 사밧의 아들 엘리사가 여기 있나이다. 여호사밧이 가로되 여호와의 말씀이 저에게 있도다. 이에 이스라엘 왕이 여호사밧과 에돔 왕으로 더불어 그에게로 내려가니라.

이스라엘 왕 여호람은 유다 왕과 에돔 왕과 함께 행하였는데 7일이 지나자 군사와 따라가는 가축을 먹일 물이 없었다. 여호람은 그것이 하나님께서 주신 고난임을 깨달았다. 사람은 고난을 통해 하나님의 뜻을 깨닫게 된다. 여호사밧은 어려울 때 하나님의 뜻을 물어야 함을 알았다. 그래서 여호람은 여호사밧과 에돔 왕과 함께 엘리사에게로 내려갔다. 예전에는 하나님의 뜻을 알기 위해 선지자에게로 내려갔다. 오늘날 우리는 성경으로 간다. 모든 성경은 하나님의 감동으로 된 말씀으로 사람들에게 교훈을 준다(딤후 3:16).

〔13-15절〕 엘리사가 이스라엘 왕에게 이르되 내가 당신과 무슨 상관이 있나이까? 당신의 부친의 선지자들과 당신의 모친의 선지자들에게로 가소서. 이스라엘 왕이 저에게 이르되 그렇지 아니하니이다. 여호와께서 이 세 왕을 불러모아 모압의 손에 붙이려 하시나이다. 엘리사가 가로되 내가 섬기는 만군의 여호와의 사심을 가리켜 맹세하노니 내가 만일 유다 왕 여호사밧

의 낯을 봄이 아니면 당신을 향하지도 아니하고 보지도 아니하였으리이다. 이제 내게로 거문고 탈 자를 불러오소서 하니라. 거문고 타는 자가 거문고를 탈 때에 여호와께서 엘리사를 감동하시니.

여호사밧이 아합이나 여호람과 교제하는 것은 잘못이었지만 그는 하나님을 경외하는 자이었고, 엘리사는 그 사실을 인정했다. 거문고 타는 자가 거문고를 탈 때에 여호와께서는 엘리사를 감동하셨다. 그는 음악을 사용하여 그의 종을 감동하셨다.

〔16-20절〕 저가 가로되 여호와의 말씀이 이 골짜기에 개천[도랑]**을 많이 파라 하셨나이다. 여호와께서 이르시기를 너희가 바람도 보지 못하고 비도 보지 못하되 이 골짜기에 물이 가득하여 너희와 너희 육축과 짐승이 마시리라 하셨나이다. 이것은 여호와 보시기에 오히려 작은 일이라. 여호와께서 모압 사람도 당신의 손에 붙이시리니 당신들이 모든 견고한 성과 모든 아름다운 성을 치고 모든 좋은 나무를 베고 모든 샘을 메우고 돌로 모든 좋은 밭을 헐리이다 하더니 아침에 미쳐 소제 드릴 때에 물이 에돔 편에서부터 흘러와서 그 땅에 가득하였더라.**

이것은 하나님의 전적인 긍휼이었다. 그것은 유다 왕 여호사밧에게 베푸신 하나님의 긍휼이었고 또 악한 여호람과 이스라엘 군대에게 베푸신 하나님의 긍휼이었다. 그들은 그 위기를 모면하였다.

〔21-25절〕 모압 모든 사람이 왕들이 올라와서 자기를 치려 한다 함을 듣고 갑옷 입을 만한 자로부터 그 이상이 다 모여 그 경계에 섰더라. 아침에 모압 사람이 일찌기[일찍이]**일어나서 해가 물에 비취므로 맞은편 물이 붉어 피와 같음을 보고 가로되 이는 피라. 필연 저 왕들이 싸워 서로 죽인 것이로다. 모압 사람들아, 이제 노략하러 가자 하고 이스라엘 진에 이르니 이스라엘 사람이 일어나 모압 사람을 쳐서 그 앞에서 도망하게 하고 그 지경에 들어가며 모압 사람을 치고 그 성읍을 쳐서 헐고 각기 돌을 던져 모든 좋은 밭에 가득하게 하고 모든 샘을 메우고 모든 좋은 나무를 베고 길하레셋**(모압의 수도)**의 돌들은 남기고 물맷군이 두루 다니며 치니라.**

하나님께서는 그 전쟁에서 이스라엘 백성에게 큰 승리를 주셨다.

〔26-27절〕 모압 왕이 전세(戰勢)가 극렬하여 당하기 어려움을 보고 칼

찬 군사 7백을 거느리고 충돌하여 지나서 에돔 왕에게로 가고자 하되 능히 못하고 이에 자기 위(位)[왕위]**를 이어 왕이 될 맏아들을 취하여 성 위에서 번제를 드린지라. 이스라엘에게 크게 통분함이 임하매**[이스라엘에 대한 큰 분노가 있었으며](KJV, NASB, NIV) **저희가 떠나 각기 고국으로 돌아갔더라.**

모압 왕이 맏아들을 번제로 드린 것은 참으로 사람이 해서는 안 될 끔찍한 일이었다. 이스라엘에 대한 큰 분노는 이스라엘에 대한 모압 왕의 분노를 가리킨 것 같다. 모압 왕은 이스라엘에 대해 크게 분노하여 자기 아들을 번제로 드렸다. 그것은 하나님께서 노여워하실 만한 악한 일이었으므로 이스라엘과 그와 동맹한 왕들도, 아마 큰 충격을 받아 모압 왕을 떠나 각기 고국으로 돌아갔다.

본장의 교훈을 정리해보자. 첫째로, 여호람의 문제는 순수하지 못한 믿음과 불완전한 순종에 있었다. 그가 부친이 만든 바알의 주상을 없앤 것은 잘한 일이었지만, 여로보암의 죄를 떠나지 않은 것은 잘못한 일이었다. 여호사밧이 아합이나 여호람과 교제를 계속하는 것도 잘못된 일이었다. 사람은 다 부족이 많은 것 같다. 한가지 점에서 바른가 하면, 다른 점에서 잘못되곤 한다. 그러나 하나님께서는 우리에게 흠과 점이 없는 온전한 삶을 원하신다. 사도 베드로는 성도들에게 "주 앞에서 점도 없고 흠도 없이 평강 가운데서 나타나기를 힘쓰라"고 교훈하였다(벧후 3:14). 우리는 하나님과 예수님을 온전하게 믿고 순종해야 한다.

둘째로, 하나님께서는 악한 여호람과 이스라엘 백성을 긍휼히 여기시고 은혜를 베푸셨고 또 유다 왕 여호사밧을 긍휼히 여기시고 은혜를 베푸셨다. 하나님께서는 모압과의 전쟁에서 그들을 큰 낭패에서 건져주셨다. 오늘날 예수님 믿고 구원 얻은 우리도 그렇다. 우리의 구원도, 생존도, 평안도 오직 하나님의 은혜 때문이다. 우리는 사도 바울처럼 우리의 우리된 것이 하나님의 은혜인 줄 깨닫고(고전 15:10) 항상 하나님과 주 예수 그리스도의 은혜 안에 거하고(행 13:43) 그 은혜를 항상 사모하고 의지하며 하나님께 순종해야 한다. 그때 평안과 승리가 있다.

4장: 엘리사를 통한 기적들

1-7절, 기름병 기적

〔1절〕 선지자의 생도의 아내 중에 한 여인이 엘리사에게 부르짖어 가로되 당신의 종 나의 남편이 이미 죽었는데 당신의 종이 여호와를 경외한 줄은 당신이 아시는 바니이다. 이제 채주(債主)가 이르러 나의 두 아이를 취하여 그 종을 삼고자 하나이다.

선지자의 생도들, 즉 오늘날로 말하면 신학생들의 아내들 중에 한 여인이 엘리사에게 부르짖어 말하였다. 선지자의 생도는 일반 신도들 중에서 특별히 자신의 삶을 하나님께 헌신한 자이었다. 그 여인은 자기의 남편이 하나님을 경외한 자이었으며 그것을 선지자도 알고 있다고 말하였다. 그는 진실한 믿음을 가진 자이었다. 또 그 여인은 자기 남편을 '당신의 종' 즉 선지자의 종이라고 두 번이나 표현했다. 또 그는 뒤에 자기 자신도 '[당신의] 계집종'이라고 표현했다. 그것은 그들의 겸손과 스승에 대한 공경심과 순종심을 나타낸다.

그런데 이 경건한 선지 생도가 그 아내와 두 아이를 남겨두고, 더욱이 빚까지 남겨두고 죽었다. 이제 채주가 와서 그 아이들을 종으로 삼으려 했다. 그의 가정은 참으로 어려움에 처해 있었다. 왜 그 가정이 이런 형편이 되었는지 모르지만, 우리는 단지 사람의 모든 일들이 하나님의 깊으신 뜻 가운데 일어난다는 것을 알 뿐이다. 성도는 때때로 매우 어려운 처지에 처하기도 한다. 경건한 다윗은 10여년간 피난생활을 했고(삼상 18-26장), 하나님의 종 바울은 전도사역을 하면서 굶주리고 목마르며 헐벗고 매맞으며 정처 없이 다녔다(고전 4:9-13).

그 여인은 어렵고 힘든 처지에서 선지자에게 찾아와 부르짖었다. 엘리사는 하나님과 동행한 하나님의 사람이었다. 열왕기하에는 '하나님의 사람'이라는 말이 36번이나 나온다. 하나님의 사람은 하나님과 친밀히 교제하는 기도의 사람, 하나님의 뜻을 잘 아는 지식의 사람, 또 하나님을 굳게 의지하는 믿음의 사람을 가리키는 말이다. 어려운 때에 하나님의 사람이 그의 곁에 있고 그에게 기도를 부탁할 수 있다는 것은 그의 큰복이었다. 우리에게는 엘리사보다 더 크신 주 예수 그리스도께서 계시다. 그는 위대하신 중보자이시며 구주이시다! 그는 친히 우리에게 약속하기를, "너희가 내 이름으로 무엇을 구하든지 내가 시행하리라"고 말씀하셨다(요 14:13-14).

〔2-7절〕 엘리사가 저에게 이르되 내가 너를 위하여 어떻게 하랴. 네 집에 무엇이 있는지 내게 고하라. 저가 가로되 계집종의 집에 한 병 기름 외에는 아무것도 없나이다. 가로되 너는 밖에 나가서 모든 이웃에게 그릇을 빌라[빌리라]. **빈 그릇을 빌되**[빌리되] **조금 빌지**[빌리지] **말고 너는 네 두 아들과 함께 들어가서 문을 닫고 그 모든 그릇에 기름을 부어서 차는 대로 옮겨 놓으라. 여인이 물러가서 그 두 아들과 함께 문을 닫은 후에 저희는** 그릇을 **그에게로 가져오고 그는 부었더니 그릇에 다 찬지라. 여인이 아들에게 이르되 또 그릇을 내게로 가져오라. 아들이 가로되 다른 그릇이 없나이다 하니 기름이 곧 그쳤더라. 그 여인이 하나님의 사람에게 나아가서 고한대 저가 가로되 너는 가서 기름을 팔아 빚을 갚고 남은 것으로 너와 네 두 아들이 생활하라 하였더라.**

그 죽은 선지 생도의 아내가 집에 한 병 기름 외에는 아무것도 없다고 말하자, 엘리사는 그 여인에게 이웃에게 그릇들을 빌려 기름을 그 모든 빌린 그릇에 부으라고 말했다. 기름을 그 그릇들에 다 채우자 기름이 곧 그쳤다. 그 여인은 모든 그릇에 채워진 기름을 팔아 빚을 갚고 남은 것으로 생활했다. 그의 기름 한 병을 통해 이렇게 놀라운 기적이 일어났다. 하나님께서는 기이한 방법으로 그 가정을 돌아보셨다. 후에, 한 아이가 자기가 먹으려고 가지고 있던 떡 다섯 개와 물고기 두 마리를 주 예수께 드렸을 때 남자만 5천명이나 되는 많은 사람들을 먹이는 기적이 일어났다(요 6:9). 하나님께서는 우리가 가지고 있는 비록 보잘것없는 작은 것을 통해서도 일하실 수 있다.

신약성경이 완성된 오늘날에는 하나님께서 기적으로 일하지 않으신다고 본다. 그러나 하나님께서 살아 역사하심은 동일하다. 하나님께서는 자기 백성과 자기 종들을 결코 버리지 않으시고, 비록 외적 기적을 통해서는 아닐지라도, 그의 기이한 방법으로, 때로는 예상치 못한 환경여건을 통해, 또 때로는 자신들의 부지런한 노력의 대가를 누리게 하심으로써 그들을 돌보시고 도우시며 지키신다!

본문의 교훈을 정리해보자. 첫째로, 하나님의 종들과 백성들은 때때로 매우 어려운 환경에 처할 수 있다. 다윗도, 바울도, 우리 주님 자신께서도 그러하셨다. 의인은 고난이 많다(시 34:19). 우리가 하나님의 나라에 들어가려면 많은 환난을 겪어야 한다(행 14:22). 성도의 삶에 고난이 있지만, 우리는 고난 중에 낙심치 말고 하나님을 믿고 의지해야 한다.

둘째로, 하나님께서는 자기 종들과 백성들을 결코 버리지 않으시고 돌보시고 도우신다. 천지만물을 창조하신 하나님께서는 지금도 살아계신 섭리자이시며 전능하신 주님이시다. 다윗은 “여호와는 나의 목자시니 내가 부족함이 없으리로다. 그가 나를 푸른 초장에 누이시며 쉴 만한 물가으로 인도하시는도다”라고 말했다(시 23:1-2). 주 예수께서는 “너희는 먼저 하나님의 나라와 그의 의를 구하라. 그리하면 이 모든 것[의식주의 필요]을 너희에게 더하시리라”고 말씀하셨다(마 6:33).

셋째로, 우리는 엘리사보다 더 크시고 더 능력이 많으신 주 예수 그리스도를 모시고 살고 있다. 주께서는, “구하라 그러면 너희에게 주실 것이요, 찾으라 그러면 찾을 것이요, 문을 두드리라 그러면 너희에게 열릴 것이라”고 말씀하셨고(마 7:7-8), 또 “너희가 내 이름으로 무엇을 구하든지 내가 시행하리라,” “내 이름으로 무엇이든지 내게 구하면 내가 시행하리라”고 말씀하셨다(요 14:13-14). 우리는 아무것도 염려하지 말고 오직 하나님과 주 예수 그리스도를 믿고 의지하고 모든 일에 기도와 간구로 우리의 구할 것을 감사함으로 하나님께 아뢰어야 한다(빌 4:6-7).

8-37절, 수넴 여인에게 주신 기적

〔8-10절〕 **하루는 엘리사가 수넴에 이르렀더니 거기 한 귀한 여인이 저를 간권(懇勸)하여**[간절히 권하여] **음식을 먹게 한 고로 엘리사가 그 곳을 지날 때마다 음식을 먹으러 그리로 들어갔더라. 여인이 그 남편에게 이르되 항상 우리에게로 지나는 이 사람은 하나님의 거룩한 사람인 줄을 내가 아노니 우리가 저를 위하여 작은 방을 담 위에 짓고**(나아센나 알리야스-키르 케탄나 נַעֲשֶׂה־נָּא עֲלִיַּת־קִיר קְטַנָּה)[지붕에 벽이 있는 작은 방을 짓고] **침상과 책상과 의자와 촛대**(메노라 מְנוֹרָה)[등잔대]**를 진설하사이다**[두사이다]. **저가 우리에게 이르면 거기 유하리이다 하였더라.**

수넴은 갈릴리 지방의 잇사갈 지파에 속한 마을로 이스르엘 성에서 북쪽으로 약 5킬로미터쯤 떨어져 있다. '귀한 여인'이라는 원어(이솨 게돌라 אִשָּׁה גְדוֹלָה)는 '유력한 여인'(a great woman)(KJV)이라는 말로 신앙과 인품과 재력이 있는 여인이라는 뜻일 것이다. 그러나 그 여인은 자녀가 없었고 그의 남편은 늙었다(14절). 아마 이런 점 때문에 그 여인의 믿음은 더 강해졌을 것이다. 사람은 어떤 부족함이 있을 때 더 하나님을 찾고 의지하게 된다.

그 여인은 엘리사를 하나님의 거룩한 사람으로 알아보았다. 그는 엘리사가 그 곳을 지날 때에 간절한 마음으로 음식을 들게 하였고 그 때문에 엘리사는 그 곳을 지날 때마다 음식을 먹으러 그 집으로 들어갔다. 또 그 여인은 자기의 남편에게 청하여 하나님의 사람을 위해 지붕 위에 조용한 방을 지었고 침상, 책상, 의자, 등잔대 등을 두었다. 그는 정성을 다해 엘리사를 영접하며 대접하였다.

〔11-13절〕 **하루는 엘리사가 거기 이르러 그 방에 들어가서 누웠더니 자기 사환 게하시에게 이르되 이 수넴 여인을 불러오라. 곧 부르매 여인이 그 앞에 선지라. 엘리사가 자기 사환에게 이르되 너는 저에게 이르라. 네가 이같이 우리를 위하여 생각이 주밀하도다**(카라드트 엘레누 엣-콜-하카라다 חָרַדְתְּ אֵלֵינוּ אֶת־כָּל־הַחֲרָדָה)[네가 우리를 위하여 모든 배려로 배려하였도다](BDB, KJV, NASB). **내가 너를 위하여 어떻게 하랴? 왕에게나 군대장**

관에게 무슨 구할 것이 있느냐? 여인이 가로되 나는 내 백성 중에 거하나이다 하니라.

그 여인은 단순히 하나님의 사람을 공경하고 정성껏 영접한 것뿐이었고 계산적인 세속적 욕심을 품고 그렇게 한 것이 아니었다.

〔14-16절〕 엘리사가 가로되 그러면 저를 위하여 무엇을 하여야 할꼬? 게하시가 대답하되 참으로 이 여인은 아들이 없고 그 남편은 늙었나이다. 가로되 다시 부르라. 부르매 여인이 문에 서니라. 엘리사가 가로되 돐[돌]**이 되면 네가 아들을 안으리라. 여인이 가로되 아니로소이다. 내 주 하나님의 사람이여, 당신의 계집종을 속이지 마옵소서 하니라.**

엘리사는 그 여인에게 아들이 없는 것을 알고 그에게 아들이 있을 것이라고 말하였다. 그러나 그 여인은 하나님의 사람을 '내 주 하나님의 사람이여'라고 존중하여 표현하며 자신을 '당신의 계집종'이라고 겸손하게 낮추면서, 비록 그가 아들을 가지고 싶었겠지만 감히 그것을 구하지 않았다. 그는 허망한 욕심의 소원을 갖기를 원치 않았다.

〔17-20절〕 여인이 과연 잉태하여 돐[돌]**이 돌아오매 엘리사의 말한 대로 아들을 낳았더라. 그 아이가 저으기**[어느 정도] **자라매 하루는 곡식 베는 자에게 나가서 그 아비에게 이르렀더니 그 아비에게 이르되 내 머리야, 내 머리야 하는지라. 그 아비가 사환에게 명하여 그 어미에게로 데려가라 하매 곧 어미에게로 데려갔더니 낮까지 어미의 무릎에 앉았다가 죽은지라.**

그 여인이 아들을 낳은 것은 그의 믿음의 선행에 대해 하나님께서 주신 복이었다. 그런데 몇 년 후 그 여인에게 고통스런 일이 찾아왔다. 그 아이는 어느 날 머리가 아파 낮까지 어미의 무릎에 앉았다가 죽었다. 이것은 전혀 예상치 못한 어려움이었다. 하나님께서는 그의 높으신 뜻 가운데서 이런 저런 이유로 성도에게 고난을 주신다.

〔21-25절〕 그 어미가 올라가서 아들을 하나님의 사람의 침상 위에 두고 문을 닫고 나와서 그 남편을 불러 이르되 청컨대 한 사환과 한 나귀를 내게로 보내소서. 내가 하나님의 사람에게 달려갔다가 돌아오리이다. 그 남편이 가로되 초하루도 아니요 안식일도 아니어늘 그대가 오늘날 어찌하여 저에

게 나아가고자 하느뇨? 여인이 가로되 평안이니이다. 이에 나귀에 안장을 지우고 자기 사환에게 이르되 몰아 앞으로 나아가라. 내가 말하지 아니하거든 나의 달려가기를 천천하게 하지 말라 하고 드디어 갈멜산으로 가서 하나님의 사람에게로 나아가니라.

초하루나 안식일에는 사람들이 선지자의 집에 모이는 풍습이 있었다고 보인다(킴치, 델리취). 그 여인은 평소에 경건한 자이었다. 그는 나귀를 몰게 하여 갈멜산으로 가서 하나님의 사람에게로 나아갔다.

〔25-28절〕 . . . 하나님의 사람이 멀리서 저를 보고 자기 사환 게하시에게 이르되 저기 수넴 여인이 있도다. 너는 달려가서 저를 맞아 이르기를 너는 평안하냐? 네 남편이 평안하냐? 아이가 평안하냐 하라 하였더니 여인이 대답하되 평안하다 하고 산에 이르러 하나님의 사람에게 나아가서 그 발을 안은지라. 게하시가 가까이 와서 저를 물리치고자 하매 하나님의 사람이 가로되 가만 두라. 그 중심에 괴로움이 있다마는 여호와께서 내게 숨기시고 이르지 아니하셨도다. 여인이 가로되 내가 내 주께 아들을 구하더이까? 나를 속이지 말라고 내가 말하지 아니하더이까?

엘리사는 그 여인의 아이에게 큰 문제가 생긴 사실을 깨달았다.

〔29-31절〕 엘리사가 게하시에게 이르되 네 허리를 묶고 내 지팡이를 손에 들고 가라. 사람을 만나거든 인사하지 말며 사람이 네게 인사할지라도 대답하지 말고 내 지팡이를 그 아이 얼굴에 놓으라. 아이의 어미가 가로되 여호와의 사심과 당신의 혼의 사심을 가리켜 맹세하노니 내가 당신을 떠나지 아니하리이다. 엘리사가 이에 일어나 여인을 좇아가니라. 게하시가 저희의 앞서 가서 지팡이를 그 아이의 얼굴에 놓았으나 소리도 없고 듣는 모양도 없는지라. 돌아와서 엘리사를 맞아 가로되 아이가 깨지 아니하였나이다.

엘리사는 게하시를 보내려 했고 보내었으나 그 여인은 선지자를 떠나려 하지 않았다. 엘리사는 일어나 그 여인을 따라갔다.

〔32-35절〕 엘리사가 집에 들어가 보니 아이가 죽었는데 자기의 침상에 눕혔는지라. 들어가서는 문을 닫으니 두 사람뿐이라. 엘리사가 여호와께 기도하고 아이의 위에 올라 엎드려 자기 입을 그 입에, 자기 눈을 그 눈에, 자기 손을 그 손에 대고 그 몸에 엎드리니 아이의 살이 차차 따뜻하더라.

엘리사가 내려서 집 안에서 한번 이리저리 다니고 다시 아이 위에 올라 엎드리니 아이가 일곱 번 재채기하고 눈을 뜨는지라.

엘리사는 여호와께 기도하고 엘리야처럼(왕상 17:21) 그 아이 위에 올라 엎드렸다. 그는 하나님의 능력과 생명의 힘이 자기 속에서 느껴졌고 그것을 전달한 의욕이 넘쳤던 것 같다. 그것은 하나님께서 주신 마음이었다. 그러자 아이의 살이 차차 따뜻해졌다. 그가 두 번 그렇게 하자 그 아이는 일곱 번 재채기하고 눈을 떴다. 그 아이가 살았다.

〔36-37절〕 엘리사가 게하시를 불러서 저 수넴 여인을 불러오라 하니 곧 부르매 여인이 들어가니 엘리사가 가로되 네 아들을 취하라. 여인이 들어가서 엘리사의 발 앞에서 땅에 엎드려 절하고 아들을 안고 나가니라.

본문의 교훈을 정리해보자. 첫째로, 우상숭배로 어두어진 이스라엘 사회 속에서도 수넴 여인은 하나님을 경외하였고 경건했으며 하나님의 종을 공경하고 그를 정성껏, 항상 대접하며 그를 위하여 작은 지붕방을 짓고 침상과 책상과 의자와 등잔대를 두었다. 불경건한 자는 자기 사욕을 좇을 스승들을 많이 두고 허탄한 이야기들을 좋아할 것이나, 경건한 자는 하나님을 사모하며 그의 참된 말씀을 사모할 것이다. 주께서는 "너희를 영접하는 자는 나를 영접하는 것"이라고 말씀하셨다(마 10:40). 오늘날이 배교와 타협과 혼돈의 시대이지만, 우리는 저 수넴 여인같이 하나님을 경외하고 하나님의 바른 말씀을 분별하며 사모하고 하나님의 바른 종들을 귀하게 여기며 따르는 성도들이 되어야 할 것이다.

둘째로, 그 수넴 여인은 큰 어려운 일을 당하였지만 하나님을 바라고 선지자에게 기도를 요청했고, 그 어려움을 믿음과 기도로 잘 극복했다. 오늘날 우리에게도 세상에서 종종 어려움이 있지만, 엘리사의 하나님께서는 지금도 살아계신다. 그러므로 우리는 어떤 어려움 중에도 낙망치 말고 항상 기도해야 한다(눅 18:1). 시편 50:15, "환난 날에 나를 부르라. 내가 너를 건지리니 네가 나를 영화롭게 하리로다." 우리는 낙심치 말고 오직 하나님께 기도하며 참고 기다리며 바르게만 살아야 한다.

38-44절, 국과 떡의 기적

〔38-41절〕 엘리사가 다시 길갈에 이르니 그 땅에 흉년이 들었는데 선지자의 생도가 엘리사의 앞에 앉은지라. 엘리사가 자기 사환에게 이르되 큰 솥을 걸고 선지자의 생도들을 위하여 국을 끓이라 하매 한 사람이 채소를 캐러 들에 나가서 야등덩굴을 만나 그것에서 들외를 따서 옷자락에 채워 가지고 돌아와서 썰어 국 끓이는 솥에 넣되 저희는 무엇인지 알지 못한지라. 이에 퍼다가 무리에게 주어 먹게 하였더니 무리가 국을 먹다가 외쳐 가로되 하나님의 사람이여, 솥에 사망의 독이 있나이다 하고 능히 먹지 못하는지라. 엘리사가 가로되 그러면 가루를 가져오라 하여 솥에 던지고 가로되 퍼다가 무리에게 주어 먹게 하라 하매 이에 솥 가운데 해독(害毒)[독]이 없어지니라.

길갈은 요단강 하류에 있는 도시이었다. 길갈과 벧엘과 여리고에 선지학교가 있었다(왕하 2장). 그때 그 땅에 흉년이 들었다. 하나님께서는 땅에 때때로 흉년을 주신다. 배교적인 시대는 더욱 그러하였다. 엘리야 때에 3년 동안의 기근이 있었고 엘리사 때도 흉년이 있었다. 그러나 그런 때에도 하나님께서는 자기 백성에게 살길을 주신다.

그가 길갈에 오자 선지자의 생도들은 엘리사의 앞에 앉아 있었다. 그들은 엘리사를 통해 내리시는 하나님의 말씀을 받기 위해 그 앞에 모여 앉았을 것이다. 옛 시대에 선지자는 하나님의 말씀을 전달하는 도구이었다. 오늘날 우리는 신구약성경을 통하여 하나님의 말씀을 받는다. 성경은 기록된 하나님의 말씀이며 그 말씀은 지금도 힘있게 살아 활동하신다. 우리는 성경 앞에 앉아서 성경을 읽든지 들으면서 하나님의 음성 듣기를 사모해야 한다.

하나님께서는 선지 생도들의 몸에 필요한 것도 아시고 공급하셨다. 그는 우리의 몸에 필요한 것도 아시고 그것에 대해 무관심하지 않으신다. 엘리사는 그들을 위해 먹을 것을 준비하게 했다. 그들을 위한 식탁은 간단했던 것 같다. 선지 생도들의 삶은 물질적으로 넉넉하지 않았던 것 같다. 그것은 저축이 있는 유여한 삶이 아니었다. 그들은 그 흉년에 식탁을 위해 들에 나가 채소를 구해야 했다. 하나님께서는 우리에게 먹을 것과 입을 것을 주실 것이며, 성도는 먹을 것과 입을 것이 있으면 자족하며 살아야 한다(딤전 6:7-10).

그들은 한 동료가 국에 썰어 넣은 것이 무엇인지 알지 못하였다. 선지자의 수종자는 그 국을 그냥 퍼다가 무리에게 주어 먹게 하였다. 그런데 무리가 그 국을 먹다가 "하나님의 사람이여, 솥에 사망의 독이 있나이다"라고 외치며 그것을 먹지 못하였다.

한끼 식사가 귀했을 그 흉년의 때에 큰솥의 국을 다 못쓰게 됐다. 선지 생도들은 국 없는 식사를 해야 했다. 그러나 엘리사는 가루를 가져오게 해 솥에 넣어 독이 없어지게 했다. 놀라운 일이었다. 하나님께서는 선지 생도들의 식탁을 위해 긍휼의 기적을 베푸셨다.

〔42-44절〕 한 사람이 바알살리사에서부터 와서 처음 익은 식물 곧 보리 떡 20과 또 자루에 담은 채소(카르멜 כַּרְמֶל)[새 곡식 이삭들](BDB, NASB, NIV)**를 하나님의 사람에게 드린지라. 저가 가로되 무리에게 주어 먹게 하라. 그 사환이 가로되 어찜이니이까? 이것을 100명에게 베풀겠나이까 하나 엘리사는 또 가로되 무리에게 주어 먹게 하라. 여호와의 말씀이 무리가 먹고 남으리라 하셨느니라. 저가 드디어 무리 앞에 베풀었더니 여호와의 말씀과 같이 다 먹고 남았더라.**

본문은 떡 기적을 증거한다. 길갈의 선지 생도들이 100명이나 되었던 것 같다. 보리떡 20개는 그들을 위하여 너무 부족한 음식이었다. 그러나 엘리사를 통하여 주신 여호와의 말씀과 같이 그들은 다 먹었고 남았다. 하나님께서는 그 선지 생도들에게 그의 능력의 말씀으로 그 떡을 배부르게 먹이셨다. 그것은 비상한 기적이었다.

본문의 교훈을 정리해보자. 첫째로, 엘리사 때에 흉년이 들었을 때에 하나님께서는 그와 그의 선지 생도들을 굶지 않게 하셨다. 엘리야 때에 3년간 흉년이 있었을 때에도 하나님께서는 엘리야를 요단 앞 그릿 시냇가에 머물게 하시면서 까마귀들을 사용하셔서 떡과 고기를 가져오게 하셨고 또 그 시냇물이 다 말랐을 때에는 하나님께서 그 선지자를 시돈 땅에 속한 사르밧의 한 과부에게로 가게 하셔서 거기서 거하게 하셨다. 세상에는 때때로 기근이 있다. 그러나 우리는 기근의 때 하나님을 굳게 의지해야 한다. 다윗은 시편 33:19에서 “[하나님께서] 저희 영혼을 사망에서 건지시며 저희를 기근 시에 살게 하시는도다”라고 증거했다. 하나님께서는 우리로 하여금 기근과 흉년을 견디게 하신다. 우리는 기근의 때에도 견디며 살게 하시는 하나님을 굳게 믿고 의지해야 한다.

둘째로, 선지 생도들이 국에 넣었던 야등덩굴에 달린 들외에 사망의 독이 있었으나, 하나님께서는 엘리사를 통해 그 죽음의 독을 제거해주셨다. 하나님께서는 사망의 독이라도 피하게 하셨다. 오늘날 우리는 그런 기적을 구하지 않지만, 하나님께서 위험한 일을 막아주시고 빠르게 의학적 조치를 받게 하신다고 믿는다. 시편 91편은 하나님께서 우리를 “극한 염병”에서 건지시므로 우리가 “흑암 중에 행하는 염병”을 두려워 않으리라고 말했다. 주께서는 제자들에게 참새 한 마리도 하나님께서 허락지 않으시면 땅에 떨어지지 않으며 우리의 머리털까지 다 세신 바 되었기 때문에 죽음을 두려워 말라고 말씀하셨다(마 10:29-31).

셋째로, 하나님께서는 떡 20개를 가지고 100명의 선지 생도들이 먹고 남게 하셨다. 그는 우리에게 넉넉하게 공급하시는 하나님이시다. 다윗은 시편 23:1에서 “여호와는 나의 목자시니 내가 부족함이 없으리로다”고 고백하였고, 또 시편 34:9-10에서는 여호와를 경외하며 찾는 자가 모든 좋은 것에 부족함이 없으리라고 말했다. 우리 주 예수 그리스도께서는 엘리사보다 크신 분이시다. 그는 떡 다섯 개와 물고기 두 마리로 5천명 이상을 먹이시고 열두 광주리에 남게 하셨고, 떡 일곱 개와 생선 두어 마리로 4천명 이상을 먹이시고 일곱 광주리에 남게 하셨다. 그는 세상 끝날까지 우리와 함께 계신다. 그는 우리의 구하는 모든 것에 넘치도록 채워주신다(엡 3:20). 그러므로 우리는 하나님을 경외하고 성경에 계시된 하나님의 모든 말씀을 믿고 소망하며 순종하며 살아야 한다.

5장: 나아만의 나병을 고침

〔1-3절〕 아람 왕의 군대장관 나아만은 그 주인 앞에서 크고 존귀한 자니 이는 여호와께서 전에 저로 아람을 구원하게 하셨음이라. 저는 큰 용사나 문둥병자[나병환자]**더라. 전에 아람 사람이 떼를 지어 나가서 이스라엘 땅에서 작은 계집아이 하나를 사로잡으매 저가 나아만의 아내에게 수종들더니 그 주모에게 이르되 우리 주인이 사마리아에 계신 선지자 앞에 계셨으면 좋겠나이다. 저가 그 문둥병**[나병]**을 고치리이다.**

하나님께서는 이방나라에서도 역사하신다. 아람 왕의 군대장관 나아만은 나병 환자이었으나 이스라엘 땅에서 잡아온 작은 여자아이의 말 때문에 병을 고침 받을 수 있다는 희망을 가지게 되었다.

〔4-7절〕 나아만이 들어가서 그 주인에게 고하여 가로되 이스라엘 땅에서 온 계집아이의 말이 이러이러하더이다. 아람 왕이 가로되 갈지어다. 이제 내가 이스라엘 왕에게 글을 보내리라. 나아만이 곧 떠날새 은 10달란트와 금 6천 개와 의복 열 벌을 가지고 가서 이스라엘 왕에게 그 글을 전하니 일렀으되 내가 내 신하 나아만을 당신에게 보내오니 이 글이 당신에게 이르거든 당신은 그 문둥병[나병]**을 고쳐주소서 하였더라. 이스라엘 왕이 그 글을 읽고 자기 옷을 찢으며 가로되 내가 어찌 하나님이관대 능히 사람을 죽이며 살릴 수 있으랴? 저가 어찌하여 사람을 내게 보내어 그 문둥병**[나병]**을 고치라 하느냐? 너희는 깊이 생각하고 저 왕이 틈을 타서 나로 더불어 시비하려 함인 줄 알라 하니라.**

은 10달란트, 약 300킬로그램과, 금 6,000개, 아마 6,000세겔, 약 68킬로그램과 의복 열 벌 등 그가 가지고 간 선물은 대단하였다. 그러나 이스라엘 왕은 아람 왕의 편지를 읽고 너무 기가 막혀서 자기 옷을 찢으며 그가 고의로 시비를 걸어오는 것으로 오해하였다. 사람으로서 그 누가 나병 같은 병을 고칠 수 있겠는가?

〔8-12절〕 하나님의 사람 엘리사가 이스라엘 왕이 자기 옷을 찢었다 함을 듣고 왕에게 보내어 가로되 왕이 어찌하여 옷을 찢었나이까? 그 사람을

내게로 오게 하소서. 저가 이스라엘 중에 선지자가 있는 줄을 알리이다. 나아만이 이에 말들과 병거들을 거느리고 이르러 엘리사의 집 문에 서니 엘리사가 사자를 저에게 보내어 가로되 너는 가서 요단강에 몸을 일곱 번 씻으라. 네 살이 여전하여 깨끗하리라. 나아만이 노하여 물러가며 가로되 내 생각에는 저가 내게로 나아와 서서 그 하나님 여호와의 이름을 부르고 당처 위에 손을 흔들어 문둥병[나병]을 고칠까 하였도다. 다메섹 강 아마나와 바르발은 이스라엘 모든 강물보다 낫지 아니하냐? 내가 거기서 몸을 씻으면 깨끗하게 되지 아니하랴 하고 몸을 돌이켜 분한 모양으로 떠나니.

하나님의 사람 엘리사는 권력 앞에서 아부하거나 연약하지 않았다. 그는 단지 하나님의 뜻을 전하였다. 그것은 어려운 요구사항이 아니고 단지 나아만의 믿음과 순종을 요구한 것이었다. 그러나 나아만은 처음에 노하여 물러가려 하였다. 그는 자신의 주관적 생각을 앞세웠다. 그것은 그의 교만한 마음을 나타내었다. 실상, 하나님의 말씀 앞에서 모든 사람이 다 그러하다. 사람은 교만하여 자기 주관적 생각을 앞세우며 하나님의 뜻을 거역한다. 교만은 불순종으로 나아간다.

〔13-14절〕 그 종들이 나아와서 말하여 가로되 내 아버지여, 선지자가 당신을 명하여 큰 일을 행하라 하였더면 행치 아니하였으리이까? 하물며 당신에게 이르기를 씻어 깨끗하게 하라 함이리이까? 나아만이 이에 내려가서 하나님의 사람의 말씀대로 요단강에 일곱 번 몸을 잠그니 그 살이 여전하여 어린아이의 살 같아서 깨끗하게 되었더라.

그의 종들의 말은 바르고 합당한 조언이었다. 다행히 나아만은 그 종들의 조언을 받아들였다. 그는 처음에 잘못 생각했던 생각을 고쳤다. 그는 교만하고 높은 마음을 내려놓았다. 그는 내려가서 하나님의 사람의 말씀대로 요단강에 일곱 번 몸을 잠갔다. 그런데 놀라운 일이 일어났다. 나병으로 지저분하게 상하였던 그의 살이 어린아이의 살같이 깨끗하게 된 것이다. 그는 선지자를 통해 주신 하나님의 명령을 믿고 순종하였을 때 그 무서운 병의 고침을 받았던 것이다.

〔15-16절〕 나아만이 모든 종자와 함께 하나님의 사람에게로 도로 와서

그 앞에 서서 가로되 내가 이제 이스라엘 외에는 온 천하에 신이 없는 줄을 아나이다. 청컨대 당신의 종에게서 예물을 받으소서. 가로되 나의 섬기는 여호와의 사심을 가리켜 맹세하노니 내가 받지 아니하리라. 나아만이 받으라 강권하되 저가 고사(固辭)한지라[끝까지 사양한지라].

이방인 나아만은 모든 수행원들과 함께 하나님의 사람에게로 돌아와서 그 앞에 서서 나병을 고쳐주신 이스라엘의 하나님께서 온 세상에 유일하신 참 하나님이심을 고백했다. 그것은 그 이방인이 자기의 병고침을 통해 깨닫고 확신케 된 놀라운 신앙고백이며 증거이었다.

엘리사는 그가 주는 예물은 거절했다. 그는 물질적으로 유여하지 않았겠지만 탐심을 가지지 않았다. 그는 물질적 탐욕을 품었던 당시 거짓 선지자들이나 이방 선지자들과 구별된 삶을 살았다. 하나님과 그의 나라에 소망을 두는 모든 진실한 성도들은 다 그러해야 한다.

〔17-19절〕 나아만이 가로되 그러면 청컨대 노새 두 바리(마소에 잔뜩 실은 짐의 단위)**에 실을 흙을 당신의 종에게 주소서. 이제부터는 종이 번제든지 다른 제든지 다른 신에게는 드리지 아니하고 다만 여호와께 드리겠나이다. 오직 한가지 일이 있사오니 여호와께서 당신의 종을 사유하시기를 원하나이다. 곧 내 주인께서 림몬의 당에 들어가 거기서 숭배하며 내 손을 의지하시매 내가 림몬의 당에서 몸을 굽히오니 내가 림몬의 당에서 몸을 굽힐 때에 여호와께서 이 일에 대하여 당신의 종을 사유**[용서]**하시기를 원하나이다. 엘리사가 가로되 너는 평안히 가라. 저가 엘리사를 떠나 조금 진행하니라.**

나아만은 이제부터 여호와만 섬기겠다는 결심을 고백하였다.

〔20-24절〕 하나님의 사람 엘리사의 사환 게하시가 스스로 이르되 내 주인이 이 아람 사람 나아만에게 면하여 주고[부담을 주지 않고] **그 가지고 온 것을 그 손에서 받지 아니하였도다. 여호와의 사심을 가리켜 맹세하노니 내가 저를 쫓아가서 무엇이든지 그에게서 취하리라 하고 나아만의 뒤를 쫓아가니 나아만이 자기 뒤에 달려옴을 보고 수레에 내려서 맞아 가로되 평안이냐? 저가 가로되 평안이니이다. 우리 주인께서 나를 보내시며 말씀하시기를 지금 선지자의 생도 중에 두 소년이 에브라임 산지에서부터 내게 왔으니 청컨대 당신은 저희에게 은 한 달란트와 옷 두 벌을 주라 하시더이다. 나아**

만이 가로되 바라건대 두 달란트를 받으라 하고 저를 억제하여 은 두 달란트를 두 전대에 넣어 매고 옷 두 벌을 아울러 두 사환에게 지우매 저희가 게하시 앞에서 지고 가니라. 언덕에 이르러는 게하시가 그 물건을 두 사환의 손에서 취하여 집에 감추고 저희를 보내어 가게 한 후.

하나님의 사람 엘리사의 수종자 게하시는 물질에 대한 욕심이 있었다. 그는 나아만의 뒤를 좇아가 거짓말로 은 한 달란트와 옷 두 벌을 요청하였다. 나아만은 은 두 달란트와 옷 두 벌을 그에게 주었다. 게하시는 그 물건을 집에 감추었다. 그것은 매우 악한 일이었다.

〔25-27절〕 들어가서 그 주인 앞에 서니 엘리사가 이르되 게하시야, 네가 어디서 오느냐? 대답하되 종이 아무데도 가지 아니하였나이다. 엘리사가 이르되 그 사람이 수레에서 내려 너를 맞을 때에 내 심령이 감각되지 아니하였느냐? 지금이 어찌 은을 받으며 옷을 받으며 감람원이나 포도원이나 양이나 소나 남종이나 여종을 받을 때냐? 그러므로 나아만의 문둥병[나병]**이 네게 들어 네 자손에게 미쳐 영원토록 이르리라. 게하시가 그 앞에서 물러나오매 문둥병**[나병]**이 발하여 눈같이 되었더라.**

악행에 대한 하나님의 징벌은 무서웠다. 게하시는 나병에 걸렸다.

본장의 교훈을 정리해보자. 첫째로, 이방나라의 군대장관 나아만은 이스라엘의 하나님 여호와께서 유일하신 참 하나님이심을 증거하였다. 그의 고백대로, 나병을 고치신 여호와 하나님께서는 세상에서 유일하신 참 하나님이시다. 우리는 오직 그 하나님만 믿고 섬겨야 한다.

둘째로, 나병 환자 나아만의 병고침은 구원의 모형이다. 구주 예수께서는 나병 환자 같은 우리 모든 죄인들을 구원하신다. 죄인들은 하나님의 은혜로 교만과 주관적 생각을 버리고 구주 예수님만 믿고 구원 얻어야 하며 이제 모든 성경의 가르침을 믿고 소망하며 순종해야 한다.

셋째로, 엘리사의 수종자 게하시는 실패자의 모형이다. 그는 물질적 욕심을 품고 거짓말하며 불의한 이익을 취하다가 결국 나아만의 나병에 걸렸다. 하나님의 징벌은 무서웠다. 우리는 욕심을 버려야 한다.

6장: 아람 군대의 눈을 어둡게 하심

1-7절, 물에 빠진 도끼를 건짐

〔1-2절〕 선지자의 생도가 엘리사에게 이르되 보소서, 우리가 당신과 함께 거한 곳이 우리에게는 좁으니 우리가 요단으로 가서 거기서 각각 한 재목을 취하여 그 곳에 우리의 거할 처소를 세우사이다.

배교의 시대에도 하나님께서는 선지자 엘리사의 지도 아래 많은 선지 생도들이 양성되게 하셨다. 그것은 하나님의 은혜이었다. 선지 생도들이 많았기 때문에, 그들의 현재의 장소가 그들이 생활하는 데 좁았다. 그래서 그들은 요단으로 가서 각각 통나무를 하나씩 취하여 집을 짓겠다고 제안하였다. 선지학교를 건축할 여유가 없었다. 어떤 이는 도끼까지 빌려 왔다. 그들은 일에 서툴렀다. 선지학교 건축공사는 자재들이 잘 준비되었거나 재정적으로 넉넉하였거나 기술자들이 있는 공사가 아니었다. 그것은 어려운 여건 속에서 하는 공사이었다. 그러나 그들은 협력정신을 발휘하여 건물 확장 공사를 하였다.

무엇보다, 그 공사는 필요한 일이었다. 그들의 처소가 너무 좁았기 때문이다. 필요성이 없는 데도 하거나 필요 이상의 것을 하는 건축은 사치와 허영이며 낭비일 것이다. 세상 종교들은 그들의 신전(神殿)을 크고 호화롭게 짓고 장식한다. 중세의 천주교회들도 성당들을 웅장하고 호화롭게 지었다. 그러나 사도 시대의 교회는 가정교회이었다. 예배당은 필요한 정도만큼의 규모로 짓는 것이 합당할 것이다.

〔2-4절〕 . . . 엘리사가 가로되 가라. 그 하나가 가로되 청컨대 당신도 종들과 함께하소서. 엘리사가 가로되 내가 가리라 하고 드디어 저희와 함께 가니라. 무리가 요단에 이르러 나무를 베더니.

하나님께서는 영적인 문제뿐 아니라 먹는 문제도, 또 거처하는 곳의 문제도 무관심하거나 무시하지 않으시고 그 필요성을 인정하셨다.

하나님께서는 공중의 새들을 먹이시고 들의 백합화들을 입히신다. 그는 우리의 영육의 필요한 것들을 다 아시고 공급해주신다. 주께서는 “너희 천부[하늘의 아버지]께서 이 모든 것[먹을 것과 입을 것 등]이 너희에게 있어야 할 줄을 아시느니라”고 말씀하셨다(마 6:32).

〔5절〕 한 사람이 나무를 벨 때에 도끼가 자루에서 빠져 **물에 떨어진지라. 이에 외쳐 가로되 아아, 내 주여, 이는 빌어온**[빌려온] **것이니이다.**

주의 일을 하는 데도 어려운 일이 있었다. 하나님의 선지자가 함께 한 일이며 하나님께서 허락하신 일인 데도 그러했다. 그것은 제자들이 예수님과 함께 배를 타고 갈릴리 호수를 지날 때 큰 풍랑이 일어났던 것과 같았다. 그러므로 우리는 선한 일을 하다가 어려운 일을 당할 때 이상히 여기거나 낙심치 말아야 한다. 어려운 문제는 이런 저런 이유 때문에 언제든지 일어날 수 있다. 하나님의 어떤 깊은 뜻이 계실 것이며 모든 일은 합력하여 선을 이룰 것이다(롬 8:28).

도끼를 물에 빠뜨린 것은 작지 않은 사고이었다. 여유 있는 자는 하나 사면 되니 그것이 아무 일도 아닐지 몰라도 지금 그것은 빌려온 것이었다. 그는 살 만한 여유가 없는 형편이었다. 또 그것은 친구나 이웃 등 아마 일반 사람에게서 빌려 왔을 것이다. 그러면 하나님의 영광을 가리울 수 있는 일이었다. 선지 생도들의 거처를 짓는 좋은 일이며 하나님의 사람 엘리사가 함께한 일이며 하나님께서 허락하신 일인데 왜 이웃에게 손실을 줄 그런 사고가 나는 것인가 하고 사람들은 물을 것이다. 그것은 인간적으로 낙심할 만한 일이었다.

〔6-7절〕 하나님의 사람이 가로되 어디 빠졌느냐 하매 그 곳을 보이는지라. 엘리사가 나뭇가지를 베어 물에 던져서 도끼로 떠오르게 하고 가로되 너는 취하라. 그 사람이 손을 내밀어 취하니라.

이것은 순전히 하나님의 기적이었다. 하나님께서는 역사상 사람의 이성적 이해와 판단을 넘어선 일들을 때때로 행하셨다. 나뭇가지는 기적을 위한 도구에 불과하였다. 하나님께서는 기적을 위해 빈번히 도구를 사용하셨다. 모세의 지팡이는 기적의 도구이었다. 엘리사는 이전에 소금을 던져 나쁜 물을 고쳤고(왕하 2:21) 가루를 넣어 독을 제거했었다(왕하 4:41). 그 선지 생도는 하나님의 함께하심과 능력을 체험하며 위로와 힘을 얻었을 것이다. 어렵고 낙망할 만한 환경여건 속에서 하나님께서는 그에게 기쁨과 위로와 힘을 주셨다.

본문의 교훈을 정리해보자. 첫째로, 선지 생도들은 그들의 거처 확장을 소원했고 그것을 위해 건축의 일을 계획했고 하나님께서는 그 일을 허락하셨고 그들은 그 일을 위해 협력했다. 하나님께서는 우리의 선한 소원을 허락하시고 그 일에 함께하신다. 사도 바울은 "너희 안에서 행하시는 이는 하나님이시니 자기의 기쁘신 뜻을 위하여 너희로 소원을 두고 행하게 하시나니"라고 말했다(빌 2:13). 물론 그때 우리는 다툼이나 허영으로 하지 말고 겸손히 서로 존중하며 협력해야 한다(빌 2:3).

둘째로, 선지 생도들은 하나님께서 허락하신 선한 일을 행함에 있어서 어려운 일을 당하였다. 우리는 선한 일을 행할 때에도 어려운 일이 있을 수 있다. 사탄과 악령들은 우리의 일을 방해할 것이다. 하나님께서는 깊은 뜻 가운데서 우리에게 고난을 허락하실 때가 있다. 그것은 다 우리에게 신앙의 연단이 된다. 사도 바울은 사도로서 전도의 일을 할 때에 많은 고난을 받았다. 그는 주리고 목마르며 헐벗고 매맞으며 정처가 없었고 세상의 더러운 것과 만물의 찌끼같이 되었다고 말했다(고전 4:11, 13). 우리는 어려운 일을 당할 때 낙심하거나 당황치 말아야 한다.

셋째로, 가난한 선지 생도가 빌려온 도끼가 물에 빠진 딱한 형편에서 하나님께서는 기적을 베푸셨다. 그것은 하나님의 마음과 그의 능력을 보이신다. 하나님께서는 살아계셔서 자기 종들과 백성들을 결코 버리지 않으시고 인도하시고 도우실 것이다. 하나님께서는 세상에서 우리가 당면하는 모든 어려운 일의 해결자이시다. 그러므로 우리는 섭리자 하나님께 모든 것을 맡기고 그의 인도하심을 구하며 행하여야 한다.

8-23절, 불말과 불병거로 엘리사를 지키심

〔8-10절〕 때에 아람 왕이 이스라엘로 더불어 싸우며 그 신복들과 의논하여 이르기를 우리가 아무데 아무데 진을 치리라 하였더니 하나님의 사람이 이스라엘 왕에게 기별하여 가로되 왕은 삼가 아무 곳으로 지나가지 마소서. 아람 사람이 그 곳으로 나오나이다. 이스라엘 왕이 하나님의 사람의 자기에게 고하여 경계한 곳으로 사람을 보내어 방비하기가 한두 번이 아닌지라.

하나님의 사람 엘리사는 하나님과 밀접히 기도로 교통하는 자이었고 하나님께서는 기이하게도 그에게 아람 왕의 계획들을 알게 하셨다. 이스라엘 왕은 하나님의 사람이 알게 한 곳으로 사람을 보내어 방비하기가 한두 번이 아니었다. 그것은 신기한 은혜이었다.

〔11-13절〕 이러므로 아람 왕의 마음이 번뇌하여 그 신복들을 불러 이르되 우리 중에 누가 이스라엘 왕의 내응(內應)[내통하는 자]**이 된 것을 내게 고하지 아니하느냐? 그 신복 중에 하나가 가로되 우리 주 왕이여, 아니로소이다. 오직 이스라엘 선지자 엘리사가 왕이 침실에서 하신 말씀이라도 이스라엘 왕에게 고하나이다. 왕이 가로되 너희는 가서 엘리사가 어디 있나 보라. 내가 보내어 잡으리라. 혹이 왕에게 고하여 가로되 엘리사가 도단에 있나이다.**

엘리사의 소문은 아람 왕의 신복들 중에도 널리 알려져 있었고 아람 왕은 그를 잡기 위해 그가 있는 도단성으로 사람을 보내려 했다.

〔14-17절〕 왕이 이에 말과 병거와 많은 군사를 보내매 저희가 밤에 가서 그 성을 에워쌌더라. 하나님의 사람의 수종드는 자가 일찌기[일찍이]** 일어나서 나가보니 군사와 말과 병거가 성을 에워쌌는지라. 그 사환이 엘리사에게 고하되 아아, 내 주여, 우리가 어찌하리이까? 대답하되 두려워하지 말라. 우리와 함께한 자가 저와 함께한 자보다 많으니라 하고 기도하여 가로되 여호와여, 원컨대 저의 눈을 열어서 보게 하옵소서 하니 여호와께서 그 사환의 눈을 여시매 저가 보니 불말과 불병거가 산에 가득하여 엘리사를 둘렀더라.**

엘리사는 영적인 눈이 열려 있는 자이었다. 그는 하나님께서 그와 함께하시고 또 하나님의 천사들이 그와 함께하고 있는 것을 보고 있었다. 또 그는 하나님께 그의 수종자의 눈을 열어 그것을 보게 하시기를 기도하였다. 하나님께서는 엘리사의 기도를 들으시고 그 수종자의 눈도 여셨다. 하나님께서는 비상한 때에는 비상하게 일하신다. 천군 천사들은 다 하나님을 섬기는 자들이며 하나님의 명령에 즉각적으로 순종하는 자들이다. 천사들은 특히 하나님의 뜻을 따라 하나님의 사랑하시는 자들을 도우며 보호한다.

〔18-19절〕 아람 사람이 엘리사에게 내려오매 엘리사가 여호와께 기도하여 가로되 원컨대 저 무리의 눈을 어둡게 하옵소서 하매 엘리사의 말대로 그 눈을 어둡게 하신지라. 엘리사가 저희에게 이르되 이는 그 길이 아니요 이는 그 성도 아니니 나를 따라 오라. 내가 너희를 인도하여 너희의 찾는 사람에게로 나아가리라 하고 저희를 인도하여 사마리아에 이르니라.

하나님께서는 사람의 영적 혹은 육적 눈을 밝게도 하시고 어둡게도 하신다. 아람의 군사들이 엘리사를 잡으러 왔으나, 엘리사는 자기 때문에 도단 성이 피해를 입는 것을 원치 않았던 것 같다. 하나님께서는 그에게 그들을 사마리아 성으로 인도하라고 감동하셨다. 사마리아 성에는 그들을 상대할 만한 충분한 군대가 있었을 것이다. 그러나 하나님께서는 그 아람 군사들을 죽이기를 원치는 않으셨다.

〔20-23절〕 사마리아에 들어갈 때에 엘리사가 가로되 여호와여, 이 무리의 눈을 열어서 보게 하옵소서 하니 여호와께서 저희의 눈을 여시매 저희가 보니 자기가 사마리아 가운데 있더라. 이스라엘 왕이 저희를 보고 엘리사에게 이르되 내 아버지여, 내가 치리이까? 내가 치리이까? 대답하되 치지 마소서. 칼과 활로 사로잡은 자인들 어찌 치리이까? 떡과 물을 그 앞에 두어 먹고 마시게 하고 그 주인에게로 돌려보내소서. 왕이 위하여 식물을 많이 베풀고 저희가 먹고 마시매 놓아보내니 저희가 그 주인에게로 돌아가니라. 이로부터 아람 군사의 부대가 다시는 이스라엘 땅에 들어오지 못하니라.

아람 군사들은 자신들이 사마리아 성 가운데 있다는 것을 알았을 때 매우 놀라며 당황하였을 것이다. 이스라엘 왕이 엘리사에게 그들을 치리이까 하고 묻자, 엘리사는 그들이 떡과 물을 먹고 마시게 하고 그 주인에게로 돌려보내라고 말했다. 왕은 그들을 위해 먹을 것을 많이 베풀었다. 정말 은혜로운 장면이었다. 자기를 잡아죽이려고 온 아람 군대, 이스라엘과 전쟁 상태에 있었던 적군인 그들에게 엘리사와 이스라엘 왕은 공의의 보복 대신에 풍성한 식탁으로 대접했던 것이다. 이런 대접은 아람 왕과 그 군대를 부끄럽게 하였을 것이다.

본문의 교훈을 정리해보자. 첫째로, 하나님께서는 선지자 엘리사에게 아람 왕의 계획을 아는 지식을 주셨고 그를 보호하는 불말과 불병거를 보게 하셨고 그를 수종드는 자의 눈도 열어 그것을 보게 하셨고 또 엘리사의 기도를 들으시고 아람 군사들의 눈을 어둡게도 하셨고 그들의 눈을 밝게도 하셨다. 하나님께서는 우리에게 영적 지혜와 지식을 주시며 우리의 눈을 밝게도 하시고 우리의 눈을 어둡게도 하실 수 있다.

둘째로, 하나님께서는 엘리사를 통해 이스라엘 왕에게 긍휼을 베푸셔서 그가 아람 군대의 습격을 여러 번 피하게 하셨고, 또 도단 성에 살던 엘리사를 비상하게 구원하셨다. 하나님께서는 자기 백성과 자기의 종들을 버리지 않으시고 보호하신다. 사도 바울은 하나님께서 자기를 큰 사망에서 건지셨고 또 건지시리라고 말했다(고후 1:10). 우리는 하나님께서 그의 백성과 그의 종들을 보호하시고 도우심을 굳게 믿고 어떤 환경에서도 두려워하지 말고 오직 바르게만 살아야 한다.

셋째로, 엘리사는 자기를 잡아죽이려고 온 아람 군사들에게 음식을 대접하여 돌려보냈다. 얼마나 은혜로운 행동인가! 이것은 주께서 교훈하신 바이었다. 주께서는 "너희 원수를 사랑하며 너희를 저주하는 자들을 축복하며 너희를 미워하는 자들에게 선을 베풀며 너희를 모욕하고 너희를 핍박하는 자를 위하여 기도하라"고 교훈하셨다(마 5:44 전통본문; 눅 6:27-28). 바울도 같은 교훈을 했다(롬 12:20-21). 우리는 성경의 교훈대로 악한 자들에게도 선을 베풂으로 선으로 악을 이겨야 한다.

24-33절, 사마리아 성의 극심한 굶주림

〔24-30절〕 이 후에 아람 왕 벤하닷이 그 온 군대를 모아 올라와서 사마리아를 에워싸니 아람 사람이 사마리아를 에워싸므로 성중이 크게 주려서 나귀 머리 하나에 은 80세겔[약 910그램]**이요 합분태**[비둘기똥] **4분 1갑에 은 다섯 세겔**[약 57그램]**이라. 이스라엘 왕이 성 위로 통과할 때에 한 여인이 외쳐 가로되 나의 주 왕이여, 도우소서. 왕이 가로되 여호와께서 너를 돕지 아니하시면 내가 무엇으로 너를 도우랴. 타작마당으로 말미암아 하겠느냐, 포도주 틀로 말미암아 하겠느냐? 또 가로되 무슨 일이냐? 여인이 대답하되 이 여인이 내게 이르기를 네 아들을 내라. 우리가 오늘날 먹고 내일은 내 아들을 먹자 하매 우리가 드디어 내 아들을 삶아 먹었더니 이튿날에 내가 이르되 네 아들을 내라. 우리가 먹으리라 하나 저가 그 아들을 숨겼나이다. 왕이 그 여인의 말을 듣고 자기 옷을 찢으니라. 저가 성 위로 지나갈 때에 백성이 본즉 그 속살에 굵은 베를 입었더라.**

아람 왕 벤하닷이 그 군대를 모아 올라와서 사마리아를 에워싼 것은 분명히 하나님의 재앙이었다. 당시 이스라엘 왕 여호람은 하나님의 많은 은혜를 받은 후에도 회개치 않은 악한 왕이었다(왕하 3:2). 먹을 식량은 심히 부족했다. 성중이 크게 주려서 비둘기똥까지 먹었다. 물가는 몹시 올랐다. 1갑은 6분의 1스아이며 약 1.2리터이다. 사람들은 너무 굶주려서 자기 자식을 삶아먹는 일까지 일어났다. 이것은 역사상 실제로 일어난 비극적인 일이다. 그러나 이것은 하나님의 법을 어긴 죄에 대한 징벌로 이미 예언된 바이었다(신 28:53-57).

〔31-33절〕 왕이 가로되 사밧의 아들 엘리사의 머리가 오늘날 그 몸에 붙어 있으면 하나님이 내게 벌 위에 벌을 내리실지로다 하니라. 그때에 엘리사가 그 집에 앉았고 장로들이 저와 함께 앉았는데 왕이 자기 처소에서 사람을 보내었더니 그 사자가 이르기 전에 엘리사가 장로들에게 이르되 너희는 이 살인한 자의 자식이 내 머리를 취하려고 사람을 보내는 것을 보느냐? 너희는 보다가 사자가 오거든 문을 닫고 문 안에 들이지 말라. 그 주인의 발소리가 그 뒤에서 나지 아니하느냐 하고 무리와 말씀할 때에 그 사자

가 이르니라. 왕이 **가로되 이 재앙이 여호와께로부터 나왔으니** [내가] **어찌 더 여호와를 기다리리요.**

이스라엘 왕 여호람은 아직 하나님의 사람이 이 재앙을 위해 하나님께 기도하여 물리치지 않는다고 그를 매우 원망했던 것 같다. 엘리사는 사자가 그를 잡으러 오는 것을 미리 알았다. 왕은 사자를 보낸 후 그를 뒤따라 왔던 것 같다. 아마 선지자를 죽이려는 그의 결정을 후회하면서 뒤따라 왔을지도 모른다(델리취, 박윤선).

7장: 아람 군대를 물러가게 하심

〔1-2절〕 엘리사가 가로되 여호와의 말씀을 들을지어다. 여호와께서 가라사대 내일 이맘때에 사마리아 성문에서 고운 가루 한 스아에 한 세겔을 하고 보리 두 스아에 한 세겔을 하리라 하셨느니라. 그때에 한 장관 곧 왕이 그 손에 의지하는 자가 하나님의 사람에게 대답하여 가로되 여호와께서 하늘에 창을 내신들 어찌 이런 일이 있으리요. 엘리사가 가로되 네가 네 눈으로 보리라. 그러나 그것을 먹지는 못하리라 하니라.

한 스아는 약 7.3리터이었고, 한 갑보다 여섯 배가 많은 분량이다. 하나님께서는 사람의 생각으로 불가능해 보이는 놀라운 일을 선언하셨다. 그러나 하나님께서 하고자 하시면 못하실 것이 무엇이겠는가? 하나님께서는 긍휼과 능력이 풍성하신 하나님이시다. 이스라엘 백성이 지금 하나님의 징벌로 극심한 굶주림을 당하고 있을지라도, 그들의 위로와 소망은 오직 하나님의 긍휼과 능력에 있다. 시편 30:5는, "그 노염은 잠깐이요 그 은총은 평생이로다. 저녁에는 울음이 기숙할지라도 아침에는 기쁨이 오리로다"라고 말한다. 하나님께서는 긍휼이 풍성하신 자이시다. 그러나 왕의 한 장관은 매우 불신앙적이었다.

〔3-8절〕 성문 어귀에 문둥이[나병 환자] **네 사람이 있더니 서로 말하되**

우리가 어찌하여 여기 앉아서 죽기를 기다리랴. 우리가 성에 들어가자고 할지라도 성중은 주리니 우리가 거기서 죽을 것이요 여기 앉아 있어도 죽을지라. 그런즉 우리가 가서 아람 군대에게 항복하자. 저희가 우리를 살려두면 살려니와 우리를 죽이면 죽을 따름이라 하고 아람 진으로 가려 하여 황혼에 일어나서 아람 진 가에 이르러 본즉 그 곳에 한 사람도 없으니 이는 주께서 아람 군대로 병거 소리와 말소리와 큰 군대의 소리를 듣게 하셨으므로 아람 사람이 서로 말하기를 이스라엘 왕이 우리를 치려 하여 헷 사람의 왕들과 애굽 왕들에게 값을 주고 저희로 우리에게 오게 하였다 하고 황혼에 일어나서 도망하되 그 장막과 말과 나귀를 버리고 진을 그대로 두고 목숨을 위하여 도망하였음이라. 그 문둥이들[나병 환자들]**이 진 가에 이르자 한 장막에 들어가서 먹고 마시고 거기서 은과 금과 의복을 가지고 가서 감추고 다시 와서 다른 장막에 들어가서 거기서도 가지고 가서 감추니라.**

성문 어귀에 있던 네 명의 나병환자는 너무 굶주림이 심해서 아람 군대에게 항복하려 갔다. 그런데 아람 사람들은 그들의 장막들과 말들과 나귀들을 그대로 둔 채 정신 없이 다 도망치고 없었다. 그것은 하나님께서 그들로 병거 소리와 말소리와 큰 군대 소리를 듣게 하셨기 때문이었다. 그들은 이스라엘 왕이 헷 사람의 왕들과 애굽 왕들의 도움을 청한 것이라고 생각했었다. 그 나병 환자들은 아람 진에 들어가 먹고 마시고 은과 금과 의복을 취하였고 그것들을 감추었다.

〔9-15절〕 문둥이가[나병 환자들이] **서로 말하되 우리의 소위**[행위]**가 선치 못하도다. 오늘날은 아름다운 소식이 있는 날이어늘 우리가 잠잠하고 있도다. 만일 밝은 아침까지 기다리면 벌이 우리에게 미칠지니 이제 떠나 왕궁에 가서 고하자 하고 드디어 가서 성 문지기를 불러 고하여 가로되 우리가 아람 진에 이르러 보니 거기 한 사람도 없고 사람의 소리도 없고 오직 말과 나귀만 매여 있고 장막들이 그대로 있더이다. 저가 문지기들을 부르매 저희가 왕궁에 있는 자에게 고하니 왕이 밤에 일어나 그 신복들에게 이르되 아람 사람이 우리에게 행한 것을 내가 너희에게 알게 하노니 저희가 우리의 주린 것을 아는 고로 그 진을 떠나서 들에 매복하고 스스로 이르기를 저희들이 성에서 나오거든 우리가 사로잡고 성에 들어가겠다 한 것이니라. 그 신복 중 하나가 대답하여 가로되 청컨대 아직 성중에 남아 있는 말 다섯 필**

을 취하고 사람을 보내어 정탐하게 하소서. 이 말들이 성중에 남아 있는 이스라엘 온 무리 곧 멸망한 이스라엘 온 무리와 같으니이다 하고 저희가 병거 둘과 그 말을 취한지라. 왕이 아람 군대 뒤로 보내며 가서 정탐하라 하였더니 저희가 그 뒤를 따라 요단에 이른즉 아람 사람이 급히 도망하느라고 버린 의복과 군물이 길에 가득하였더라. 사자가 돌아와서 왕에게 고하매.

나병 환자들은 자신들의 행위가 좋지 못함을 반성하고 아람 진영에 대한 일을 사마리아 성에 알렸다. 이스라엘 왕은 그들의 전하는 말을 듣고 처음에는 그 말을 믿을 수 없어서 그것을 아람 사람들의 속임수라고 의심하였으나 정탐꾼을 보내어 그것을 확인하였다.

〔16-20절〕 백성들이 나가서 아람 사람의 진을 노략한지라. 이에 고운 가루 한 스아에 한 세겔이 되고 보리 두 스아에 한 세겔이 되니 여호와의 말씀과 같이 되었고 왕이 그 손에 의지하였던 그 장관을 세워 성문을 지키게 하였더니 백성이 성문에서 저를 밟으매 하나님의 사람의 말대로 죽었으니 곧 왕이 내려왔을 때에 그의 한 말대로라. 일찌기[일찍이] **하나님의 사람이 왕에게 고하여 이르기를 내일 이맘때에 사마리아 성문에서 보리 두 스아에 한 세겔을 하고 고운 가루 한 스아에 한 세겔을 하리라 한즉 그때에 이 장관이 하나님의 사람에게 대답하여 가로되 여호와께서 하늘에 창을 내신들 어찌 이 일이 있으랴 하매 대답하기를 네가 네 눈으로 보리라. 그러나 그것을 먹지는 못하리라 하였더니 그 장관에게 그대로 이루었으되 곧 백성이 성문에서 저를 밟으매 죽었더라.**

어제에 비둘기똥 4분의 1갑 즉 24분의 1스아에 은 다섯 세겔이었으나, 오늘 고운 가루 한 스아에 한 세겔이 되었으니, 다섯 세겔이면 다섯 스아를 살 수 있게 되었다. 양으로만 비교해도, 어제보다 무려 120배가 더 많고, 그것도 비둘기똥이 아니고 고운 가루로 그러했다. 다시 말해, 물가가 엄청나게 떨어질 정도로 먹을 것이 넉넉해졌던 것이다. 이것은 사람으로는 불가능한 일이었으나, 하나님께서는 그의 기이한 방법으로 쉽게 이 일을 이루셨다.

본문의 교훈을 정리해보자. 첫째로, 하나님께서는 자기의 백성 이스라엘이라도 범죄하고 악을 행할 때 무섭게 징벌하셨다. 그는 그들에게 극심한 굶주림과, 율법에 경고한 대로 사람이 자기의 자녀를 삶아 먹는 비극적인 사건까지 주셨다. 하나님께서는 사랑의 하나님이실 뿐 아니라, 진노의 하나님이시다. 그는 사람들의 죄악을 미워하신다. 그러므로 우리는 하나님의 엄위하신 공의의 징벌을 두려워해야 한다.

둘째로, 하나님께서는 이스라엘 백성의 죄악에 대해 징벌하실 때에도 긍휼을 베푸셨다. 우리는 우리의 죄 때문에 하나님의 징벌을 받는 중에도 그의 긍휼을 의지해야 한다. 예레미야 애가 3:19-23, "내 고초와 재난 곧 쑥과 담즙을 기억하소서. 내 심령이 그것을 기억하고 낙심이 되오나 중심에 회상한즉 오히려 소망이 있사옴은 여호와의 자비와 긍휼이 무궁하시므로 우리가 진멸되지 아니함이니이다." 또 우리는 무에서 유를 창조하시고 불가능을 가능케 하시는 하나님의 능력을 의지해야 한다. 너무 굶주려 자식을 잡아먹는 일까지 생겼던 사마리아 성에 하룻밤에 고운 가루 한 스아에 한 세겔이 되게 하셨던 능력의 하나님을 의지해야 한다. 인생의 어려운 문제의 해결은 오직 하나님께 있다. 그러므로 우리는 우리의 부족과 죄를 철저히 회개하고 오직 하나님의 긍휼과 능력만 믿고 의지해야 하고 또 오직 하나님께 기도해야 한다.

셋째로, 왕의 장관은 하나님의 말씀을 듣고도 믿지 않았다. 그는 "여호와께서 하늘에 창을 내신들 어찌 이런 일이 있으리요"라고 불신앙적인 말을 했다. 그러나 아브라함은 백세나 되어 자기 몸의 죽은 것 같음과 사라의 태의 죽은 것 같음을 알고도 믿음이 약해지지 않고 믿음이 없어서 하나님의 약속을 의심하지 않고 믿음에 견고해져서 하나님께 영광을 돌리며 약속하신 그것을 또한 그가 능히 이루실 줄을 확신했다(롬 4:19-21). 믿는 자는 영생을 얻지만, 믿지 않는 자는 하나님의 진노 아래 있다(요 3:16-18). 우리는 도마처럼 무엇을 보고 믿으려 하지 말고, 증거된 말씀에 의거하여 하나님과 예수님을 믿어야 한다(요 20:27-29). 우리는 믿음 없는 자가 되지 말고 하나님을 믿는 자가 되어야 한다.

8장: 여호람과 아하시야

〔1-3절〕 엘리사가 이전에 아들을 다시 살려준 여인에게 이르되 너는 일어나서 네 권속과 함께 거할 만한 곳으로 가서 거하라. 여호와께서 기근을 명하셨으니 그대로 이 땅에 7년 동안 임하리라. 여인이 일어나서 하나님의 사람의 말대로 행하여 그 권속과 함께 가서 블레셋 사람의 땅에 7년을 우거하다가 7년이 다하매 여인이 블레셋 사람의 땅에서 돌아와서 자기 집과 전토를 위하여 호소하려 하여 왕에게 나아갔더라.

본문은 엘리사가 전에 아들을 다시 살려준 수넴 여인이 7년 기근을 피하고 돌아와 땅을 돌려받은 내용을 전한다. 하나님께서는 경건한 그 여인과 그 가족들에게 7년 기근이라는 무서운 기근의 때에도 피할 길을 허락하셨고, 그 후에 돌아와 그 집과 전토를 찾게 하셨다.

〔4-6절〕 때에 왕이 하나님의 사람의 사환 게하시와 서로 말씀하며 가로되 너는 엘리사의 행한 모든 큰 일을 내게 고하라 하니 게하시가 곧 엘리사가 죽은 자를 다시 살린 일을 왕에게 이야기할 때에 그 다시 살린 아이의 어미가 자기 집과 전토를 위하여 왕에게 호소하는지라. 게하시가 가로되 내 주 왕이여, 이는 그 여인이요 저는 그 아들이니 곧 엘리사가 다시 살린 자니이다. 왕이 그 여인에게 물으매 여인이 고한지라. 왕이 저를 위하여 한 관리를 임명하여 가로되 무릇 이 여인에게 속한 것과 이 땅에서 떠날 때부터 이제까지 그 밭의 소출을 다 돌려주라 하였더라.

성경의 기적들은 지어낸 이야기가 아니다. 그것은 실제로 일어난 사건들이었다. 그것은 증인들이 있는 사건들이었다. 여기에 엘리사의 많은 기적들 중 하나가 실감나게 기록되었다. 이런 일이 없어도 성경에 기록된 사건들은 다 믿어야 하지만, 이 사건을 통해 더욱 그 기적이 확증되었다. 우리는 성경에 기록된 모든 사건들을 믿어야 한다.

〔7-15절〕 엘리사가 다메섹에 갔을 때에 아람 왕 벤하닷이 병들었더니 혹이 왕에게 고하여 가로되 하나님의 사람이 여기 이르렀나이다. 왕이 하사엘에게 이르되 너는 손에 예물을 가지고 가서 하나님의 사람을 맞고 저로

말미암아 여호와께 나의 이 병이 낫겠나 물으라. 하사엘이 드디어 맞으러 갈새 다메섹 모든 아름다운 물품으로 예물을 삼아 가지고 약대 40에 싣고 나아가서 저의 앞에 서서 가로되 당신의 아들 아람 왕 벤하닷이 나를 당신에게 보내어 가로되 나의 이 병이 낫겠나이까 하더이다. 엘리사가 가로되 너는 가서 저에게 고하기를 왕이 정녕 나으리라 하라. 그러나 여호와께서 저가 정녕 죽으리라고 내게 알게 하셨느니라 하고 하나님의 사람이 저가 부끄러워하기까지 쏘아보다가 우니 하사엘이 가로되 내 주여, 어찌하여 우시나이까? 대답하되 네가 이스라엘 자손에게 행할 모든 악을 내가 앎이라. 네가 저희 성에 불을 놓으며 장정을 칼로 죽이며 어린아이를 메어치며 아이 밴 부녀를 가르리라. 하사엘이 가로되 당신의 개 같은 종이 무엇이관대 이런 큰 일을 행하오리이까? 엘리사가 대답하되 여호와께서 네가 아람 왕이 될 것을 내게 알게 하셨느니라. 저가 엘리사를 떠나가서 그 주인에게 나아가니 왕이 묻되 엘리사가 네게 무슨 말을 하더냐? 대답하되 저가 내게 이르기를 왕이 정녕 나으시리라 하더이다. 그 이튿날에 하사엘이 이불을 물에 적시어 왕의 얼굴에 덮으매 왕이 죽은지라. 저가 대신하여 왕이 되니라.

본문은 엘리사가 아람 왕 벤하닷이 죽을 것과 하사엘이 왕이 될 것을 예언한 내용이다. 하나님께서는 이방나라의 왕까지도 섭리하시고 주관하신다. 하나님께서는 한 국가의 역사를 주관하신다. 하사엘이 벤하닷을 죽이고 대신하여 아람 왕이 된 것은 이스라엘 백성에게 큰 고통을 주었던 벤하닷의 악행에 대한 하나님의 징벌이었다.

〔16-19절〕 이스라엘 왕 아합의 아들 요람(1:17, 여호람) **제5년에 유다 왕 여호사밧이 오히려 위(位)에 있을 때에 그 아들 여호람이 왕이 되니라. 여호람이 위(位)에 나아갈 때에 나이 32세라. 예루살렘에서 8년을 치리하니라. 저가 이스라엘 왕들의 길로 행하여 아합의 집과 같이 하였으니 이는 아합의 딸이 그 아내가 되었음이라. 저가 여호와 보시기에 악을 행하였으나 여호와께서 그 종 다윗을 위하여 유다 멸하기를 즐겨하지 아니하셨으니 이는 저와 그 자손에게 항상 등불을 주겠다고 허**[허락]**하셨음이더라.**

본문은 유다 왕 여호사밧의 아들 여호람의 부패를 증거한다. 그는 이스라엘 왕들의 길로 행하여 아합의 집과 같이 했다. 왜냐하면 아합의 딸이 그의 아내가 되었기 때문이었다. 잘못된 결혼은 종교적, 도덕적 부패의 주요 원인이 되었다. 또 그는 여호와 보시기에 악을 행하였다. 그러나 여호와께서는 그 종 다윗 때문에 유다 나라를 멸하기를 즐겨하지 아니하셨다.

〔20-24절〕 여호람 때에 에돔이 배반하여 유다의 수하에서 벗어나 자기 위에 왕을 세운 고로 여호람이 모든 병거를 거느리고 사일로 갔더니 밤에 일어나 자기를 에워싼 에돔 사람과 그 병거의 장관들을 치니 이에 백성이 도망하여 각각 그 장막으로 돌아갔더라[그러나 그 군대(하암 הָעָם)는 도망하여 각각 그 장막으로 돌아갔더라].[6] **이와 같이 에돔이 배반하여 유다의 수하에서 벗어났더니 오늘날까지 그러하였으며 그때에 립나도 배반하였더라. 여호람의 남은 사적과 그 행한 모든 일은 유다 왕 역대지략에 기록되지 아니하였느냐? 여호람이 그 열조와 함께 자매 그 열조들과 함께 다윗 성에 장사되고 그 아들 아하시야가 대신하여 왕이 되니라.**

본문은 유다 왕 여호람 때 에돔과 립나가 유다를 배반한 일을 기록한다. 이렇게 에돔과 립나가 배반한 것은 유다 왕과 그 백성이 하나님 앞에서 범죄하였기 때문에 하나님께서 내리신 징벌이었다.

〔25-29절〕 이스라엘 왕 아합의 아들 요람 제12년에 유다 왕 여호람의 아들 아하시야가 왕이 되니 아하시야가 위(位)에 나아갈 때에 나이 22세라. 예루살렘에서 1년을 치리하니라. 그 모친의 이름은 아달랴라. 이스라엘 왕 오므리의 손녀더라. 아하시야가 아합의 집 길로 행하여 아합의 집과 같이 여호와 보시기에 악을 행하였으니 저는 아합의 집의 사위가 되었음이러라. 저가 아합의 아들 요람과 함께 길르앗 라못으로 가서 아람 왕 하사엘로 더불어 싸우더니 아람 사람들이 요람을 상하게 한지라. 요람 왕이 아람 왕 하사엘과 싸울 때에 라마에서 아람 사람에게 맞아 상한 것을 치료하려 하여 이스르엘로 돌아왔더라. 아합의 아들 요람이 병이 있으므로 유다 왕 여호람의 아들 아하시야가 이스르엘에 내려가서 방문하였더라.

---

6) '백성'이라는 원어(עָם)는 '군대'라는 뜻이 있다(BDB). '그 백성' 혹은 '그 군대'(하암 הָעָם)는 에돔 사람들을 가리킨 듯하다.

본문은 유다 왕 여호람의 아들 아하시야의 부패를 증거한다. 아하시야는 아합의 집 길로 행해 아합의 집과 같이 여호와 보시기에 악을 행하였다. 그것은 그가 아합의 집의 사위가 되었기 때문이었다. 잘못된 교제는 종교적, 도덕적 부패를 가져온다.

본장의 교훈을 정리해보자. 첫째로, 성경에 기록된 사건들은 실제로 일어난 사건들이다. 그것들은 지어낸 신화적 이야기들이 아니다. 성경 저자들은 거짓 증인들이 아니다. 성경은 거짓 증언의 책이 아니다. 우리는 성경의 역사적 내용들의 진실한 증거성을 알고 다 믿어야 한다.

둘째로, 경건한 수넴 여인은 혹독한 7년 기근을 피했고 또 기근이 끝난 후 고향에 돌아와 자기의 집과 전토뿐 아니라, 그가 떠날 때부터 그때까지의 그 밭의 소출을 다 돌려받게 되었다. 하나님께서는 자기 백성을 결코 버리지 않으시고 인도하시고 먹이신다. 주 예수님의 말씀대로, 우리가 먼저 하나님의 나라와 그 의를 구하면(마 6:33), 하나님께서는 우리에게 기본적으로 필요한 먹을 것과 입을 것을 공급해주실 것이다.

셋째로, 하나님께서는 아람 왕 벤하닷의 죽음을 섭리하셨고 그의 뒤를 이을 자로 하사엘을 예비하셨다. 하나님께서는 열국들과 세계 역사를 주관하신다. 그는 오늘날도 우리나라를 포함하여 세계의 모든 나라를 섭리하신다. 인류의 역사 곧 세계사는 하나님의 섭리의 역사이다.

넷째로, 여호사밧은 경건하고 선한 왕이었지만 북방 이스라엘의 악한 왕 아합과 교제했고 그 아들 여호람을 아합의 딸과 결혼시키기까지 했다. 여호람의 아들 아하시야도 아합의 집의 사위가 되었다. 그러므로 여호람과 아하시야는 아합의 집의 길, 즉 우상숭배의 길로 행했고 여호와 앞에 악을 행했다. 유다 왕국의 종교적, 도덕적 부패의 원인은 잘못된 교제에 있었다. 결혼은 교제의 대표적 예이다. 이방인들, 곧 불신자들과의 결혼은 신앙생활의 해이와 부패의 길이다. 그러므로 우리는 불신자나 이방종교인이나 이단자나 불순종자와의 교제를 멀리해야 한다.

9장: 예후의 반역

〔1-10절〕 선지자 엘리사가 선지자의 생도 중 하나를 불러 이르되 너는 허리를 동이고 이 기름병을 손에 가지고 길르앗 라못으로 가라. 거기 이르거든 님시의 손자 여호사밧의 아들 예후를 찾아 들어가서 그 형제 중에서 일어나게 하고 데리고 골방으로 들어가서 기름병을 가지고 그 머리에 부으며 이르기를 여호와의 말씀이 내가 네게 기름을 부어 이스라엘 왕을 삼노라 하셨느니라 하고 곧 문을 열고 도망하되 지체치 말지니라. 그 소년 곧 소년 선지자가 드디어 길르앗 라못으로 가니라. 저가 이르러 보니 군대장관들이 앉았는지라. 소년이 가로되 장관이여, 내가 당신에게 할 말씀이 있나이다. 예후가 가로되 우리 모든 사람 중에 뉘게 하려느냐? 가로되 장관이여, 당신에게니이다. 예후가 일어나 집으로 들어가니 소년이 그 머리에 기름을 부으며 이르되 이스라엘 하나님 여호와의 말씀이 내가 네게 기름을 부어 여호와의 백성 곧 이스라엘의 왕을 삼노니 너는 네 주 아합의 집을 치라. 내가 나의 종 곧 선지자들의 피와 여호와의 종들의 피를 이세벨에게 갚아주리라. 아합의 온 집이 멸망하리니 이스라엘 중에 매인 자나 놓인 자나 아합에게 속한 모든 남자는 내가 다 멸절하되 아합의 집을 느밧의 아들 여로보암의 집과 같게 하며 또 아히야의 아들 바아사의 집과 같게 할지라. 이스르엘 지방에서 개들이 이세벨을 먹으리니 저를 장사할 사람이 없으리라 하셨느니라 하고 곧 문을 열고 도망하니라.

군대장관 예후가 반역하여 왕 여호람(요람)을 치는 것은 하나님의 공의의 심판이었다. 하나님께서는 유다 왕국뿐 아니라, 북방 이스라엘 왕국의 왕까지도 섭리하셔서 세우기도 하시고 폐하기도 하신다. 그는 유다와 이스라엘의 왕들뿐 아니라, 온 세계의 모든 왕들을 주관하신다. 다니엘 4:17은 그가 "인간 나라를 다스리시며 자기의 뜻대로 그것을 누구에게든지 주시는" 지극히 높으신 자라고 증거하였다.

〔11-15절〕 예후가 나와서 그 주의 신복들에게 이르니 한 사람이 묻되 평안이뇨? 그 미친 자가 무슨 까닭으로 그대에게 왔더뇨? 대답하되 그대들이 그 사람과 그 말한 것을 알리라. 무리가 가로되 당치 않은 말이라. 그대

는 우리에게 이르라. 대답하되 저가 이리이리 내게 말하여 이르기를 여호와의 말씀이 내가 네게 기름을 부어 이스라엘 왕을 삼는다 하셨다 하더라. 무리가 각각 자기의 옷을 급히 취하여 섬돌 위 곧 예후의 밑에 깔고 나팔을 불며 가로되 예후는 왕이라 하니라. 이에 님시의 손자 여호사밧의 아들 예후가 요람을 배반하였으니 곧 요람이 온 이스라엘로 더불어 아람 왕 하사엘을 인하여 길르앗 라못을 지키다가 아람 왕 하사엘로 더불어 싸울 때에 아람 사람에게 상한 것을 치료하려 하여 이스르엘로 돌아왔던 때라. 예후가 이르되 너희 뜻에 합당하거든 한 사람이라도 이 성에서 도망하여 이스르엘에 전하러 가지 못하게 하라 하니라.

님시의 손자 여호사밧의 아들 예후는 이렇게 요람을 배반하였고, 나봇의 포도원을 빼앗고 그를 죽였던 아합과 이세벨을 향하여 선언된 하나님의 심판은 이렇게 그의 아들에게서 이루어지고 있었다.

〔16-20절〕 예후가 병거를 **타고 이스르엘로 가니 요람이 거기 누웠음이라. 유다 왕 아하시야는 요람을 보러 내려왔더라. 이스르엘 망대에 파숫군**[파수꾼] **하나가 섰더니 예후의 무리의 오는 것을 보고 가로되 내가 한 무리를 보나이다. 요람이 가로되 한 사람을 말을 태워 보내어 맞아 평안이냐 묻게 하라. 한 사람이 말을 타고 가서 만나 가로되 왕의 말씀이 평안이냐 하시더이다 하매 예후가 가로되 평안이 네게 상관이 있느냐? 내 뒤로 돌이키라 하니라. 파숫군**[파수꾼]**이 고하여 가로되 사자가 저희에게 갔으나 돌아오지 아니하나이다 하는지라. 다시 한 사람을 말을 태워 보내었더니 저희에게 가서 가로되 왕의 말씀이 평안이냐 하시더이다 하매 예후가 가로되 평안이 네게 상관이 있느냐? 내 뒤로 돌이키라 하니라. 파숫군**[파수꾼]**이 또 고하여 가로되 저도 저희에게까지 갔으나 돌아오지 아니하고 그 병거 모는 것이 님시의 손자 예후의 모는 것같이 미치게 모나이다.**

〔21-24절〕 요람이 가로되 메우라[준비하라] **하매 그 병거를 메운지라. 이스라엘 왕 요람과 유다 왕 아하시야가 각각 그 병거를 타고 가서 예후를 맞을새 이스르엘 사람 나봇의 토지에서 만나매 요람이 예후를 보고 가로되 예후야, 평안이냐? 대답하되 네 어미 이세벨의 음행과 술수가 이렇게 많으니 어찌 평안이 있으랴. 요람이 곧 손을 돌이켜 도망하며 아하시야에게 이르되 아하시야여 반역이로다. 예후가 힘을 다하여 활을 당기어 요람의 두 팔**

사이를 쏘니 살이 그 염통을 꿰뚫고 나오매 저가 병거 가운데 엎드러진지라.

아합의 아들 요람은 자기의 신하 예후가 반역을 하리라고는 전혀 예상치 못하였던 것 같다. 요람은 매우 불행한 최후를 맞게 되었다.

〔25-26절〕 예후가 그 장관 빗갈에게 이르되 그 시체를 취하여 이스르엘 사람 나봇의 밭에 던지라. 네가 기억하려니와 이전에 너와 내가 함께 타고 그 아비 아합을 좇았을 때에 여호와께서 이 아래같이 저의 일을 예언하셨느니라. 여호와께서 말씀하시기를 내가 어젯날에 나봇의 피와 그 아들들의 피를 분명히 보았노라. 또 말씀하시기를 이 토지에서 네게 갚으리라 하셨으니 그런즉 여호와의 말씀대로 그 시체를 취하여 이 밭에 던질지니라.

예후는 소년 선지자가 전하여 준 하나님의 명령을 그대로 이루려 했다. 이렇게 하나님의 예언은 성취될 것이다. 선지자 엘리야를 통해 아합과 이세벨을 향해 선언된 하나님의 심판 선고가 이루어질 것이다. 그것은 악인의 악행에 대한 하나님의 공의의 심판이다. 악인들은 마지막 심판에서뿐 아니라 그 전에라도 천벌을 받을 것이다.

〔27-29절〕 유다 왕 아하시야가 이를 보고 동산 정자 길로 도망하니 예후가 쫓아가며 이르되 저도 병거 가운데서 죽이라 하매 이블르암 가까운 구르 비탈에서 치니 저가 므깃도까지 도망하여 거기서 죽은지라. 그 신복들이 저를 병거에 싣고 예루살렘에 이르러 다윗 성에서 그 열조와 함께 그 묘실에 장사하니라. 아합의 아들 요람의 11년에 아하시야가 유다 왕이 되었었더라.

유다 왕 여호사밧은 악한 아합과 잘못된 교제를 계속하더니, 그의 손자 아하시야는 이렇게 무력하게 죽임을 당했다. 그것은 유다 왕국의 잘못된 교제와 우상숭배에 대한 하나님의 두려운 심판이었다.

〔30-37절〕 예후가 이스르엘에 이르니 이세벨이 듣고 눈을 그리고 머리를 꾸미고 창에서 바라보다가 예후가 문에 들어오매 가로되 주인을 죽인 너 시므리여, 평안하냐? 예후가 얼굴을 들어 창을 향하고 가로되 내 편이 될 자가 누구냐, 누구냐 하니 두어 내시가 예후를 내다보는지라. 가로되 저를 내려 던지라 하니 내려 던지매 그 피가 담과 말에게 뛰더라. 예후가 그 시체

를 밟으니라. 예후가 들어가서 먹고 마시고 가로되 가서 이 저주받은 계집을 찾아 장사(葬事)하라. 저는 왕의 딸이니라 하매 가서 장사(葬事)하려 한즉 그 두골과 발과 손바닥 외에는 찾지 못한지라. 돌아와서 고한대 예후가 가로되 이는 여호와께서 그 종 디셉 사람 엘리야로 말씀하신 바라. 이르시기를 이스르엘 토지에서 개들이 이세벨의 고기를 먹을지라. 그 시체가 이스르엘 토지에서 거름같이 밭 면에 있으리니 이것이 이세벨이라고 가리켜 말하지 못하게 되리라 하셨느니라.

우상숭배자 이세벨은 자기 몸단장에 힘썼던 여인이었던 것 같다. 하나님을 경외함이 없는 자는 세상적이고 육체적이고 정욕적일 수밖에 없을 것이다. 그는 내시들이 그를 내려 던지므로 죽임을 당했다.

본장의 교훈을 정리해보자. 첫째로, 하나님께서는 유다와 이스라엘의 왕들을 세우기도 하고 폐하기도 하는 주권적 섭리자이시다. 다니엘 4:17, ". . . 인생으로 지극히 높으신 자가 인간 나라를 다스리시며 자기의 뜻대로 그것을 누구에게든지 [주시는] . . . 줄을 알게 하려 함이니라." 하나님께서는 온 세상의 나라들과 그 통치자들을 홀로 다스리신다.

둘째로, 하나님께서는 아합의 집을 다 멸망시키셨다. 왜냐하면 그들은 우상숭배의 죄를 범하였을 뿐 아니라, 하나님의 종들과 의로운 백성을 많이 죽였기 때문이다. 시편 1:6, "대저 의인의 길은 여호와께서 인정하시나 악인의 길은 망하리로다." 하나님의 공의의 보응은 마지막 심판날에 뿐만 아니라, 오늘날에도 있다. 그는 악인을 반드시 징벌하신다. 우리는 하나님의 심판과 징벌을 두려워하고 범죄치 말아야 한다.

셋째로, 하나님께서는 엘리야를 통해 예언하신 바를 그대로 다 이루셨다. 하나님의 말씀은 그대로 다 이루어진다. 여호수아서는 특히 이런 진리를 증거한다. 여호수아 21:45, "여호와께서 이스라엘 족속에게 말씀하신 선한 일이 하나도 남음이 없이 다 응하였더라." 오늘날 우리에게 하신 하나님의 약속은 주 예수님의 재림과 우리의 몸의 부활과 천국과 영생의 약속이다. 우리는 하나님의 모든 약속을 굳게 믿어야 한다.

10장: 예후가 한 일

〔1-7절〕 아합의 아들 70인이 사마리아에 있는지라. 예후가 편지들을 써서 사마리아에 보내어 이스르엘[이스르엘 출신의] **방백 곧 장로들과 아합의 여러 아들을 교육하는 자들에게 전하니 일렀으되 너희 주의 아들들이 너희와 함께 있고 또 병거와 말과 견고한 성과 병기가 너희에게 있으니 이 편지가 너희에게 이르거든 너희 주의 아들들 중에서 가장 어질고**[선하고] **정직한 자를 택하여 그 아비의 위(位)**[왕위]**에 두고 너희 주의 집을 위하여 싸우라 하였더라. 저희가 심히 두려워하여 가로되 두 왕이 저를 당치 못하였거든 우리가 어찌 당하리요 하고 궁내 대신**[비서실장]**과 부윤**[성주 城主; 성의 통치자]**과 장로들과 왕자를 교육하는 자들이 예후에게 말을 전하여 가로되 우리는 당신의 종이라. 무릇 명하는 것을 우리가 행하고 아무 사람이든지 왕으로 세우지 아니하리니 당신의 소견에 좋은 대로 행하라 한지라. 예후가 다시 저희에게 편지를 부치니 일렀으되 만일 너희가 내 편이 되어 내 말을 들으려거든 너희 주의 아들된 사람들의 머리를 취하고 내일 이맘때에 이스르엘에 이르러 내게 나아오라 하였더라. 왕자 70인이 성중에서 그 교육하는 존귀한 자들과 함께 있는 중에 편지가 이르매 저희가 왕자 70인을 잡아 몰수히 죽이고 그 머리를 광주리에 담아 이스르엘 예후에게로 보내니라.**

하나님께서는 아합의 집을 심판하셔서 하루아침에 70명의 아들들이 몰살을 당하게 하셨다. 왕자들이 많다는 자랑이 하루아침에 헛되게 되었다. 하나님께서 그 집을 치시니 그 영광스러워 보였던 집은 하루아침에 가련한 집이 되었다. 자녀들이 하나님의 복을 받지 못한다면 자식 많은 것은 결코 복이 되지 못한다. 그러므로 성도는 오직 경건하고 의롭게 살며 자녀들을 경건과 의로 교훈하고 훈련시킴으로써 그들이 하나님의 복을 받는 자들이 되게 하여야 한다.

〔8-11절〕 사자가 와서 예후에게 고하여 가로되 무리가 왕자들의 머리를 가지고 왔나이다. 가로되 두 무더기로 쌓아 내일 아침까지 문 어귀에 두라 하고 이튿날 아침에 저가 나가 서서 뭇 백성에게 이르되 너희는 의롭도다.

나는 내 주를 배반하여 죽였거니와 이 여러 사람을 죽인 자는 누구냐? 그런즉 너희는 알라. 곧 여호와께서 아합의 집에 대하여 하신 말씀은 하나도 땅에 떨어지지 아니하리라. 여호와께서 그 종 엘리야로 하신 말씀을 이제 이루셨도다 하니라. 예후가 무릇 아합의 집에 속한 이스르엘에 남아 있는 자를 다 죽이고 또 그 존귀한 자와 가까운 친구와 제사장들을 죽이되 저에게 속한 자를 하나도 남기지 아니하였더라.

예후는 아합의 집에 속한 자들과 그와 가까웠던 자들을 다 죽였다. 하나님의 심판은 매우 두렵고 준엄하였다. 하나님의 예언은 이렇게 다 이루어졌다. 하나님의 모든 말씀은 빠짐 없이 성취되었다.

〔12-14절〕 예후가 일어나서 사마리아로 가더니 노중에 목자가 양털 깎는 집에 이르러 유다 왕 아하시야의 형제들을 만나 묻되 너희는 누구냐? 대답하되 우리는 아하시야의 형제라. 이제 왕자들과 태후의 아들들에게 문안하러 내려가노라. 가로되 사로잡으라 하매 곧 사로잡아 목자가 양털 깎는 집 웅덩이 곁에서 죽이니 42인이 하나도 남지 아니하였더라.

여호사밧의 손자들 42명은 왕자들과 태후의 아들들에게 문안하러 왔다가 다 죽임을 당했다. 경건한 여호사밧이 불경건한 아합과 교제하며 사돈 관계까지 맺은 결과는 이런 비극적인 일을 가져왔다. 그는 아합 왕가와 교제를 끊었어야 했다. 하나님께서는 마침내 그 타협자의 손자들이 몰살당하게 하셨다. 참으로 가련한 타협자의 집이었다.

〔15-17절〕 예후가 거기서 떠나가다가 레갑의 아들 여호나답이 맞으러 오는 것을 만난지라. 그 안부를 묻고 가로되 내 마음이 네 마음을 향하여 진실함과 같이 네 마음도 진실하냐? 여호나답이 대답하되 그러하니이다. 가로되 그러면 나와 손을 잡자. 손을 잡으니 예후가 끌어 병거에 올리며 가로되 나와 함께 가서 여호와를 위한 나의 열심을 보라 하고 이에 자기 병거에 태우고 사마리아에 이르러 거기 남아 있는 바 아합에게 속한 자를 죽여 진멸하였으니 여호와께서 엘리야에게 이르신 말씀과 같이 되었더라.

예후는 사마리아에 가서 거기 남아 있는 바 아합에게 속한 자들도 다 죽였다. 여호와께서 엘리야에게 이르신 말씀대로 되었다. 하나님께서는 이렇게 이스라엘 왕 아합의 집에 철저한 심판을 내리셨다.

〔18-21절〕 예후가 뭇 백성을 모으고 이르되 아합은 바알을 조금 섬겼으나 예후는 많이 섬기리라. 그러므로 내가 이제 큰 제사를 바알에게 드리고자 하노니 바알의 모든 선지자와 모든 섬기는 자와 모든 제사장들을 한 사람도 빠치지 말고 불러 내게로 나오게 하라. 무릇 오지 아니하는 자는 살리지 아니하리라 하니 이는 예후가 바알 섬기는 자를 멸하려 하여 궤계를 씀이라. 예후가 바알을 위하는 대회를 거룩히 열라 하매 드디어 공포하였더라. 예후가 온 이스라엘에 두루 보내었더니 무릇 바알을 섬기는 사람이 하나도 빠진 자가 없이 다 이르렀고 무리가 바알의 당에 들어가매 이편부터 저편까지 가득하였더라.

예후는 바알 숭배자들을 멸하려고 속임수를 썼고 바알을 위하는 대회를 열었고 바알 숭배자들을 하나도 빠짐 없이 다 초청하였다. 새 통치자가 바알을 위해 큰 제사를 드릴 대회를 선포했으니 바알 숭배자들은 자기들의 세상이 왔다고 잠시 동안 기뻐하였을 것이다.

〔22-27절〕 예후가 예복 맡은 자에게 이르되 예복을 내어다가 무릇 바알 섬기는 자에게 주라 하매 저희에게로 예복을 가져온지라. 예후가 레갑의 아들 여호나답으로 더불어 바알의 당에 들어가서 바알을 섬기는 자에게 이르되 너희는 살펴보아 바알을 섬기는 자만 여기 있게 하고 여호와의 종은 하나도 너희 중에 있지 못하게 하라 하고 무리가 번제와 다른 제사를 드리려고 들어간 때에 예후가 80인을 밖에 두며 이르되 내가 너희 손에 붙이는 사람을 한 사람이라도 도망하게 하는 자는 자기의 생명으로 그 사람의 생명을 대신하리라 하니라. 번제 드리기를 다하매 예후가 호위병과 장관들에게 이르되 들어가서 한 사람도 나가지 못하게 하고 죽이라 하매 호위병과 장관들이 칼로 저희를 죽여 밖에 던지고 바알의 당 있는 성으로 가서 바알의 당에서 목상(木像)들(맛체바 מַצֵּבָה)[거룩한 돌들이나 돌기둥들](BDB, NASB, NIV)**을 가져다가 불사르고 바알의 목상**[돌기둥]**을 헐며 바알의 당을 훼파하여 변소를 만들었더니 오늘날까지 이르니라.**

예후는 바알 숭배자들에게 예복을 입혔고 제사가 끝난 후 그들을 다 죽였다. 또 그들은 바알의 당 있는 성으로 가서 바알의 당에서 '돌기둥들'을 가져다가 불사르고 바알의 돌기둥을 헐었다.

〔28-31절〕 예후가 이와 같이 이스라엘 중에서 바알을 멸하였으나 이스라엘로 범죄케 한 느밧의 아들 여로보암의 죄 곧 벧엘과 단에 있는 금송아지를 섬기는 죄에서는 떠나지 아니하였더라. 여호와께서 예후에게 이르시되 네가 나 보기에 정직한 일을 행하되 잘 행하여 내 마음에 있는 대로 아합 집에 다 행하였은즉 네 자손이 이스라엘 왕위를 이어 4대를 지나리라 하시니라. 그러나 예후가 전심으로 이스라엘 하나님 여호와의 율법을 지켜 행하지 아니하며 여로보암이 이스라엘로 범하게 한 그 죄에서 떠나지 아니하였더라.

예후는 하나님 보시기에 정직히 행하여 칭찬도 들었으나, 벧엘과 단에 있는 금송아지를 섬기는 여로보암의 죄에서는 떠나지 않았다.

〔32-36절〕 이때에 여호와께서 비로소 이스라엘을 찢으시매 하사엘이 그 사방을 치되 요단 동편 길르앗 온 땅 곧 갓 사람과 르우벤 사람과 므낫세 사람의 땅 아르논 골짜기에 있는 아로엘에서부터 길르앗과 바산까지 하였더라. 예후의 남은 사적과 무릇 행한 일과 모든 권세는 이스라엘 왕 역대지략에 기록되지 아니하였느냐? 예후가 그 열조와 함께 자매 사마리아에 장사되고 그 아들 여호아하스가 대신하여 왕이 되니라. 예후가 사마리아에서 이스라엘을 다스린 햇수는 28년이더라.

본장의 교훈을 정리해보자. 첫째로, 하나님께서는 아합 왕가를 엄중하고 철저하게 심판하셨고 경건한 여호사밧의 잘못된 교제에 대해서도 징벌하셨다. 아합의 아들들 70명은 하루아침에 그들의 선생들에 의해 몰살을 당했다. 여호사밧의 손자 42명도 하루아침에 죽임을 당하고 말았다. 아합이나 여호사밧에게는 자녀들과 손자들이 많음이 복이 되지 못했다. 또 하나님께서는 수많은 바알 숭배자들도 엄중하게 징벌하셨다. 하나님께서는 사람들의 죄악에 대해 엄하게 진노하시며 심판하신다. 아합의 우상숭배는 큰 죄이었고 경건한 여호사밧의 잘못된 교제도 결코 간과할 수 없는 일이었다. 우리는 하나님의 진노와 심판을 두려워해야 한다. 우리는 우리의 모든 죄와 실수를 하나님 앞에 낱낱이 고백하고 회개해야 하고 또 우리의 자녀들도 모든 죄를 회개하고 경건하고 정직하고 선하고 진실하게 살도록 교훈하고 훈련시켜야 한다.

둘째로, 예후가 아합에게 속한 모든 자들, 곧 그 아들들 70명과 이스르엘에서 그에게 속한 모든 자들, 존귀한 자들과 가까운 친구들과 제사장들, 또 사마리아에서 그에게 속한 모든 자들을 남김 없이 다 죽인 것은 하나님의 예언의 성취이었다. 10절, "그런즉 너희는 알라. 곧 여호와께서 아합의 집에 대하여 하신 말씀은 하나도 땅에 떨어지지 아니하리라. 여호와께서 그 종 엘리야로 하신 말씀을 이제 이루셨도다 하니라." 17절, "사마리아에 이르러 거기 남아 있는 바 아합에게 속한 자를 죽여 진멸하였으니 여호와께서 엘리야에게 이르신 말씀과 같이 되었더라." 하나님의 말씀은 남김 없이 그대로 다 이루어진다. 주께서는 "천지는 없어지겠으나 내 말은 없어지지 아니하리라"고 말씀하셨다(마 24:35). 그러므로 우리는 하나님의 모든 말씀 즉 신구약 성경에 기록되어 있는 모든 말씀이 다 이루어질 것을 믿고 소망하며 또 힘써 행해야 한다.

셋째로, 예후가 우상숭배자 아합을 징벌하였고 바알 숭배자들을 다 죽인 것은 하나님의 칭찬을 받을 만한 일이었다. 그의 왕위는 하나님께서 약속하신 대로 4대까지 이어질 것이었고 그 자신도 28년이나 길게 통치하였다. 그러나 그는 여로보암의 죄악, 즉 벧엘과 단에 세운 금송아지를 섬기는 죄에서 떠나지 못했다. 그것은 그의 연약이었다. 사람마다 한두 가지씩 약점이 있는 것 같다. 우리는 우리 자신의 약점이 무엇인지 깨닫고 그것을 극복해야 한다. 우리는 철저히 회개하고 성경을 읽고 기도하며 성령의 도우심을 힘입어 하나님의 계명을 순종함으로 온전해져야 한다. 시편 119:1, "행위 완전하여 여호와의 법에 행하는 자가 복이 있음이여." 디모데후서 3:16-17, "모든 성경은 하나님의 감동으로 된 것으로 교훈과 책망과 바르게 함과 의로 교육하기에 유익하니 이는 하나님의 사람으로 온전케 하며 모든 선한 일을 행하기에 온전케 하려 함이니라." 온전한 믿음과 인격과 삶, 그것이 우리의 신앙생활의 목표이다.

11장: 요아스가 왕이 됨

[1-3절] 아하시야의 모친 아달랴가 그 아들의 죽은 것을 보고 일어나 왕의 씨를 진멸하였으나 요람 왕의 딸 아하시야의 누이 여호세바가 아하시야의 아들 요아스를 왕자들의 죽임을 당하는 중에서 도적하여 내고 저와 그 유모를 침실에 숨겨 아달랴를 피하여 죽임을 당치 않게 한지라. 요아스가 저와 함께 여호와의 전에 6년을 숨어 있는 동안에 아달랴가 나라를 다스렸더라.

아하시야의 모친 아달랴는 그 아들의 죽은 것을 보고 일어나 왕의 씨들을 다 죽였다. 그 여자는 이스라엘 왕 오므리의 손녀(왕하 8:26) 곧 아합의 딸로서 우상숭배자이며 악한 여자이었고 그를 통해 유다 왕국에 우상숭배가 널리 퍼졌음에 틀림없다. 하나님을 경외하지 않는 자는 악한 일을 행한다. 그러나 그때 요람의 딸, 아하시야의 누이 여호세바, 즉 요아스의 고모는 아하시야의 아들 요아스를 왕자들의 죽임을 당하는 중에서 훔쳐내었고 그와 그 유모를 침실에 숨겨 아달랴를 피하여 죽임을 당하지 않게 하였다. 여호세바(혹은 여호사브앗)는 경건한 제사장 여호야다의 아내이었다(대하 22:11). 그는 경건하고 선하였다. 그는 죽음의 위험을 무릅쓰고 요아스를 건져내어 숨겼다. 그것은 다윗의 자손이 왕이 되는 것이 하나님의 뜻이라는 경건하고 바른 생각과 판단 때문이었을 것이다. 악한 여자 아달랴는 고의적으로 왕의 아들들을 다 죽이고 불의하고 악하게 왕권을 취하여 나라를 다스렸으나, 그 여자의 결말은 가련할 것이다.

[4-8절] 제7년에 여호야다가 보내어 가리 사람의 백부장들과 호위병의 백부장들을 불러 데리고 여호와의 전으로 들어가서 저희와 언약을 세우고 저희로 여호와의 전에서 맹세케 한 후에 왕자를 보이고 명하여 가로되 너희의 행할 것이 이러하니 안식일에 입번한 너희 중 3분 1은 왕궁을 주의하여 지키고 3분 1은 수르문에 있고 3분 1은 호위대 뒤에 있는 문에 있어서 이

와 같이 왕궁을 주의하여 지켜 방어하고 안식일에 출번하는 너희 중 두 대는 여호와의 전을 주의하여 지켜 왕을 호위하되 너희는 각각 손에 병기를 잡고 왕을 호위하며 무릇 너희 반열을 침범하는 자는 죽이고 왕의 출입할 때에 시위할지니라.

가리 사람들은 예전부터 다윗을 따라왔던 블레셋 사람들인 그렛 사람들(삼하 20:23)을 가리키는 것 같다.

〔9-12절〕 백부장들이 이에 제사장 여호야다의 모든 명대로 행하여 각기 관할하는 바 안식일에 입번할 자와 출번할 자를 거느리고 제사장 여호야다에게 나아오매 제사장이 여호와의 전에 있는 다윗 왕의 창과 방패를 백부장들에게 주니 호위병이 각각 손에 병기를 잡고 왕을 호위하되 전(殿) 우편에서부터 전(殿) 좌편까지 단과 전(殿) 곁에 서고 여호야다가 왕자를 인도하여 내어 면류관을 씌우며 율법책을 주고 기름을 부어 왕을 삼으매 무리가 박수하며 왕의 만세를 부르니라.

왕자 요아스는 7살이 되었을 뿐이다(21절). 하나님께서는 다윗의 자손을 유다의 왕위에 보존하셨다. 악인이 득세한 때에도 하나님의 보존하시는 섭리는 기이한 방법으로 이루어졌다. 제사장이 그에게 율법책을 준 것은 하나님의 명령대로 한 것이었다. 신명기 17:18-20은, "[왕이] 왕위에 오르거든 레위 사람 제사장 앞에 보관한 이 율법서를 등사[복사, 필사]하여 평생에 자기 옆에 두고 읽어서 그 하나님 여호와 경외하기를 배우며 이 율법의 모든 말과 이 규례를 지켜 행할 것이라. 그리하면 그의 마음이 그 형제 위에 교만하지 아니하고 이 명령에서 떠나 좌로나 우로나 치우치지 아니하리니 이스라엘 중에서 그와 그의 자손의 왕위에 있는 날이 장구하리라"고 말하였다.

〔13-16절〕 아달랴가 호위병과 백성의 소리를 듣고 여호와의 전에 들어가서 백성에게 이르러 보매 왕이 규례대로 대 위에 섰고 장관들과 나팔수가 왕의 곁에 모셨으며 온 국민이 즐거워하여 나팔을 부는지라. 아달랴가 옷을 찢으며 외치되 반역이로다, 반역이로다 하매 제사장 여호야다가 군대를 거느린 백부장들에게 명하여 가로되 반열 밖으로 몰아내라. 무릇 저를 따르는

자는 칼로 죽이라 하니 제사장의 이 말은 여호와의 전에서는 저를 죽이지 말라 함이라. 이에 저의 길을 열어주매 저가 왕궁 말 다니는 길로 통과하다가 거기서 죽임을 당하였더라.

백성의 마음은 이미 악한 여자 아달랴에게서 떠나 있었다. 6년간 불법하게 왕노릇했던 아달랴는 이렇게 가련하고 비참하게 죽었다.

〔17-21절〕 여호야다가 왕과 백성으로 여호와와 언약을 세워 여호와의 백성이 되게 하고 왕과 백성 사이에도 언약을 세우게 하매 온 국민이 바알의 당으로 가서 그 당을 훼파하고 그 단들과 우상들을 깨뜨리고 그 단 앞에서 바알의 제사장 맛단을 죽이니라. 제사장이 관리들을 세워 여호와의 전을 수직하게 하고 또 백부장들과 가리 사람과 호위병과 온 국민을 거느리고 왕을 인도하여 여호와의 전에서 내려와서 호위병의 문 길로 말미암아 왕궁에 이르매 저가 왕의 보좌에 앉으니 온 국민이 즐거워하고 성중이 평온하더라. 아달랴를 무리가 왕궁에서 칼로 죽였었더라. 요아스가 위(位)에 나아갈 때에 나이 7세였더라.

여호야다는 왕과 백성으로 여호와와 언약을 세워 여호와의 백성이 되게 하고 왕과 백성 사이에도 언약을 세우게 했다. 그것은 하나님의 백성이 하나님 앞에서 가져야 할 첫 번째 중요한 일이었다. 그것은 왕과 백성이 다함께 하나님의 말씀대로 바르게 행할 것을 결심하고 약속한 것이었다. 모세도 광야 40년을 통과하고 모압 평지에서 율법을 재강론한 후 이스라엘 백성의 하나님과의 언약을 재확인하였다(신 29:10-13). 후에 모세의 후계자 여호수아도 가나안 정복의 사명을 다 마치고 세상을 떠나기 전에 이스라엘 백성을 모아 하나님 앞에서 다시 언약을 새롭게 하게 하였다(수 24:25-27). 또 온 백성은 바알의 신당으로 가서 그 신당을 훼파하고 그 단들과 우상들을 깨뜨리고 그 단 앞에서 바알의 제사장 맛단을 죽였다. 그것은 십계명의 제1, 2계명을 어긴 죄악을 회개한 것이었다. 그것은 하나님의 말씀대로 바르게 한 것이었다. 악한 여자 아달랴는 무리가 왕궁에서 칼로 죽였고, 온 국민은 요아스를 왕으로 기름 부은 것을 즐거워하였고 성중은 평온

하였다(12, 14, 20절). 잠언 29:2는, "의인이 많아지면 백성이 즐거워하고 악인이 권세를 잡으면 백성이 탄식하느니라"고 말하였다.

본장의 교훈을 정리해보자. 첫째로, 악한 여자 아달랴가 왕의 씨를 다 죽이고 6년 동안 통치했을 때 유다 왕국을 향한 하나님의 뜻이 실패하는 것처럼 보였지만, 하나님께서는 기이한 방법으로 다윗의 왕통을 보존하셨고 그 일을 위하여 제사장 여호야다와 그 아내를 사용하셨다. 사람들이 악하고 이 세상이 혼란스러워 보이지만, 하나님의 뜻은 실패치 않고 다 이루어질 것이다. 이사야 46:9-11, "너희는 옛적 일을 기억하라. 나는 하나님이라. 나 외에 다른 이가 없느니라. 나는 하나님이라. 나 같은 이가 없느니라. 내가 종말을 처음부터 고하며 아직 이루지 아니한 일을 옛적부터 보이고 이르기를 나의 모략이 설 것이니 내가 나의 모든 기뻐하는 것을 이루리라 하였노라. . . . 내가 말하였은즉 정녕 이룰 것이요 경영하였은즉 정녕 행하리라." 인류의 역사 곧 세계사는 하나님의 섭리의 역사이다. 우리는 하나님의 주권적 작정과 섭리를 믿어야 한다.

둘째로, 악한 여자 아달랴의 마지막은 가련한 죽음이었다. 가인이나 고라나 아간이나 가룟 유다 등도 그러하였다. 우리는 아달랴 같은 악한 자가 되지 말고 하나님을 경외하고 남에게 악을 행하지 말아야 한다.

셋째로, 우리는 하나님 앞에서 경건하고 바르게만 살아야 한다. 우리는 하나님의 계명에 순종하며 살아야 한다. 그러면 우리의 심령과 삶에 즐거움과 평안이 넘칠 것이다. 이사야 48:17-18, "나는 네게 유익하도록 가르치고 너를 마땅히 행할 길로 인도하는 너희 하나님 여호와라. 슬프다, 네가 나의 명령을 듣지 아니하였도다. 만일 들었더면 네 평강이 강과 같았겠고." 예레미야 6:16, "여호와께서 이같이 말씀하시되 너희는 길에 서서 보며 옛적 길 곧 선한 길이 어디인지 알아보고 그리로 행하라. 너희 심령이 평강을 얻으리라 하나 그들의 대답이 우리는 그리로 행치 않겠노라 하였으며." 우리는 하나님 앞에서 바르고 선하게 살아 세상에서도 즐거움과 평안을 누리다가 복된 천국에 들어가기를 원한다.

12장: 요아스가 성전 수리를 함

[1-3절] [이스라엘 왕] **예후의 7년에** [유다 왕] **요아스**(주전 835-796년경 통치)**가 위(位)에 올라 예루살렘에서 40년을 치리(治理)하니라. 그 모친의 이름은 시비아라. 브엘세바 사람이더라. 요아스가 제사장 여호야다의 교훈을 받을 동안에 여호와 보시기에 정직히 행하였으되 오직 산당을 제하지 아니하였으므로 백성이 오히려 산당에서 제사하며 분향하였더라.**

성경이 왕들의 모친을 말하는 것은 왕의 인격의 됨됨이가 그 모친과 관계되기 때문일 것이다. 또한 요아스는 여호야다의 교훈을 받는 동안에 여호와 보시기에 정직히 행하였다. 여호야다의 교훈은 바른 성경적 교훈이었을 것이다. 왕이나 평민이나 어른이나 아이나 바른 성경적 교훈이 필요하다. 그러므로 성경은 "마땅히 행할 길을 아이에게 가르치라. 그리하면 늙어도 그것을 떠나지 아니하리라"고 말했다(잠 22:6). 또 사도 바울은 "아비들아, 너희 자녀를 노엽게 하지 말고 오직 주의 교양과 훈계로 양육하라"고 말했다(엡 6:4). 우리는 성경적 바른 교훈을 사모하고 그 교훈을 떠나지 말아야 한다.

[4-8절] 요아스가 제사장들에게 이르되 무릇 여호와의 전에 거룩하게 하여 드리는 은 곧 사람의 통용하는 은이나 각 사람의 몸값으로 드리는 은이나 자원하여 여호와의 전에 드리는 모든 은을 제사장들이 각각 아는 자에게서 받아 들여서 전(殿)의 어느 곳이든지 퇴락한 것을 보거든 그것으로 수리하라 하였더니 요아스 왕 23년에 이르도록 제사장들이 오히려 전(殿)의 퇴락한 데를 수리하지 아니하였는지라. 요아스 왕이 대제사장 여호야다와 제사장들을 불러서 이르되 너희가 어찌하여 전의 퇴락한 데를 수리하지 아니하였느냐? 이제부터는 너희 아는 사람에게서 은을 받지 말고 저희로 전(殿) 퇴락한 데를 위하여 드리게 하라. 제사장들이 다시는 백성에게 은을 받지도 아니하고 전(殿) 퇴락한 것을 수리하지도 아니하기로 응락하니라.

어린 왕 요아스는 성전의 갈라지고 낡은 부분을 수리하려는 선한 생각과 뜻을 가졌다. 그러나 요아스 왕 23년에 이르도록 제사장들은 오히려 전의 갈라지고 낡은 부분을 수리하지 아니하였다. 그들은 왕의 명령과 하나님의 성전의 건물 관리에 너무 소홀하였다.

〔9-16절〕 제사장 여호야다가 한 궤를 취하여 그 뚜껑에 구멍을 뚫어 여호와의 전 문어귀 우편 곧 단 옆에 두매 무릇 여호와의 전에 가져오는 은을 다 문을 지키는 제사장들이 그 궤에 넣더라. 이에 그 궤 가운데 은이 많은 것을 보면 왕의 서기와 대제사장이 올라와서 여호와의 전에 있는 대로 그 은을 계수하여 봉하고[묶었고 세었으며] **그 달아본 은을 일하는 자 곧 여호와의 전을 맡은 자의 손에 붙이면 저희는 또 여호와의 전을 수리하는 목수와 건축하는 자들에게 주고 또 미장이와 석수에게 주고 또 여호와의 전 퇴락한 데를 수리할 재목과 다듬은 돌을 사게 하며 그 전을 수리할 모든 물건을 위하여 쓰게 하였으되 여호와의 전에 드린 그 은으로 그 전의 은대접이나 불집게나 주발이나 나팔이나 아무 금그릇이나 은그릇을 만들지 아니하고 오직 그 은을 일하는 자에게 주어 그것으로 여호와의 전을 수리하게 하였으며 또 그 은을 받아 일군**[일꾼]**에게 주는 사람들과 회계하지 아니하였으니 이는 성실히**[충성되이] **일을 하였음이라. 속건제의 은과 속죄제의 은은 여호와의 전에 드리지 아니하고 제사장에게 돌렸더라.**

'묶었고 세었다'는 말은 동전이나 은전을 꾸러미로 묶고 세었다는 뜻일 것이다. 그 당시에 하나님의 성전 수리를 하게 한 책임자들은 깨끗하게 일한 충성된 자들이었다. 그것은 후대의 모든 교회 봉사자들에게 본이 된다. 성경은 감독이나 집사의 자격을 말하면서 더러운 이익을 탐하지 않는 자이어야 한다고 하였다(딤전 3:8; 딛 1:7).

〔17-21절〕 때에 아람 왕 하사엘이 올라와서 가드를 쳐서 취하고 예루살렘을 향하여 올라오고자 한 고로 유다 왕 요아스가 그 열조 유다 왕 여호사밧과 여호람과 아하시야가 구별하여 드린 모든 성물과 자기가 구별하여 드린 성물과 여호와의 전 곳간과 왕궁에 있는 금을 다 취하여 아람 왕 하사엘에게 보내었더니 하사엘이 예루살렘에서 떠나갔더라. 요아스의 남은 사적과 그 모든 행한 것은 유다 왕 역대지략에 기록되지 아니하였느냐? 요아스의 신복들이 일어나서 모반하여 실라로 내려가는 길 가의 밀로궁에서 저를 죽였고 저를 쳐서 죽인 신복은 시므앗의 아들 요사갈과 소멜의 아들 여호사

바드이었더라. 저는 다윗 성에 그 열조와 함께 장사되고 그 아들 아마샤가 대신하여 왕이 되니라.

역대하 24장은 그의 죽음의 원인에 대해 말한다. 여호야다가 죽은 후 요아스는 방백들의 말을 따라 아세라 목상과 우상을 섬겼으므로 하나님의 진노를 가져왔다. 그것 뿐만 아니라, 백성들은 여호야다의 아들 스가랴가 성령의 감동으로 책망하는 말을 듣지 않았고, 왕의 명을 좇아 성전 뜰 안에서 그를 돌로 쳐죽였다. 선을 악으로 갚은 것이었다. 이런 일이 있은 후, 아람 군대가 쳐들어왔고, 요아스는 그 전쟁에서 크게 부상을 당했고, 그때에 그 신복들이 그를 모반하여 그의 침상에서 그를 쳐죽였던 것이다. 다시 말하면, 요아스의 비극적 마지막은 그의 배교와 범죄에 대한 하나님의 심판과 징벌이었다.

본장의 교훈을 정리해보자. 첫째로, 어린 요아스 왕은 제사장 여호야다의 교훈을 받는 동안 하나님 보시기에 정직하게 행하였다. 우리도 늘 성경을 읽고 묵상하며 성경적 교훈을 받는다면 바른 길을 걸을 수 있다. 우리는 항상 바른 성경적 교훈을 사모하고 그 교훈을 받아야 한다.

둘째로, 요아스는 성전에 수리가 필요한 낡은 부분들을 잘 수리하도록 지시하였다. 하나님의 성전을 귀히 여기고 그 낡은 부분을 수리하는 것은 선한 일이다. 오늘날 우리는 예배당 수리뿐 아니라, 우리의 내면적 성전, 곧 우리 개인이나 교회의 부족한 점들을 잘 고쳐나가야 한다.

셋째로, 우리는 성전 수리에 있어서 부지런하고 깨끗해야 한다. 우리는 제사장들처럼 게으르지 말고 열심을 품고 행해야 하며 또 성전 수리 책임자들처럼 정직하고 진실해야 한다, 우리는 개인적 성화와 교회적 온전함을 위해 열심으로 일하고 또 깨끗한 마음으로 봉사해야 한다.

넷째로, 요아스의 불행한 죽음은 그의 배교와 죄악 때문이었다. 우리는 이 혼란한 말세에 배교에 떨어지지 말고 하나님의 바른 교훈, 성경적 교훈을 버리거나 떠나지 말고 그 교훈을 굳게 지키고 행해야 한다.

13장: 이스라엘 왕 여호아하스와 요아스

〔1-2절〕 유다 왕 아하시야의 아들 요아스의 23년에 예후의 아들 여호아하스가 사마리아에서 이스라엘 왕이 되어 17년을 치리하며 여호와 보시기에 악을 행하여 이스라엘로 범죄케 한 느밧의 아들 여로보암의 죄를 좇고 떠나지 아니하였으므로.

우리는 하나님 보시기에 즉 하나님 앞에서 악을 행치 말아야 한다. 잠언 14:12, "어떤 길은 사람 보기에 바르나 필경은 사망의 길이니라." 선과 악의 기준은 하나님의 계명이며 그 계명을 어기는 것이 악이다. 우리는 하나님 앞에서 선해야 한다. 사람의 행위는 중요하다. 사람의 인격은 그 행위로 알 수 있고(마 7:16-20) 사람의 말과 행위는 그의 마음에서 나온다. 선한 사람은 그 쌓은 선에서 선한 것을 내고 악한 사람은 그 쌓은 악에서 악한 것을 낸다(마 12:34-35).

〔3-5절〕 여호와께서 이스라엘을 향하여 노를 발하사 늘 아람 왕 하사엘의 손과 그 아들 벤하닷의 손에 붙이셨더니 아람 왕이 이스라엘을 학대하므로 여호아하스가 여호와께 간구하매 여호와께서 들으셨으니 이는 저희의 학대받음을 보셨음이라. 여호와께서 이에 구원자를 이스라엘에게 주시매 이스라엘 자손이 아람 사람의 손에서 벗어나 전과 같이 자기 장막에 거하였으나.

하나님께서는 죄에 대해 언제나 진노하신다. 시편 7:11-12, "하나님은 의로우신 재판장이심이여, 매일 분노하시는 하나님이시로다. 사람이 회개치 아니하면 저가 그 칼을 갈으심이여, 그 활을 이미 당기어 예비하셨도다." 죄는 결국 죽음을 가져온다. 그런데 여호아하스는 학대받는 중에 여호와께 간구했고 여호와께서는 그의 기도를 들어주셨다. 하나님께서는 긍휼이 풍성하셔서, 악한 왕과 백성도 즉시 멸망시키지 않고 그의 부르짖는 기도를 들으시고 구원하셨다.

〔6-9절〕 저희가 이스라엘로 범죄케 한 여로보암 집의 죄에서 떠나지 아

니하고 좇아 행하며 또 사마리아에 아세라 목상을 그저 두었더라. 아람 왕이 여호아하스의 백성을 진멸하여 타작마당의 티끌같이 되게 하고 마병 50과 병거 10승과 보병 1만 외에는 여호아하스에게 남겨두지 아니하였더라. 여호아하스의 남은 사적과 모든 행한 것과 그 권력은 이스라엘 왕 역대지략에 기록되지 아니하였느냐? 여호아하스가 그 열조와 함께 자매 사마리아에 장사되고 그 아들 요아스가 대신하여 왕이 되니라.

하나님의 기도 응답을 받은 후에도, 여호아하스와 그 백성은 여로보암의 금송아지 숭배를 떠나지 않았고 아세라 목상을 섬겼다. 사람은 심히 죄악된 존재이다. 그때에 아람 왕이 쳐들어와 여호아하스의 백성을 많이 죽이고 마병 50과 병거 10승과 보병 1만 외에는 남겨두지 않았다. 죄를 버리지 않고 고집을 부린 결과는 심한 고통이었다.

〔10-13절〕 유다 왕 요아스의 37년에 여호아하스의 아들 요아스가 사마리아에서 이스라엘 왕이 되어 16년을 치리하며 여호와 보시기에 악을 행하여 이스라엘로 범죄케 한 느밧의 아들 여로보암의 모든 죄에서 떠나지 아니하고 좇아 행하였더라. 요아스의 남은 사적과 무릇 행한 일과 유다 왕 아마샤와 싸운 권력은 이스라엘 왕 역대지략에 기록되지 아니하였느냐? 요아스가 그 열조와 함께 자매 이스라엘 왕들과 함께 사마리아에 장사되고 여로보암이 그 위에 앉으니라.

아들 요아스도 똑같이 하나님 보시기에 악을 행했다. 아들은 아버지의 잘못된 행실들과 그것들에 대한 하나님의 징벌을 깨닫고 스스로 조심했어야 했으나, 그렇게 하지 못했다. 성경은 앞서간 조상들의 실패의 역사를 기록한다. 그것은 우리에게 거울이 되어 우리로 그런 실패를 반복하지 않게 교훈을 준다. 고린도전서 10:6, 11, "그런 일은 우리의 거울이 되어 우리로 하여금 저희가 악을 즐겨한 것같이 즐겨하는 자가 되지 않게 하려 함이니," "저희에게 당한 이런 일이 거울이 되고 또한 말세를 만난 우리의 경계로 기록하였느니라."

〔14-19절〕 엘리사가 죽을병이 들매 이스라엘 왕 요아스가 저에게로 내려가서 그 얼굴에 눈물을 흘리며 가로되 내 아버지여, 내 아버지여, 이스라

엘의 병거와 마병이여 하매 엘리사가 저에게 이르되 활과 살들을 취하소서. 활과 살들을 취하매 또 이스라엘 왕에게 이르되 왕의 손으로 활을 잡으소서. 곧 손으로 잡으매 엘리사가 자기 손으로 왕의 손을 안찰하고 가로되 동편 창을 여소서. 곧 열매 엘리사가 가로되 쏘소서. 곧 쏘매 엘리사가 가로되 이는 여호와의 구원의 살 곧 아람에 대한 구원의 살이니 왕이 아람 사람을 진멸하도록 아벡에서 치리이다. 또 가로되 살들을 취하소서. 곧 취하매 엘리사가 또 이스라엘 왕에게 이르되 땅을 치소서. 이에 세 번 치고 그친지라. 하나님의 사람이 노하여 가로되 왕이 오륙 번을 칠 것이니이다. 그리하였더면 왕이 아람을 진멸하도록 쳤으리이다. 그런즉 이제는 왕이 아람을 세 번만 치리이다 하니라.

하나님의 사람 엘리사가 죽을병이 들었을 때 요아스는 그에게로 내려가 눈물을 흘리며 "내 아버지여, 내 아버지여, 이스라엘의 병거와 마병이여"라고 말했다. 그는 엘리사의 권위와 역할을 인정하며 그가 이스라엘의 그 어떤 군사력보다 더 중요한 병기이었음을 고백한 것이다. 하나님께서는 선지자 엘리사의 기도를 언제나 들어주셨다. 요아스가 비록 여호와 보시기에 악을 행한 자이었지만, 하나님께서는 그가 엘리사에게 이런 고백을 하였을 때 그와 이스라엘에게 아람을 세 번 칠 수 있는 일을 허락하셨다. 하나님의 섭리는 신기하였다.

〔20-21절〕 엘리사가 죽으매 장사하였더니 해가 바뀌매 모압 적당(賊黨)(게두데 גְּדוּדֵי)[약탈자들]**이 지경을 범한지라. 마침 사람을 장사하는 자들이 그 적당(賊黨)을 보고 그 시체를 엘리사의 묘실에 들이던지매 시체가 엘리사의 뼈에 닿자 곧 회생하여 일어섰더라.**

하나님께서는 선지자 엘리사로 하여금 기이한 많은 능력의 일들을 행케 하셨고(약 23회) 그가 죽은 후에도 그 시체에 능력이 남아 있게 하심으로 그가 하나님의 사람이었음을 밝히 증거하셨다.

〔22-23절〕 여호아하스 왕의 시대에 아람 왕 하사엘이 항상 이스라엘을 학대하였으나 여호와께서 아브라함과 이삭과 야곱으로 더불어 세우신 언약을 인하여 이스라엘에게 은혜를 베풀어 긍휼히 여기시며 권고하사 멸하기를 즐겨 아니하시고 이때까지 자기 앞에서 쫓아내지 아니하셨더라.

하나님의 긍휼의 근거는 그 선조들과 맺으신 언약 때문이었다.

〔24-25절〕 아람 왕 하사엘이 죽고 그 아들 벤하닷이 대신하여 왕이 되매 여호아하스의 아들 요아스가 하사엘의 아들 벤하닷의 손에서 두어 성읍을 회복하였으니 이 성읍들은 자기 부친 여호아하스가 전쟁 중에 빼앗겼던 것이라. 요아스가 벤하닷을 세 번 쳐서 파하고 이스라엘 성읍들을 회복하였더라.

아람 왕 하사엘이 죽고 그 아들 벤하닷이 왕이 되었을 때 여호아하스의 아들 요아스는 벤하닷의 손에서 두어 성읍을 회복했다. 이 성읍들은 부친 여호아하스가 전쟁에서 빼앗겼던 것이다. 요아스는 벤하닷을 세 번 쳐서 파하고 이스라엘 성읍들을 회복했다. 그것은 엘리사가 요아스에게 한 예언대로(19절) 이루어진 것이었다.

본장의 교훈을 정리해보자. 첫째로, 여호아하스는 하나님 보시기에 악을 행했다. 우리의 도덕의 기준은 사람들의 생각이나 판단이 아니고 하나님이며 하나님의 계명이다. 하나님의 계명대로 사는 것이 선이며 그 계명을 어기는 것이 악이다. 그러므로 우리는 하나님 앞에서 죄악된 일을 멀리하고 오직 그의 계명대로 정직하고 선하게 살아야 한다.

둘째로, 여호아하스는 어려울 때 하나님께 간구하여 그의 도우심을 얻었으나 우상숭배의 죄를 완전히 버리지 못했다. 물론 하나님의 도우심을 받고 받지 못하는 것은 하나님의 긍휼의 뜻에 달려있다. 우리는 어려울 때 하나님을 찾고 회개하고 그를 의지하고 그의 긍휼을 간구할 수 있지만 그의 응답을 받은 후 해이해지지 않도록 조심해야 한다.

셋째로, 하나님께서는 아브라함과 이삭과 야곱과 맺으신 언약 때문에 이스라엘 백성을 오래 참으셨다. 예수 그리스도께서는 우리를 위해 자기 피로 영원한 속죄를 이루신 새 언약의 중보이시다(히 9:12, 15). 그는 우리가 때때로 실수하고 연약 가운데 떨어졌을 때에도 우리를 오래 참으신다. 우리는 주 예수 그리스도를 믿고 예수 그리스도 안에서 주신 하나님의 언약을 감사하며 굳게 붙들고 더욱 바르게 살아야 한다.

14장: 아마샤와 여로보암

〔1-4절〕 이스라엘 왕 여호아하스의 아들 요아스 2년에 유다 왕 요아스의 아들 아마샤가 왕이 되니 위(位)에 나아갈 때에 나이 25세라. 예루살렘에서 29년을 치리하니라. 그 모친의 이름은 여호앗단이라. 예루살렘 사람이더라. 아마샤가 여호와 보시기에 정직히 행하였으나 그 조상 다윗과는 같지 아니하였으며 그 부친 요아스의 행한 대로 다 행하였어도 산당을 제하지 아니하였으므로 백성이 오히려 산당에서 제사를 드리며 분향하였더라.

유다 왕 요아스의 아들 아마샤는 여호와 보시기에 정직히 행했으나 그 조상 다윗과는 같지 않았다. 그는 산당들을 제거하지 않았다. 그는 믿음이 있었고 경건했으나 산당들을 없애지 않은 부족이 있었다. 산당들은 우상숭배의 온상이었다. 산당은 사무엘 시대부터 있었다(삼상 9:12-14; 10:5; 왕상 3:2-3). 그러나 하나님의 성전이 건축된 후에도 산당 제사는 없어지지 않았고 점차 우상숭배로 변질되었다(왕하 23:5; 렘 2:20). 아사나 여호사밧 같은 경건한 왕들도 산당들을 없애지 않았다(왕상 15:14; 22:43). 그러나 히스기야는 산당들을 제했다(왕하 18:4). 그 아들 므낫세가 부친이 헐었던 산당들을 다시 세웠으나(왕하 21:3) 후에 요시야 왕은 대개혁을 단행해 모든 산당을 제거했다(왕하 23:5, 8, 13, 15, 19). 오늘날도 성도가 믿기는 하나 불완전하고 흠과 부족이 있을 수 있다. 그러나 우리는 흠과 점이 없는 온전한 자가 되어야 한다. 베드로후서 3:14는 우리에게, "주 앞에서 점도 없고 흠도 없이 평강 가운데 나타나기를 힘쓰라"고 교훈한다.

〔5-7절〕 나라가 그 손에 굳게 서매 그 부왕을 죽인 신복들을 죽였으나 왕을 죽인 자의 자녀들은 죽이지 아니하였으니 이는 모세의 율법책에 기록된 대로 함이라. 곧 여호와께서 명하여 이르시기를 자녀로 인하여 아비를 죽이지 말 것이요 아비로 인하여 자녀를 죽이지 말 것이라. 오직 사람마다 자기의 죄로 인하여 죽을 것이니라 하셨더라. 아마샤가 염곡에서 에돔 사람

1만을 죽이고 또 셀라를 쳐서 취하고 이름을 욕드엘이라 하였더니 오늘까지 그러하니라.

아마샤는 그의 부왕을 죽인 신복들을 죽였다. 그러나 그가 모세의 율법대로 그들의 자녀들을 죽이지 않은 것은 잘한 일이었다.

〔8-14절〕 아마샤가 예후의 손자 여호아하스의 아들 이스라엘 왕 요아스에게 사자를 보내어 이르되 오라, 우리가 서로 대면하자 한지라. 이스라엘 왕 요아스가 유다 왕 아마샤에게 보내어 이르되 레바논 가시나무가 레바논 백향목에게 보내어 이르기를 네 딸을 내 아들에게 주어 아내를 삼게 하라 하였더니 레바논 들짐승이 지나가다가 그 가시나무를 짓밟았느니라. 네가 에돔을 쳐서 파하였으므로 마음이 교만하였으니 스스로 영광을 삼아 궁에나 거하라. 어찌하여 화를 자취하여 너와 유다가 함께 망하고자 하느냐 하나 아마샤가 듣지 아니하므로 이스라엘 왕 요아스가 올라와서 유다 왕 아마샤로 더불어 유다의 벧세메스에서 대면하였더니 유다가 이스라엘 앞에서 패하여 각기 장막으로 도망한지라. 이스라엘 왕 요아스가 벧세메스에서 아하시야의 손자 요아스의 아들 유다 왕 아마샤를 사로잡고 예루살렘에 이르러 예루살렘 성벽을 에브라임 문에서부터 성 모퉁이 문까지 400규빗[약 184미터]**을 헐고 또 여호와의 전과 왕궁 곳간에 있는 금은과 모든 기명**[그릇들]**을 취하고 또 사람을 볼모**[인질]**로 잡아 가지고 사마리아로 돌아갔더라.**

역대하 25장은 아마샤가 패전한 원인을 증거한다. 그것은 아마샤가 에돔 사람을 쳐서 이기고 돌아올 때 에돔 사람들의 우상들을 가져다가 자신의 신으로 세우고 그 앞에 경배하며 분향하였고 그 때문에 하나님께서 그에게 진노하셨고 그와 유다 백성을 이스라엘 백성의 손에 붙여 패전케 하신 것이었다(역대하 25:14-15, 20).

〔15-16절〕 요아스의 남은 사적과 그 권력과 또 유다 왕 아마샤와 서로 싸운 일은 이스라엘 왕 역대지략에 기록되지 아니하였느냐? 요아스가 그 열조와 함께 자매[죽었고]** 이스라엘 왕들과 사마리아에 함께 장사되고 그 아들 여로보암이 대신하여 왕이 되니라.**

이스라엘 왕 요아스는 유다 나라와 싸워 이긴 후 죽었던 것 같다.

〔17-22절〕 이스라엘 왕 여호아하스의 아들 요아스가 죽은 후에도 유다

왕 요아스의 아들 아마샤가 15년을 생존하였더라. 아마샤의 남은 행적은 유다 왕 역대지략에 기록되지 아니하였느냐? 예루살렘에서 무리가 저를 모반한 고로 저가 라기스로 도망하였더니 모반한 무리가 사람을 라기스로 따라 보내어 저를 거기서 죽이게 하고 그 시체를 말에 실어다가 예루살렘에서 그 열조와 함께 다윗 성에 장사하니라. 유다 온 백성이 아사랴로 그 부친 아마샤를 대신하여 왕을 삼으니 때에 나이 16세라. 아마샤가 그 열조와 함께 잔 후에 아사랴가 엘랏을 건축하여 유다에 돌렸더라.

아마샤가 신하들의 반란으로 죽임 당한 것은 그가 하나님을 버리고 에돔의 우상들을 섬겼기 때문이다(역대하 25:27). 아마샤가 하나님을 버렸을 때, 하나님께서는 그가 사람들에게 버림을 받게 하셨다. 사람은 하나님을 버리고 우상숭배에 떨어질 때 실패한다.

〔23-27절〕 유다 왕 요아스의 아들 아마샤 15년에 이스라엘 왕 요아스의 아들 여로보암(주전 793-753년경 통치)**이 사마리아에서 왕이 되어 41년을 위(位)에 있으며 여호와 보시기에 악을 행하여 이스라엘로 범죄케 한 느밧의 아들 여로보암의 모든 죄에서 떠나지 아니하였더라. 이스라엘 하나님 여호와께서 그 종 가드헤벨**(갈릴리 나사렛 부근) **아밋대의 아들 선지자 요나로 하신 말씀과 같이 여로보암이 이스라엘 지경을 회복하되 하맛 어귀에서부터 아라바 바다까지 하였으니 이는 여호와께서 이스라엘의 고난이 심하여 매인 자도 없고 놓인 자도 없고 이스라엘을 도울 자도 없음을 보셨고 여호와께서 또 이스라엘의 이름을 도말하여 천하에 없이 하겠다고도 아니하셨으므로 요아스의 아들 여로보암의 손으로 구원하심이었더라.**

하나님께서는, 이스라엘 백성이 부족과 결점이 많고 그래서 때때로 그들을 징계하시고 징벌하심에도 불구하고, 그들을 오래 참으시고 불쌍히 여기시고 시시때때로 은혜를 베푸셨다. 고난 당하는 이스라엘 백성을 향하신 하나님의 긍휼과 사랑은 크셨다.

〔28-29절〕 여로보암의 남은 사적과 모든 행한 일과 그 권력으로 싸운 일과 다메섹을 회복한 일과 이전에 유다에 속하였던 하맛을 이스라엘에 돌린 일은 이스라엘 왕 역대지략에 기록되지 아니하였느냐? 여로보암이 그 열조 이스라엘 왕들과 함께 자고 그 아들 스가랴가 대신하여 왕이 되니라.

본장의 교훈을 정리해보자. 첫째로, 유다 왕 아마샤는 하나님 보시기에 정직히 행하였으나 그 조상 다윗과는 같지 않았으며 산당을 제하지 않았고, 또 북방 이스라엘 왕 여로보암은 하나님 보시기에 악을 행하였고 금송아지 우상을 섬기는 악에서 떠나지 않았다. 하나님께서는 우리의 온전함을 원하신다. 창세기 17:1, "너는 내 앞에서 행하여 완전하라." 성경은 우리에게 교훈과 책망과 바르게 함과 의로 교육하기에 유익하고 하나님의 사람으로 온전케 하는 책이다(딤후 3:16-17). 우리는 하나님의 말씀의 교훈 안에서와 성령의 도우심으로 하나님 보시기에 흠과 점 없는 온전한 개인이 되고 또 온전한 교회가 되기를 힘써야 한다.

둘째로, 아마샤는 말년에 하나님을 배반하였고 징벌을 받아 패전하였고 신하들의 반란을 받아 죽임을 당하였다. 말세는 배교의 시대이다(마 24:11, 24; 살후 2:3; 딤전 4:1). 성경은 말세에 우리를 미혹하는 거짓된 목사들과 거짓된 교훈들이 많이 일어날 것을 예언했다. 우리는 그런 거짓된 교훈들에 미혹되어 하나님을 배반하지 말아야 한다. 특히 이단적인 자유주의 신학들과, 자유주의 신학과 천주교회를 포용하며 심지어 이방종교를 포용하려 하는 에큐메니칼 운동 즉 교회연합운동과, 또 교회를 혼란시키는 은사주의를 경계해야 한다. 우리는 고난을 각오하며 성경적, 역사적 기독교 신앙을 지키고 실천해야 한다(딤후 4:3-7).

셋째로, 하나님께서는 이스라엘 백성이 악함에도 불구하고 그들이 큰 고난 가운데 있을 때 때때로 그들을 불쌍히 여기시고 구원하셨다. 하나님께서는 택함 받은 자들의 회개와 구원을 위해 오래 참으신다. 베드로후서 3:9, "주의 약속은 어떤 이의 더디다고 생각하는 것같이 더딘 것이 아니라 오직 너희를 대하여 오래 참으사 아무도 멸망치 않고 다 회개하기에 이르기를 원하시느니라." 우리는 고난 많은 세상에서 오직 하나님의 긍휼을 의지하며 날마다 그의 은혜의 보좌 앞에 나아가야 한다. 히브리서 4:16, "그러므로 우리가 긍휼하심을 받고 때를 따라 돕는 은혜를 얻기 위하여 은혜의 보좌 앞에 담대히 나아갈 것이니라."

15장: 아사랴, 므나헴, 베가

〔1-7절〕 이스라엘 왕 여로보암 27년에 유다 왕 아마샤의 아들 아사랴 (웃시야)(주전 792-740년경 통치)**가 왕이 되니 위(位)에 나아갈 때에 나이 16세라. 예루살렘에서 52년을 치리하니라. 그 모친의 이름은 여골리야라. 예루살렘 사람이더라. 아사랴가 그 부친 아마샤의 모든 행위대로 여호와 보시기에 정직히 행하였으나 오직 산당은 제하지 아니하였으므로 백성이 오히려 그 산당에서 제사를 드리며 분향하였고 여호와께서 왕을 치셨으므로 그 죽는 날까지 문둥이가 되어 별궁에 거하고 왕자 요담이 궁중 일을 다스리며 국민을 치리하였더라. 아사랴의 남은 사적과 모든 행한 일은 유다 왕 역대지략에 기록되지 아니하였느냐? 아사랴가 그 열조와 함께 자매 다윗 성에 그 열조와 함께 장사되고 그 아들 요담이 대신하여 왕이 되니라.**

유다 왕 아마샤의 아들 아사랴는 웃시야라고도 불린다(13절; 역대하 26장). 그는 왕위에 나아갈 때 나이 16세이었고 예루살렘에서 52년을 치리했다. 그의 52년의 치리 기간은 부친 아마샤와 함께 치리한 약 25년간을 포함하는 것 같다. 또 그는 후에 나병환자가 되었는데, 그 후에는 상당 기간 아들 요담에게 궁중 일을 맡겼던 것 같다(5절).

아사랴는 그 부친 아마샤의 모든 행위대로 여호와 보시기에 정직히 행하였으나 오직 산당은 제하지 아니하였으므로 백성이 산당에서 제사를 드리며 분향하였다. 역대하 26:4-5는, "웃시야가 그 부친 아마샤의 모든 행위대로 여호와 보시기에 정직히 행하며 하나님의 묵시를 밝히 아는 스가랴의 사는 날에 하나님을 구하였고 저가 여호와를 구할 동안에는 하나님이 형통케 하셨더라"고 기록한다.

그러나 본문은 "여호와께서 왕을 치셨으므로 그 죽는 날까지 나병환자가 되어 별궁에 거하고 왕자 요담이 궁중 일을 다스리며 국민을 치리하였더라"고 증거한다. 역대하 26:16-21에 보면, 그는 강성해지자 마음이 교만해 여호와의 전에 들어가 향단에 분향하려 했을 때 그 이마에 나병이 발했다. 그의 나병은 그의 교만과 범죄에 대한 하나님의 징벌이었다. 하나님께서는 의롭게 산 자도 범죄하면 징벌하셨다.

〔8-12절〕 유다 왕 아사랴의 38년에 여로보암의 아들 스가랴가 사마리아에서 이스라엘 왕이 되어 여섯 달을 치리하며 그 열조의 행위대로 여호와 보시기에 악을 행하여 이스라엘로 범죄케 한 느밧의 아들 여로보암의 죄에서 떠나지 아니한지라. 야베스의 아들 살룸이 저를 모반하여 백성 앞에서 쳐죽이고 대신하여 왕이 되니라. 스가랴의 남은 사적은 이스라엘 왕 역대지략에 기록되니라. 여호와께서 예후에게 말씀하여 이르시기를 네 자손이 이스라엘 위를 이어 4대까지 이르리라 하신 그 말씀대로 과연 그렇게 되니라.

여로보암의 아들 스가랴가 사마리아에서 이스라엘 왕이 되어 여섯 달을 치리하며 그 열조의 행위대로 여호와 보시기에 악을 행하였고 분열 왕국 이스라엘의 처음 왕인 여로보암의 금송아지 우상을 섬기는 죄에서 떠나지 않았다. 그러자 살룸이 반란을 일으켜 백성 앞에서 그를 쳐죽이고 대신해 왕이 되었다. 그것은 하나님께서 예후에게 그의 자손이 4대까지 이스라엘의 왕위에 있으리라고 말씀하신 대로 된 것이다. 즉 그 4대는 여호아하스, 요아스, 여로보암, 스가랴이었다.

〔13-16절〕 유다 왕 웃시야 39년에 야베스의 아들 살룸이 사마리아에서 왕이 되어 한 달을 치리하니라. 가디의 아들 므나헴이 디르사에서부터 사마리아로 올라가서 야베스의 아들 살룸을 거기서 쳐죽이고 대신하여 왕이 되니라. 살룸의 남은 사적과 그 모반한 일은 이스라엘 왕 역대지략에 기록되니라. 그때에 므나헴이 디르사에서 와서 딥사와 그 가운데 있는 모든 사람과 그 사방을 쳤으니 이는 저희가 성문을 **열지 아니하였음이라. 그러므로 치고 그 가운데 아이 밴 부녀를 갈랐더라.**

살룸이 사마리아에서 왕이 되어 한 달을 치리하였는데, 므나헴이 사마리아로 올라와 그를 쳐죽이고 대신해 왕이 되었다. 하나님께서는 모반자 살룸도 한 달만에 죽임을 당케 하신 것이다. 우상숭배적인 이스라엘은 이처럼 계속하여 피 흘리는 반란의 역사를 경험하였다.

〔17-22절〕 유다 왕 아사랴 39년에 가디의 아들 므나헴(주전 752-742년

경 통치)**이 이스라엘 왕이 되어 사마리아에서 10년을 치리하며 여호와 보시기에 악을 행하여 이스라엘로 범죄케 한 느밧의 아들 여로보암의 죄에서 평생 떠나지 아니하였더라. 앗수르 왕 불이 와서 그 땅을 치려 하매 므나헴이 은 1천 달란트를 불에게 주어서 저로 자기를 도와주게 함으로 나라를 자기 손에 굳게 세우고자 하여 그 은을 이스라엘 모든 큰 부자에게서 토색하여**[강제로] **각 사람에게 은 50세겔씩 내게 하여 앗수르 왕에게 주었더니 이에 앗수르 왕이 돌이키고 그 땅에 머물지 아니하였더라. 므나헴의 남은 사적과 그 모든 행한 일은 이스라엘 왕 역대지략에 기록되지 아니하였느냐? 므나헴이 그 열조와 함께 자고 그 아들 브가히야가 대신하여 왕이 되니라.**

므나헴은 이스라엘 왕이 되어 사마리아에서 10년을 치리하며 여호와 보시기에 악을 행하여 이스라엘로 범죄케 한 느밧의 아들 여로보암의 죄에서 평생 떠나지 않았다. 이와 같이 어떤 이스라엘 왕의 죄는 한두 번의 실수가 아니고 평생 떠나지 않은 죄이었다. 그때 앗수르 왕 불이 와서 그 땅을 치려 하였다. 그것은 하나님의 징벌이었다. 그때 므나헴은 모든 큰 부자들에게 강제로 은 50세겔씩 내게 하여 은 1천 달란트(약 3만kg)를 불에게 주어 돌아가게 하였다.

〔23-26절〕 유다 왕 아사랴 50년에 므나헴의 아들 브가히야(주전 742-740년경 통치)**가 사마리아에서 이스라엘 왕이 되어 2년을 치리하며 여호와 보시기에 악을 행하여 이스라엘로 범죄케 한 느밧의 아들 여로보암의 죄에서 떠나지 아니한지라. 그 장관 르말랴의 아들 베가가 반역하여 사마리아 왕궁 호위소에서 왕과 아르곱과 아리에를 죽이되 길르앗 사람 50명으로 더불어 죽이고 대신하여 왕이 되었더라. 브가히야의 남은 사적과 그 모든 행한 일은 이스라엘 왕 역대지략에 기록되니라.**

므나헴의 아들 브가히야도 이스라엘 왕이 되어 2년을 치리하며 여호와 보시기에 악을 행했고 여로보암의 죄에서 떠나지 않았다. 그때 그의 장관 베가가 반역하여 길르앗 사람 50명과 함께 사마리아 왕궁 호위소에서 왕을 죽이고 대신하여 왕이 되었다. 이스라엘의 역사는 이와 같이 반란과 반역과 피흘림이 반복된 역사이었다. 이것은 죄악된 세상 나라의 모습이다. 범죄한 나라는 평안하지 못하다.

〔27-31절〕 **유다 왕 아사랴 52년에 르말랴의 아들 베가**(주전 740-732년경 통치)**가 이스라엘 왕이 되어 사마리아에서 20년을 치리하며 여호와 보시기에 악을 행하여 이스라엘로 범죄케 한 느밧의 아들 여로보암의 죄에서 떠나지 아니하였더라. 이스라엘 왕 베가 때에 앗수르 왕 디글랏 빌레셀**(주전 745-727년경 통치)(ISBE)**이 와서 이욘과 아벨벳마아가와 야노아와 게데스와 하솔과 길르앗과 갈릴리와 납달리 온 땅을 취하고 그 백성을 사로잡아 앗수르로 옮겼더라. 웃시야의 아들 요담 20년에 엘라의 아들 호세아가 반역하여 르말랴의 아들 베가를 쳐서 죽이고 대신하여 왕이 되니라. 베가의 남은 사적과 그 모든 행한 일은 이스라엘 왕 역대지략에 기록되니라.**

베가도 이스라엘 왕이 되어 20년을 치리하며 여호와 보시기에 악을 행했고 여로보암의 죄에서 떠나지 않았다. 그때 앗수르 왕 디글랏 빌레셀(주전 745-727년경)이 와서 이욘과 아벨벳마아가와 야노아와 게데스와 하솔과 길르앗과 갈릴리와 납달리 온 땅을 취하고 그 백성을 사로잡아 앗수르로 옮겼다. 그것은 분명히 하나님의 징벌이었다.

북방 이스라엘의 멸망은 호세아 때(주전 732-722) 앗수르 왕 살만에셀 5세(주전 727-722)에 의해서이지만, 베가 때에(주전 740-732년) 벌써 멸망이 시작되었다. 역대상 5:26은 앗수르 왕 디글랏 빌레셀 때에 요단 동편의 세 지파 사람들 즉 르우벤과 갓과 므낫세 반 지파를 사로잡아 할라와 하볼과 하라와 고산 하숫가에 옮겼다고 기록한다.

또 호세아가 반역하여 베가를 쳐서 죽이고 대신해 왕이 되었다. 이와 같이, 왕이 범죄해 악을 행할 때 반란과 반역으로 물러나고 죽임을 당하고 또 이방나라의 침입으로 고통을 당하였다.

〔32-38절〕 **이스라엘 왕 르말랴의 아들 베가 2년에 유다 왕 웃시야의 아들 요담**(주전 751-736년경 통치)**이 왕이 되니 위에 나아갈 때에 나이 25세라. 예루살렘에서 16년을 치리하니라. 그 모친의 이름은 여루사라. 사독의 딸이더라. 요담이 그 부친 웃시야의 모든 행위대로 여호와 보시기에 정직히 행하였으나 오직 산당을 제하지 아니하였으므로 백성이 오히려 그 산당에**

서 제사를 드리며 분향하였더라. 요담이 여호와의 전의 윗문을 건축하니라. 요담의 남은 사적과 그 모든 행한 일은 유다 왕 역대지략에 기록되지 아니하였느냐? 그때에 여호와께서 비로소 아람 왕 르신과 르말랴의 아들 베가를 보내어 유다를 치게 하셨더라. 요담이 그 열조와 함께 자매 그 조상 다윗성에 열조와 함께 장사되고 그 아들 아하스가 대신하여 왕이 되니라.

유다 왕 웃시야의 아들 요담은 25세에 왕이 되어 예루살렘에서 16년을 치리했다. 요담은 그 부친 웃시야의 모든 행위대로 여호와 보시기에 정직히 행했으나 오직 산당을 제하지 않았다. 이방나라의 침공은 하나님의 섭리 속에서 하나님의 작정하신 때에 있었다.

본장의 교훈을 정리해보자. 첫째로, 하나님께서는 범죄하는 왕들과 백성에게 징벌하셨다. 하나님께서는 교만하여 범죄한 웃시야를 나병으로 치셨다. 신명기 28장의 교훈대로, 많은 경우에 질병은 죄의 징벌로 온다. 그러므로 순종은 가장 좋은 보약이다(잠 3:7-8). 또 하나님께서는 범죄한 왕들을 반란으로 치셨다. 스가랴는 살룸에 의해, 살룸은 므나헴에 의해, 브가히야는 베가에 의해, 베가는 호세아에 의해 각각 반란으로 죽었다. 그것은 다 하나님께서 주신 징벌이었다. 또 하나님께서는 범죄한 왕들과 나라를 이방나라의 침공으로 치셨다. 므나헴은 앗수르 왕 불이 침공했을 때 그에게 은 1천 달란트(약 3만kg)를 주었다. 또 베가는 앗수르 왕 디글랏 빌레셀이 침공함으로 온 땅을 빼앗겼고 많은 사람을 포로로 잡혀가게 했다. 이것은 다 하나님의 징벌이었다. 사회적 평안은 지도자들과 백성들이 의를 행할 때만 기대될 수 있다(사 48:18).

둘째로, 국가의 역사는 하나님의 손 안에 있다. 하나님께서는 예후에게 말씀하신 대로 그의 자손이 4대(즉 여호아하스, 요아스, 여로보암, 스가랴)까지 왕위에 있게 하셨다. 하나님께서는 또 요담이 죽은 후에 비로소 아람과 이스라엘이 유다를 치게 섭리하셨다. 우리는 하나님께서 주권적 섭리자이시며 개인의 생사화복과 국가의 흥망성쇠가 다 그의 손 안에 있음을 알고 그를 경외하고 의지하고 순종해야 한다.

16장: 유다 왕 아하스

〔1-4절〕 르말랴의 아들 베가 17년에 유다 왕 요담의 아들 아하스가 왕이 되니 아하스가 위(位)에 나아갈 때에 나이 20세라. 예루살렘에서 16년을 치리하였으나 그 조상 다윗과 같지 아니하여 그 하나님 여호와 보시기에 정직히 행치 아니하고 이스라엘 열왕의 길로 행하며 또 여호와께서 이스라엘 자손 앞에서 쫓아내신 이방 사람의 가증한 일을 본받아 자기 아들을 불 가운데로 지나가게 하며 또 산당과 작은 산 위와 모든 푸른 나무 아래서 제사를 드리며 분향하였더라.

유다 왕 요담의 아들 아하스는 20세에 왕이 되어 16년을 다스렸다. 아하스는 악한 왕이었다. 그는 역사상 다윗 같은 좋은 조상의 모범이 있는데도 불구하고 그것을 본받지 않았고, 하나님 앞에서 올바르게 행하지 않았다. 그는 도리어 이스라엘 왕들의 길로 행하여 금송아지를 숭배했고 바알과 아세라를 숭배하였다. 역대하 28:2는, 아하스 왕이 "이스라엘 열왕의 길로 행하여 바알들의 우상을 부어만들었다"고 기록한다. 또 그는 여호와께서 이스라엘 자손 앞에서 쫓아내신 이방 사람의 가증한 일을 본받았다.

또 그는 자기 아들을 불 가운데로 지나가게 하였다. 역대하 28:3은, "[그가] 힌놈의 아들 골짜기에서 분향하고 여호와께서 이스라엘 자손 앞에서 쫓아내신 이방 사람의 가증한 일을 본받아 그 자녀를 불살랐다"고 말한다. 그는 자기 아들을 불태워 신의 제물로 삼았다. 또 그는 산당과 작은 산 위와 모든 푸른 나무 아래서 제사를 드리며 분향하였다. 산당 제사는 이방신 숭배 행위로 변질되어 있었다. 역대하 28:25는, 아하스가 "유다 각 성읍에 산당을 세워 다른 신에게 분향하여 그 열조의 하나님 여호와의 노를 격발케 하였더라"고 말한다.

한마디로, 아하스는 하나님의 말씀대로, 성경 교훈대로 올바르게 살지 않았다. 그는 하나님 앞에서 올바르게 행치 않았고 그의 계명들을 어기고 각가지 우상숭배의 악을 행한 악한 왕이었다.

[5-6절] 이때에 아람 왕 르신과 이스라엘 왕 르말랴의 아들 베가가 예루살렘에 올라와서 싸우려 하여 아하스를 에워쌌으나 이기지 못하니라. 당시에 아람 왕 르신이 엘랏을 회복하여 아람에 돌리고 유다 사람을 엘랏에서 쫓아내었고 아람 사람이 엘랏에 이르러 거하여 오늘날까지 이르렀더라.

아람 왕 르신과 이스라엘 왕 베가가 예루살렘에 올라와 에워싼 것은 아하스 왕의 악함에 대한 하나님의 징벌이었다. 역대하 28:5-8에 보면, "그러므로 그 하나님 여호와께서 아람 왕의 손에 붙이시매 저희가 쳐서 심히 많은 무리를 사로잡아 가지고 다메섹으로 갔으며 또 이스라엘 왕의 손에 붙이시매 저가 쳐서 크게 살륙하였으니 이는 그 열조의 하나님 여호와를 버렸음이라"고 말하며, 그 전쟁에서 이스라엘 왕 베가는 유다에서 하루 동안에 용사 12만명을 죽였고 20만명을 포로로 사로잡고 많은 재물을 노략하여 사마리아로 데려갔다.

그러나 그 전쟁에서 아람과 이스라엘은 예루살렘은 점령하지 못했다. 본문은 그들이 "예루살렘에 올라와서 싸우려 하여 아하스를 에워쌌으나 이기지 못하니라"고 증거한다. 이사야 7:1도 "아하스 때에 아람 왕 르신과 르말리야의 아들 이스라엘 왕 베가가 올라와서 예루살렘을 쳤으나 능히 이기지 못하니라"고 기록하였다. 그것은 유다 나라를 향해 오래 참으시는 하나님의 긍휼이었다. 또 아직도 유다 나라에는 이사야 같은 선지자가 있어서 하나님께 기도했기 때문일 것이다.

[7-20절] 아하스가 앗수르 왕 디글랏 빌레셀에게 사자를 보내어 이르되 나는 왕의 신복이요 왕의 아들이라. 이제 아람 왕과 이스라엘 왕이 나를 치니 청컨대 올라와서 나를 그 손에서 구원하소서 하고 여호와의 전과 왕궁 곳간에 있는 은금을 취하여 앗수르 왕에게 예물로 보내었더니 앗수르 왕이 그 청을 듣고 곧 올라와서 다메섹을 쳐서 취하여 그 백성을 사로잡아 길로 옮기고 또 르신을 죽였더라. 아하스 왕이 앗수르 왕 디글랏 빌레셀을 만나러 다메섹에 갔다가 거기 있는 단을 보고 드디어 그 구조와 제도의 식양을 그려 제사장 우리야에게 보내었더니 아하스 왕이 다메섹에서 돌아오기 전

에 제사장 우리야가 아하스 왕이 다메섹에서 보낸 모든 것대로 단을 만든지 라. 왕이 다메섹에서 돌아와서 단을 보고 단 앞에 나아가 그 위에 제사를 드리되 자기의 번제와 소제를 불사르고 또 전제를 붓고 수은제[화목제] **짐승의 피를 단에 뿌리고 또 여호와의 앞 곧 전 앞에 있던 놋**[청동]**단을 옮기되 새 단과 여호와의 전 사이에서 옮겨다가 그 단 북편에 두니라. 아하스 왕이 제사장 우리야에게 명하여 가로되 아침 번제와 저녁 소제와 왕의 번제와 그 소제와 모든 국민의 번제와 그 소제와 전제를 다 이 큰 단 위에 불사르고 또 번제물의 피와 다른 제물의 피를 다 그 위에 뿌리고 오직 놋**[청동]**단은 나의 물을 일에 쓰게 하라 하매 제사장 우리야가 아하스 왕의 모든 명대로 행하였더라. 아하스 왕이 물두멍 받침의 옆판을 떼어내고 물두멍을 그 자리에서 옮기고 또 놋**[청동]**바다를 놋**[청동]**소 위에서 내려다가 돌판 위에 두며 또 안식일에 쓰기 위하여 성전에 건축한 낭실**(무사크 מוּסַךְ)[긴 복도][7] **과 왕이 밖에서 들어가는 낭실**[출입구]**을 앗수르 왕을 인하여 여호와의 전에**[전으로부터(KJV, NASB)] **옮겨 세웠더라. 아하스의 그 남은 사적은 유다 왕 역대지략에 기록되지 아니하였느냐? 아하스가 그 열조와 함께 자매 다윗 성에 그 열조와 함께 장사되고 그 아들 히스기야가 대신하여 왕이 되니라.**

역대하 28:17-18은 그때 에돔과 블레셋도 유다를 침략했다고 증거한다. 이 전쟁에서 아하스는 앗수르 왕 디글랏 빌레셀에게 사자를 보내어 도움을 청했다. 아하스는 그 하나님의 징벌의 고난 중에서 자신의 죄악을 깨닫고 하나님께 회개하며 하나님의 도움과 구원을 간구하지 않고, 도리어 앗수르 왕에게 구조를 요청했던 것이다. 그는 여호와의 전과 왕궁 곳간에 있는 은금을 취하여 앗수르 왕에게 예물로 보내었다. 앗수르 왕은 그 청을 듣고 곧 올라와서 다메섹을 쳐서 취하여 그 백성을 사로잡아 길로 옮기고 또 아람 왕 르신을 죽였다.

또 아하스는 하나님의 징벌의 고난 중에서도 자신의 죄악을 깨닫

7) '낭실'이라는 원어(무사크 מוּסַךְ)는 본래 메사크 מֵיסַךְ라고 쓰여져 있는데, 그 뜻이 분명치 않으며 '덮인 구조물'이라는 뜻이 제안되어 있다(BDB). 영어성경들은 '피난처'(covert)(KJV), '덮인 길'(covered way)(NASB), '닫집, 차양'(canopy)(NIV) 등으로 번역하였다. 아마 '긴 복도'를 뜻하는 것 같다.

고 회개하는 대신 아람 사람들의 번제단을 본받아 그것을 만들고 그 위에 제사들을 드렸다. 또 하나님께서 다윗에게 지시하신 대로(대상 28:19) 설치된 청동단을 임의로 옮겨 단 북편에 두고 물대야를 옮기고 청동바다도 청동소 위에서 내려다가 돌판 위에 두었다. 이런 행위들은 하나님께 대한 그의 불경건함과 패역함을 나타내었다.

역대하 28:22-25는 다음과 같이 증거한다. "이 아하스 왕이 곤고할 때에 더욱 여호와께 범죄하여 자기를 친 다메섹 신들에게 제사하여 가로되 아람 열왕의 신들이 저희를 도왔으니 나도 그 신에게 제사하여 나를 돕게 하리라 하였으나 그 신이 아하스와 온 이스라엘을 망케 하였더라. 아하스가 하나님의 전의 기구들을 모아 훼파하고 또 여호와의 전 문들을 닫고 예루살렘 구석마다 단을 쌓고 유다 각 성읍에 산당을 세워 다른 신에게 분향하여 그 열조의 하나님 여호와의 노를 격발케 하였더라."

본장의 교훈을 정리해보자. 첫째로, 우리는 아하스의 실패를 거울삼아 하나님 앞에서 올바른 신앙생활을 해야 한다. 오늘날은 배교와 타협의 시대이기 때문에 교회들도 타락하고 목사들과 교인들도 부패하여 바른 길을 싫어하지만 성경에 밝히 교훈된 옛신앙이 바른 길이다.

둘째로, 우리는 아하스의 경우처럼 불경건과 악에 대해서 하나님께서 반드시 징벌하심을 알아야 한다. 로마서 8:13, "너희가 육신대로 살면 반드시 죽을 것이로되 영[성령]으로써 몸의 행실을 죽이면 살리니." 주께서는 특히 사랑하시는 자들, 받으시는 자들을 징계하신다(히 12:6).

셋째로, 우리는 징벌 중에서 아하스처럼 패역지 말아야 한다. 우리는 성경에 교훈된 대로 겸손히 회개해야 한다. 히브리서 12:5, 9, "내 아들아, 주의 징계하심을 경히 여기지 말며 그에게 꾸지람을 받을 때에 낙심하지 말라," "우리 육체의 아버지가 우리를 징계하여도 공경하였거든 하물며 모든 영의 아버지께 더욱 복종하여 살려 하지 않겠느냐?"

17장: 이스라엘의 멸망

1-23절, 이스라엘의 멸망

〔1-6절〕 유다 왕 아하스 12년에 엘라의 아들 호세아가 사마리아에서 이스라엘 왕이 되어 9년을 치리하며 여호와 보시기에 악을 행하였으나 그전 이스라엘 여러 왕들과 같이 하지는 아니하였더라. 앗수르 왕 살만에셀(주전 727-722년)**이 올라와서 호세아를 친 고로 호세아가 신복하여**[신하가 되어 복종하여] **조공을 드리더니 저가 애굽 왕 소에게 사자들을 보내고 해마다 하던 대로 앗수르 왕에게 조공을 드리지 아니하매 앗수르 왕이 호세아의 배반함을 보고 저를 옥에 금고하여 두고 올라와서 그 온 땅에 두루 다니고 사마리아로 올라와서 3년을 에워쌌더라. 호세아 9년에 앗수르 왕이 사마리아를 취하고 이스라엘 사람을 사로잡아 앗수르로 끌어다가 할라와 고산 하볼 하숫가**[고산 강의 하볼](KJV, NASB)**와 메대 사람의 여러 고을에 두었더라.**

호세아 9년, 즉 주전 722년에 앗수르 왕은 이스라엘의 수도 사마리아를 취하였다. 그것이 북방 이스라엘의 멸망이었다. 또 앗수르 왕은 이스라엘 사람들을 사로잡아 앗수르로 끌어다가 여러 곳에 살게 하였다. 그때부터 북방 이스라엘 나라는 온 세상에 흩어지게 되었다.

〔7-8절〕 이 일은 이스라엘 자손이 자기를 애굽에서 인도하여 내사 애굽 왕 바로의 손에서 벗어나게 하신 그 하나님 여호와께 죄를 범하고 또다른 신들을 경외하며 여호와께서 이스라엘 자손 앞에서 쫓아내신 이방 사람의 규례와 이스라엘 여러 왕의 세운 율례를 **행하였음이라.**

이스라엘의 멸망의 원인은 이스라엘 백성이 하나님 앞에 범죄하였기 때문이었다. 이스라엘 백성은 애굽에서 그들을 구원하신 여호와 하나님을 배반했고 하나님께서 쫓아내신 이방 사람들의 신들을 경외하며 섬겼고 이스라엘의 여러 왕들의 우상숭배를 따랐던 것이다.

〔9-12절〕 이스라엘 자손이 가만히[은밀하게] **불의를 행하여 그 하나님 여호와를 배역하여 모든 성읍에 망대로부터 견고한 성에 이르도록 산당을**

세우고 모든 산 위에와 모든 푸른 나무 아래에 목상과 아세라상을 세우고 또 여호와께서 저희 앞에서 물리치신 이방 사람같이 그 곳 모든 산당에서 분향하며 또 악을 행하여 여호와를 격노케 하였으며 또 우상을 섬겼으니 이는 여호와께서 행치 말라 명하신 일이라.

본문은 이스라엘 백성이 은밀하게 불의를 행했다고 말한다. 종교적, 도덕적 부패는 은밀하게, 드러나지 않게 이루어졌다. 오류가 처음에는 드러나지 않았으나 시간이 지나자 점점 드러났다. 그러므로 우리는 은밀한 부패와 변질을 주의해야 한다. 그들은 모든 성읍과 견고한 성들에 많은 산당을 세웠고 모든 산 위에와 모든 푸른 나무 아래에 목상과 아세라상을 세웠고, 거기서 이방신들과 우상들을 섬겼다.

〔13-15절〕 여호와께서 각 선지자와 각 선견자로 이스라엘과 유다를 경계하여 이르시기를 너희는 돌이켜 너희 악한 길에서 떠나 나의 명령과 율례를 지키되 내가 너희 열조에게 명하고 또 나의 종 선지자들로 너희에게 전한 모든 율법대로 행하라 하셨으나 저희가 듣지 아니하고 그 목을 굳게 하기를 그 하나님 여호와를 믿지 아니하던 저희 열조의 목같이 하여 여호와의 율례와 여호와께서 그 열조로 더불어 세우신 언약과 경계하신 말씀을 버리고 허무한 것을 좇아 허망하며 또 여호와께서 명하사 본받지 말라 하신 사면 이방 사람을 본받아.

이스라엘의 종교적 부패는 하나님께서 선지자들을 통해 그들에게 악한 길에서 돌이키라고 회개를 촉구하셨고 모든 율법대로 행하라고 교훈하셨고 경고하셨음에도 불구하고 이루어졌다. 그들은 선지자들의 교훈을 듣지 않았다. 말씀을 듣는 것과 듣지 않는 것은 큰 차이이다. 그들은 선조들같이 목을 굳게 하였다. 그들은 교만하고 고집스러웠다. 그들은 여호와의 율례와 언약을 버리고 허무한 것을 좇아 허망해졌다. 하나님의 말씀을 버린 자마다 허무한 것을 따르게 되며 허무한 존재가 된다. 그들은 여호와께서 본받지 말라고 명하신 그 사방의 이방 사람들을 본받았다. 그들은 본받고 따라야 할 하나님의 말씀에는 흥미가 없었고 헛된 세상의 것들에는 흥미와 관심이 많았다.

〔16-23절〕 그 하나님 여호와의 모든 명령을 버리고 자기를 위하여 두 송아지 형상을 부어만들고 또 아세라 목상을 만들고 하늘의 일월성신(日月星辰)을 숭배하며 또 바알을 섬기고 또 자기 자녀를 불 가운데로 지나가게 하며 복술과 사술을 행하고 스스로 팔려 여호와 보시기에 악을 행하여 그 노를 격발케 하였으므로 여호와께서 이스라엘을 심히 노하사 그 앞에서 제하시니 유다 지파 외에는 남은 자가 없으니라. 유다도 그 하나님 여호와의 명령을 지키지 아니하고 이스라엘 사람의 세운 율례를 행하였으므로 여호와께서 이스라엘의 온 족속을 버리사 괴롭게 하시며 노략군의 손에 붙이시고 심지어 그 앞에서 쫓아내시니라. 이스라엘을 다윗의 집에서 찢어 나누시매 저희가 느밧의 아들 여로보암으로 왕을 삼았더니 여로보암이 이스라엘을 몰아 여호와를 떠나고 큰 죄를 범하게 하매 이스라엘 자손이 여로보암의 행한 모든 죄를 따라 행하여 떠나지 아니하므로 여호와께서 그 종 모든 선지자로 하신 말씀대로 심지어 이스라엘을 그 앞에서 제하신지라. 이스라엘이 고향에서 앗수르에 사로잡혀 가서 오늘까지 미쳤더라.

본문은 이스라엘 백성의 우상숭배를 구체적으로 열거한다. 그들은 여호와 하나님의 모든 명령을 버리고 자기를 위하여 두 송아지 형상을 부어만들었다. 그것은 여로보암 때부터 행했던 우상숭배이었다. 또 그들은 아세라 목상(아마 아스다롯의 우상인 나무장대)을 만들었다. 또 그들은 하늘의 해와 달과 별들을 숭배하였다. 또 그들은 바알(각 밭의 신, 돌기둥)을 섬겼다. 또 그들은 그들의 아들들과 딸들을 불 태워 제물로 삼았다. 또 그들은 복술과 사술을 행했다. 이처럼 그들은 온갖 우상숭배의 행위들을 행하였던 것이다. 이것이 구약교회의 한 부분인 북방 이스라엘의 부패된 모습이었다.

참으로 가증한 일들이었다. 그러므로 본문은 그들이 "스스로 팔려 여호와 보시기에 악을 행하여 그 노를 격발케 하였으므로 여호와께서 이스라엘을 심히 노하셨다"고 증거한다. 그들의 우상숭배의 죄악들은 하나님의 극심한 진노를 일으켰고 그것이 마침내 나라의 멸망을 초래하였던 것이다. 이와 같이, 이스라엘의 멸망은 그들의 죄악,

특히 그들의 우상숭배의 죄악 때문이었다.

본문은 또 하나님께서 유다를 남기셨으나 유다도 그 하나님 여호와의 명령을 지키지 않고 이스라엘 사람의 세운 율례를 행하였으므로 여호와께서 이스라엘의 온 족속을 버리사 괴롭게 하시며 노략군의 손에 붙이시고 심지어 그 앞에서 쫓아내셨다고 기록한다.

본문의 교훈을 정리해보자. 첫째로, 이스라엘 백성은 하나님을 배반했고 우상숭배하였고 패역하였고 허무한 것을 따랐다. 그들은 애굽에서 그들을 구원하신 하나님의 은혜를 배반하였다. 그들의 대표적 죄는 우상숭배이었다. 그들은 패역하였다. 하나님께서는 그들에게 선지자들을 보내셨고 그들을 통해 교훈하시고 경고하셨지만, 이스라엘 백성은 선지자들의 교훈과 경계를 듣지 않았다. 그들은 목이 굳은 자들이었다. 그들은 허무한 것을 따랐다. 그들이 하나님 대신 택한 것은 허무한 것들이었다. 참된 경건을 저버린 결과는 허무한 삶이다. 이스라엘 백성의 연약은 모든 인류의 연약을 보인다. 모든 사람은 창조자 하나님께 감사할 줄 모르며 하나님 아닌 우상을 섬기며 패역하며 허무한 것을 따르고 있다. 사람은 전적으로 부패되어 있고 전적으로 무능력해져 있다.

둘째로, 이스라엘 백성은 하나님 앞에서 범죄하다가 결국 멸망하였다. 죄의 결과는 죽음이다. 본문은 죄 지으면 망한다는 것을 교훈한다.

셋째로, 구원은 오직 하나님의 은혜로만 온다. 하나님의 은혜가 아니라면 구원 얻을 죄인은 이 세상에 아무도 없다. 우리는 오직 하나님의 은혜로 구원을 받았다. 에베소서 2:8-9, “너희가 그 은혜를 인하여 믿음으로 말미암아 구원을 얻었나니 이것[이 구원의 사실]이 너희에게서 난 것이 아니요 하나님의 선물이라. 행위에서 난 것이 아니니 이는 누구든지 자랑치 못하게 함이니라.” 로마서 9:18, “그런즉 하나님께서 하고자 하시는 자를 긍휼히 여기시고 하고자 하시는 자를 강퍅케 하시느니라.” 우리의 구원은 오직 하나님의 은혜로 시작되고 진행되고 완성된다.

24-41절, 사마리아의 혼합주의 종교

〔24-28절〕 앗수르 왕이 바벨론과 구다와 아와와 하맛과 스발와임에서 사람을 옮겨다가 이스라엘 자손을 대신하여 사마리아 여러 성읍에 두매 저희가 사마리아를 차지하여 그 여러 성읍에 거하니라. 저희가 처음으로 거기 거할 때에 여호와를 경외치 아니한 고로 여호와께서 사자들을 그 가운데 보내시매 몇 사람을 죽인지라. 그러므로 혹이 앗수르 왕에게 고하여 가로되 왕께서 사마리아 여러 성읍에 옮겨 거하게 하신 열방 사람이 그 땅 신의 법을 알지 못하므로 그 신이 사자들을 저희 가운데 보내매 저희를 죽였사오니 이는 저희가 그 땅 신의 법을 알지 못함이니이다. 앗수르 왕이 명하여 가로되 너희는 그 곳에서 사로잡아 온 제사장 하나를 그 곳으로 데려가되 저로 그 곳에 가서 거하며 그 땅 신의 법으로 무리에게 가르치게 하라. 이에 사마리아에서 사로잡혀간 제사장 중 하나가 와서 벧엘에 거하며 백성에게 어떻게 여호와 경외할 것을 가르쳤더라.

이 앗수르 왕은 산헤립의 아들 에살핫돈(주전 681-669년)이었다고 보인다. 에스라 4:2는, 스룹바벨이 파사 왕 고레스의 칙령으로 유대 땅에 돌아와 성전을 건축하고자 했을 때 그 땅에 살고 있던 자들이 스룹바벨과 족장들에게 나아와 "우리로 너희와 함께 건축하게 하라. 우리도 너희같이 너희 하나님을 구하노라. 앗수르 왕 에살핫돈이 우리를 이리로 오게 한 날부터 우리가 하나님께 제사를 드리노라"고 말했다고 증거한다. 에살핫돈의 거주민 이주 정책으로 많은 사람들이 사마리아 주위의 여러 성들로 옮겨 와 거주하였다.

그런데 그들이 처음 거기 거할 때에 여호와를 경외치 않았기 때문에 여호와께서 사자들을 그 가운데 보내셔서 몇 사람을 죽게 하셨고 이런 보고를 받은 앗수르 왕은 사로잡혀간 제사장들 중 하나를 보내어 백성에게 여호와 경외하는 법을 가르치게 했다. 비록 심히 부족하였지만, 하나님을 경외하는 지식이 이렇게 조금 보존되었다.

〔29-33절〕 그러나 각 민족이 각기 자기의 신상들을 만들어 사마리아 사람의 지은 여러 산당[산당들의 집들에](KJV, NASB)**에 두되 각 민족이 자기의**

거한 성읍에서 그렇게 하여 바벨론 사람들은 숙곳브놋을 만들었고 굿 사람들은 네르갈을 만들었고 하맛 사람들은 아시마를 만들었고 아와 사람들은 닙하스와 다르닥을 만들었고 스발와임 사람들은 그 자녀를 불살라 그 신 아드람멜렉과 아남멜렉에게 드렸으며 저희가 또 여호와를 경외하여 자기 중에서 사람을 산당의 제사장으로 택하여 그 산당에서 자기를 위하여 제사를 드리게 하니라. 이와 같이 저희가 여호와도 경외하고 또한 어디서부터 옮겨 왔든지 그 민족의 풍속대로 자기의 신들도 섬겼더라.

각 민족은 각기 자기 신상을 만들어 자기의 거한 성읍들에서 사마리아 사람들의 산당들의 집들에 두었다. 그들은 또 여호와를 경외하여 그들 중에서 사람을 산당의 제사장으로 택하여 그 산당에서 자기를 위하여 제사를 드리게 했다. 이와 같이, 그들은 여호와도 경외하고 또 그들의 민족의 풍속대로 그들의 신들도 섬겼다. 그들의 종교는 이처럼 여호와와 이방 신들을 함께 섬기는 혼합주의 종교가 되었다.

〔34-41절〕 저희가 오늘까지 이전 풍속대로 행하여 여호와를 경외치 아니하며 또 여호와께서 이스라엘이라 이름을 주신 야곱의 자손에게 명하신 율례와 법도와 율법과 계명을 준행치 아니하는도다. 옛적에 여호와께서 야곱의 자손에게 언약을 세우시고 저희에게 명하여 가라사대 너희는 다른 신을 경외하지 말며 그를 숭배하지 말며 그를 섬기지 말며 그에게 제사하지 말고 오직 큰 능력과 편 팔로 너희를 애굽에서 인도하여 낸 여호와만 너희가 경외하여 그를 숭배하며 그에게 제사를 드릴 것이며 또 여호와가 너희를 위하여 기록한 율례와 법도와 율법과 계명을 너희가 지켜 영원히 행하고 다른 신들을 경외치 말며 또 내가 너희와 세운 언약을 잊지 말며 다른 신들을 경외치 말고 오직 너희 하나님 여호와를 경외하라. 그가 너희를 모든 원수의 손에서 건져내리라 하셨으나 그러나 저희가 듣지 아니하고 오히려 이전 풍속대로 행하였느니라. 그 여러 민족이 여호와를 경외하고 또 그 아로새긴 우상을 섬기더니 그 자자손손이 그 열조의 행한 것을 좇아 오늘까지 그대로 하니라.

사마리아 지방에 거주하는 이스라엘 백성은 열왕기서를 쓸 때까지 이전 풍속대로 행하여 여호와를 경외치 않으며 또 여호와께서 이스라엘 백성에게 명하신 율례와 법도와 율법과 계명을 준행치 않았다(34, 41절). 이전 풍속이란 앞에 말한 혼합주의 종교를 말한다.

옛적에 하나님께서 야곱의 자손들에게 언약을 세우시고 다른 신을 섬기지 말고 그들을 애굽에서 인도하여 내신 여호와만 섬기며 그의 율례와 법도와 율법과 계명을 지키라고 하셨으나, 그들은 그 명령을 듣지 않고 여호와를 경외하고 또 그 아로새긴 우상을 함께 섬겼다. 사마리아 종교는 하나님과 이방 신을 함께 섬기는 혼합주의이었다.

본문의 교훈은 무엇인가? 우리는 혼합주의의 잘못을 경계해야 한다. 하나님과 이방 신, 하나님과 우상을 함께 섬기는 것은 십계명의 제1, 2 계명을 어기는 큰 죄악이다. 혼합주의는 큰 잘못이며 큰 죄악이다. 오늘날 이방 종교를 포용하는 종교다원주의뿐 아니라, 신학적 포용주의도 그러하다. 구약시대나 신약시대나 간에 부패하고 해이한 교회는 항상 포용주의이었다. 그들은 성경적 기독교를 부정하지는 않으면서도 다른 잘못된 사상들을 포용하였다. 오늘날도 다수의 사람들은 성경적 복음 신앙과 함께 자유주의와 은사주의를 포용한다. 또, 하나님과 함께, 돈과 자기 자신과 쾌락을 사랑하는 것도 일종의 혼합주의이다. 탐심은 우상 숭배이다(골 3:5). 불순종은 우상에게 절하는 것과 같다(삼상 15:23).

우리의 신앙생활은 순수해야 한다. 우리는 오늘날의 풍조대로 자유주의 신학, 교회연합운동, 은사주의를 포용하지 말고, 삼위일체 하나님만 섬기며 성경적, 역사적 기독교 신앙을 지켜야 하고 성경의 교훈들에 절대 순종해야 한다. 성경적 보수신앙, 옛신앙이 바른 길이다. 우리는 예수 그리스도를 믿음으로 이미 완전한 의, 법적인 의를 얻었다. 그것이 의롭다 하심의 은혜이다. 그러나 우리는 또한 사상과 인격과 삶에 있어서 흠과 점이 없는 온전함을 이루어야 한다. 그것이 신앙생활의 목표이다. 하나님께서는 우리가 온전한 자가 되기를 원하신다. 우리는 하나님만 믿고 섬기며, 성경에 계시된 하나님의 계명들을 힘써 지켜야 한다.

18장: 유다 왕 히스기야

〔1-4절〕 이스라엘 왕 엘라의 아들 호세아 3년에 유다 왕 아하스의 아들 히스기야가 왕이 되니 위(位)에 나아갈 때에 나이 25세라. 예루살렘에서 29년을 치리하니라. 그 모친의 이름은 아비라. 스가리야의 딸이더라. 히스기야가 그 조상 다윗의 모든 행위와 같이 여호와 보시기에 정직히 행하여 여러 산당을 제하며 주상을 깨뜨리며 아세라 목상을 찍으며 모세가 만들었던 놋[청동]**뱀을 이스라엘 자손이 이때까지 향하여 분향하므로 그것을 부수고 느후스단(נְחֻשְׁתָּן)**[청동 신(BDB), 청동 뱀우상(KB)]**이라 일컬었더라.**

아하스는 악한 왕이었으나 그의 아들 히스기야는 경건하고 선했다. 그것은 전적으로 하나님의 은혜이었다. 그는 그의 조상 다윗의 모든 행위와 같이 여호와 보시기에 정직히, 즉 옳은 것을 행하였다(아사 하이야솨르 עָשָׂה הַיָּשָׁר). 무엇이 옳은 것인가? 하나님의 계명대로 행하는 것이 옳은 것이다. 그는 여러 산당을 제하였고 주상들을 깨뜨리며 아세라 목상들을 찍었고 모세가 만들었던 청동 뱀을 부수었다. 그것은 십계명의 제1, 2계명대로 한 옳은 행위이었다.

〔5-8절〕 히스기야가 이스라엘 하나님 여호와를 의지하였는데 그의 전후 유다 여러 왕 중에 그러한 자가 없었으니 곧 저가 여호와께 연합하여 떠나지 아니하고 여호와께서 모세에게 명하신 계명을 지켰더라. 여호와께서 저와 함께하시매 저가 어디로 가든지 형통하였더라. 저가 앗수르 왕을 배척하고 섬기지 아니하였고 블레셋 사람을 쳐서 가사와 그 사방에 이르고 망대에서부터 견고한 성까지 이르렀더라.

히스기야는 이스라엘 하나님 여호와를 의지했다. 그의 전후 유다 여러 왕들 중에 그러한 자가 없었다. 그는 여호와께 연합하여 떠나지 않고 여호와께서 모세에게 명하신 계명을 지켰다. '연합하다'는 원어(다바크 דָּבַק)는 '부종(附從)하다, 꼭 붙들다'는 뜻이다(신 11:22). 그는 늘 말씀의 묵상과 기도로 하나님과 밀접히 교통하며 동행하였다.

그는 늘 하나님, 하나님, 하나님 하며 하나님을 불렀던 것이다.

여호와께서는 그와 함께하셨고 그러므로 히스기야는 어디로 가든지 형통하였다. 히스기야는 앗수르 왕을 배척하고 섬기지 않았고 블레셋 사람을 쳐서 가사와 그 사방에 이르고 망대에서부터 견고한 성까지 이르렀다. 히스기야의 형통함은 요셉의 경우와 같았다. 여호와께서 요셉과 함께하시므로 요셉은 형통한 자가 되었고 여호와께서는 그의 범사에 형통케 하셨었다(창 39:2, 3, 23). 또 그것은 하나님께서 여호수아에게 주신 말씀과 시편 1편의 말씀과도 같았다. 하나님께서는 여호수아에게 "너는 마음을 강하게 하고 극히 담대히 하여 나의 종 모세가 네게 명한 율법을 다 지켜 행하고 좌로나 우로나 치우치지 말라. 그리하면 어디로 가든지 형통하리라"고 말씀하셨고(수 1:7), 또 시편 1:1-3은 복 있는 사람은 악을 버리고 하나님의 율법을 주야로 묵상하는 자이며 그의 행하는 일들은 다 형통하리라고 말씀하였다.

〔9-12절〕 히스기야 왕 4년 곧 이스라엘 왕 엘라의 아들 호세아 7년에 앗수르 왕 살만에셀이 사마리아로 올라와서 에워쌌더라. 3년 후에 그 성이 함락되니 곧 히스기야의 6년이요 이스라엘 왕 호세아의 9년이라. 사마리아가 함락되매 앗수르 왕이 이스라엘을 사로잡아 앗수르에 이르러 할라와 고산 하볼 하숫가와 메대 사람의 여러 성읍에 두었으니 이는 저희가 그 하나님 여호와의 말씀을 준행치 아니하고 그 언약을 배반하고 여호와의 종 모세의 모든 명한 것을 거스려 듣지도 아니하며 행치도 아니하였음이더라.

북방 이스라엘은 호세아 7년에 앗수르 왕 살만에셀이 사마리아로 올라와서 에워쌌고, 3년 후에 그 성이 함락되었다. 사마리아가 함락되자 앗수르 왕은 이스라엘 백성을 사로잡아 앗수르에 이르러 할라와 고산 하볼 하숫가와 메대 사람의 여러 성읍에 두었다. 이스라엘의 멸망의 이유는 그들이 그 하나님 여호와의 말씀을 준행하지 않고 그 언약을 배반하고 여호와의 종 모세의 모든 명한 것을 거슬러 듣지도 않고 행치도 않았기 때문이다. 그러나 남방 유다는 이러한 어려운 때에도 평안을 유지하였다. 그것은 하나님의 은혜이었다.

[13-16절] 히스기야 왕 14년에 앗수르 왕 산헤립(주후 704-681년경 통치)**이 올라와서 유다 모든 견고한 성읍들을 쳐서 취하매 유다 왕 히스기야가 라기스로 보내어 앗수르 왕에게 이르되 내가 범죄하였나이다. 나를 떠나 돌아가소서. 왕이 내게 지우시는 것을 내가 당하리이다 하였더니 앗수르 왕이 곧 은 300달란트**[약 9톤]**와 금 30달란트**[약 900킬로그램]**를 정하여 유다 왕 히스기야로 내게 한지라. 히스기야가 이에 여호와의 전과 왕궁 곳간에 있는 은을 다 주었고 또 그때에 유다 왕 히스기야가 여호와의 전 문의 금과 자기가 모든 기둥에 입힌 금을 벗겨 모두 앗수르 왕에게 주었더라.**

히스기야 왕 14년에 앗수르 왕 산헤립은 올라와서 유다 모든 견고한 성읍들을 쳐서 취했다. 그것은 히스기야에게 큰 시련의 때이었다. 히스기야는 사람을 라기스로 보내어 앗수르 왕에게 굴복하는 말을 했다. 앗수르 왕은 히스기야에게 은 약 9톤과 금 약 900킬로그램을 내게 했다. 히스기야는 여호와의 전과 왕궁 곳간에 있는 은을 다 주었고 여호와의 전 문(門)의 금과 자기가 모든 기둥에 입힌 금을 벗겨 모두 앗수르 왕에게 주었다. 이제까지 히스기야와 유다 왕국의 평안은 왕 자신의 능력의 결과가 아니었고 전적으로 하나님의 은혜이었다. 하나님께서 버려두시면 그는 연약한 존재일 뿐이었다.

[17-25절] 앗수르 왕이 다르단과 랍사리스와 랍사게로 대군을 거느리고 라기스에서부터 예루살렘으로 가서 히스기야 왕을 치게 하매 저희가 예루살렘으로 올라가니라. 저희가 올라가서 윗못 수도 곁 곧 세탁자의 밭에 있는 큰 길에 이르러 서니라. 저희가 왕을 부르매 힐기야의 아들 궁내대신 엘리야김과 서기관 셉나와 아삽의 아들 사관(史官) 요아가 저에게 나가니 랍사게가 저희에게 이르되 너희는 히스기야에게 고하라. 대왕 앗수르 왕의 말씀이 너의 의뢰하는 이 의뢰가 무엇이냐? 네가 싸울 만한 계교와 용력이 있다고 한다마는 이는 입에 붙은 말뿐이라. 네가 이제 누구를 의뢰하고 나를 반역하였느냐? 이제 네가 저 상한 갈대 지팡이 애굽을 의뢰하도다. 사람이 그것을 의지하면 그 손에 찔려 들어갈지라. 애굽 왕 바로는 무릇 의뢰하는 자에게 이와 같으니라. 너희가 혹시 내게 이르기를 우리는 우리 하나님

여호와를 의뢰하노라 하리라마는 히스기야가 여호와의 산당과 제단을 제하고 유다와 예루살렘 사람에게 명하기를 예루살렘 이 단 앞에서만 숭배하라 하지 아니하였느냐 하셨나니 이제 너는 내 주 앗수르 왕과 내기하라. 네가 만일 그 말 탈 사람을 낼 수 있다면 나는 네게 말 2천 필을 주리라. 네가 어찌 내 주의 신복 중 지극히 작은 장관 하나인들 물리치며 애굽을 의뢰하고 그 병거와 기병을 얻을 듯하냐? 내가 어찌 여호와의 뜻이 아니고야 이제 이 곳을 멸하러 올라왔겠느냐? 여호와께서 전에 내게 이르시기를 이 땅으로 올라와서 쳐서 멸하라 하셨느니라.

앗수르 왕은 약속을 저버리고 다르단과 랍사리스와 랍사게로 대군을 거느리고 라기스에서 예루살렘으로 가서 히스기야를 치게 하였고 그들은 예루살렘으로 올라갔다. 랍사게는 이스라엘을 심히 모독하는 말을 했다. 이것은 그들의 용기와 믿음을 흔들어 놓는 큰 시험이었다.

〔26-37절〕 힐기야의 아들 엘리야김과 셉나와 요아가 랍사게에게 이르되 우리가 알아듣겠사오니 청컨대 아람 방언으로 당신의 종들에게 말씀하시고 성 위에 있는 백성의 듣는데 유다 방언으로 우리에게 말씀하지 마옵소서. 랍사게가 저에게 이르되 내 주께서 네 주와 네게만 이 말을 하라고 나를 보내신 것이냐? 성 위에 앉은 사람들로도 너희와 함께 자기의 대변을 먹게 하고 자기의 소변을 마시게 하신 것이 아니냐 하고 랍사게가 드디어 일어서서 유다 방언으로 크게 소리질러 불러 가로되 너희는 대왕 앗수르 왕의 말씀을 들으라. 왕의 말씀이 너희는 히스기야에게 속지 말라. 저가 너희를 내 손에서 건져내지 못하리라. 또한 히스기야가 너희로 여호와를 의뢰하라 함을 듣지 말라. 저가 이르기를 여호와께서 정녕 우리를 건지실지라. 이 성이 앗수르 왕의 손에 함락되지 않게 하시리라 할지라도 너희는 히스기야의 말을 듣지 말라. 앗수르 왕의 말씀이 너희는 내게 항복하고 내게로 나아오라. 그리하고 너희는 각각 그 포도와 무화과를 먹고 또한 각각 자기의 우물의 물을 마시라. 내가 장차 와서 너희를 한 지방으로 옮기리니 그 곳은 너희 본토와 같은 지방 곧 곡식과 포도주가 있는 지방이요 떡과 포도원이 있는 지방이요 기름 나는 감람과 꿀이 있는 지방이라. 너희가 살고 죽지 아니하리라. 히스기야가 너희를 면려[격려]**하여 이르기를 여호와께서 우리를 건지시리라 하여도 듣지 말라. 열국의 신들 중에 그 땅을 앗수르 왕의 손에서**

건진 자가 있느냐? 하맛과 아르밧의 신들이 어디 있으며 스발와임과 헤나와 아와의 신들이 어디 있느냐? 그들이 사마리아를 내 손에서 건졌느냐? 열국의 모든 신 중에 누가 그 땅을 내 손에서 건졌기에 여호와가 예루살렘을 내 손에서 능히 건지겠느냐 하셨느니라. 그러나 백성이 잠잠하고 한 말도 대답지 아니하니 이는 왕이 명하여 대답하지 말라 하였음이라. 이에 힐기야의 아들 궁내대신 엘리야김과 서기관 셉나와 아삽의 아들 사관(史官) 요아가 그 옷을 찢고 히스기야에게 나아가서 랍사게의 말을 고하니라.

랍사게는 유다 백성에게 유다 방언으로 크게 말하며 왕 히스기야를 불신임하고 하나님께 대한 믿음도 깨뜨리고자 했다. 또 그는 유다 백성에게 그들이 항복하면 평안한 삶을 보장하겠다는 왕의 제안을 전하였다. 그러나 백성들은 잠잠하고 한 말도 대답지 않았다.

본장의 교훈을 정리해보자. 첫째로, 히스기야 왕은 모든 우상을 버리고 하나님만 섬기며 하나님 앞에서 정직히 행하였고 하나님만 의지하고 하나님과 연합하였다. 우리는 히스기야 왕에게 주신 하나님의 은혜를 사모하고 그의 신앙과 삶을 본받아야 한다. 주께서는 우리에게 "너희는 먼저 하나님의 나라와 그의 의를 구하라. 그리하면 이 모든 것을 너희에게 더하시리라"고 말씀하셨다(마 6:33). 우리는 하나님만 믿고 섬기며 그와 밀접히 교제하며 하나님 앞에서 바르게만 살아가야 한다.

둘째로, 히스기야는 하나님께서 함께하시므로 어디로 가든지 형통하였다(7절). 북방 이스라엘 나라가 멸망할 때에도 남방 유다 나라는 건재하였다. 하나님께서 함께하시면 우리는 형통할 것이다. 평안의 주께서 함께하시는 자는 때마다 일마다 평안을 얻을 것이다(살후 3:16).

셋째로, 히스기야의 통치 제14년, 북방 이스라엘이 멸망한 지 8년 후에, 앗수르 왕 산헤립의 침공으로 유다 나라에 큰 어려움이 있었으나 히스기야는 바른 믿음과 기도와 하나님의 은혜의 도우심으로 승리하였다. 세상에는 어려움이 많고 성도의 삶에도 어려움이 없지 않으나 성도는 기도와 하나님의 도우심으로 승리할 것이다(마 7:7-11; 요 14:13-14).

19장: 히스기야의 기도와 승리

〔1-7절〕 히스기야 왕이 듣고 그 옷을 찢고 굵은 베를 입고 여호와의 전에 들어가서 궁내대신 엘리야김과 서기관 셉나와 제사장 중 장로들에게 굵은 베를 입혀서 아모스의 아들 선지자 이사야에게로 보내매 저희가 이사야에게 이르되 히스기야의 말씀이 오늘은 곤란과 책벌과 능욕의 날이라. 아이가 임산(臨産)하였으나[아이를 낳을 때가 되었으나] **해산할 힘이 없도다. 랍사게가 그 주 앗수르 왕의 보냄을 받고 와서 사신**[살아계신] **하나님을 훼방하였으니 당신의 하나님 여호와께서 혹시 저의 말을 들으셨을지라. 당신의 하나님 여호와께서 그 들으신 말을 인하여 꾸짖으실 듯하니 당신은 이 남아 있는 자를 위하여 기도하소서 하더이다. 이와 같이 히스기야 왕의 신복이 이사야에게 나아가니 이사야가 저희에게 이르되 너희는 너희 주에게 이렇게 고하라. 여호와의 말씀이 너는 앗수르 왕의 신복에게 들은 바 나를 능욕하는 말을 인하여 두려워하지 말라. 내가 한 영을 저의 속에 두어 저로 풍문을 듣고 그 본국으로 돌아가게 하고 또 그 본국에서 저로 칼에 죽게 하리라 하셨느니라.**

히스기야는 어려운 일이 있을 때 여호와의 전에 들어갔다. 특히 그가 그 옷을 찢고 굵은 베를 입고 성전에 들어간 것은 자신과 나라의 죄와 부족을 인정하며 겸손히 하나님 앞에 엎드리는 태도를 보인다. 그가 성전에 들어간 것은 기도하기 위함이었다. 또 그는 선지자 이사야에게 기도를 부탁하러 사람을 보냈다. 어려운 일이 있을 때 기도하는 자는 믿음이 있는 자이다. 믿음과 기도는 정비례한다.

히스기야는 평소에 하나님께 대한 확고한 지식과 믿음이 있었다. 그는 하나님을 '살아계신 하나님'으로 알고 있었다. 그는 하나님께서 앗수르 왕의 말을 들으시고 그를 책망하실 거라고 생각하였다. 또 그는 하나님께 기도하는 일이 필요함을 알았고 자신이 성전에 올라가 기도할 뿐 아니라, 또 선지자에게 기도를 부탁하였다. 그때 하나님께서는 이사야를 통해 그에게 앗수르 왕의 죽음을 예언해주셨다.

〔8-13절〕 랍사게가 돌아가다가 앗수르 왕이 이미 라기스에서 떠났다 함을 듣고 립나로 가서 왕을 만났으니 왕이 거기서 싸우는 중이더라. 앗수르 왕이 구스 왕 디르하가가 나와서 더불어 싸우고자 한다 함을 듣고 다시 히스기야에게 사자를 보내며 가로되 너희는 유다 왕 히스기야에게 이같이 말하여 이르기를 너의 의뢰하는 네 하나님이 예루살렘을 앗수르 왕의 손에 붙이지 않겠다 하는 말에 속지 말라. 앗수르의 열왕이 열방에 행한 바 진멸한 일을 네가 들었나니 네가 어찌 구원을 얻겠느냐? 내 열조가 멸하신 열방 곧 고산과 하란과 레셉과 들라살에 있는 에덴 족속을 그 나라의 신들이 건졌느냐? 하맛 왕과 아르밧 왕과 스발와임 성의 왕과 헤나와 아와의 왕들이 다 어디 있느냐 하라 하니라.

앗수르 왕은 히스기야를 위협하고 그의 믿음을 흔들며 "너의 의뢰하는 네 하나님이 예루살렘을 앗수르 왕의 손에 붙이지 않겠다는 말에 속지 말라"고 말했다. 또 그는 열방의 신들이 그 성들을 지켜주지 못했음을 그 증거로 들었다. 마귀는 성도를 이처럼 위협하고 우리의 믿음을 흔들려 한다. 그러나 우리의 믿음은 하나님의 은혜이며 그것은 성경의 진실하고 충족한 증거의 말씀들에 근거한다.

〔14-19절〕 히스기야가 사자의 손에서 편지를 받아보고 여호와의 전에 올라가서 그 편지를 여호와 앞에 펴놓고 그 앞에서 기도하여 가로되 그룹들 위에 계신 이스라엘의 하나님 여호와여, 주는 천하 만국에 홀로 하나님이시라. 주께서 천지를 조성하셨나이다. 여호와여, 귀를 기울여 들으소서. 여호와여, 눈을 떠서 보시옵소서. 산헤립이 사신[살아계신] **하나님을 훼방하러 보낸 말을 들으시옵소서. 여호와여, 앗수르 열왕이 과연 열방과 그 땅을 황폐케 하고 또 그 신들을 불에 던졌사오니 이는 저희가 신이 아니요 사람의 손으로 지은 것 곧 나무와 돌뿐이므로 멸하였나이다. 우리 하나님 여호와여, 원컨대 이제 우리를 그 손에서 구원하옵소서. 그리하시면 천하 만국이 주 여호와는 홀로 하나님이신 줄 알리이다 하니라.**

히스기야의 믿음은 그의 기도로 나타났다. 그는 비상하게 어려운 일을 당했을 때 더 기도하는 곳으로 나아갔다. 그는 평소에 하나님을 유일하신 참 하나님이시며 천지를 창조하신 자로 알고 있었다. 믿음은 확고한 지식이다. 히스기야는 또 하나님께서 살아계셔서 산헤립의 모욕적인 말들을 들으실 수 있음을 믿었다. 또 그는 열방의 신들은 사람이 지은 헛것이므로 자기 나라들을 구하지 못하였다고 말하였다. 그는 살아계신 참 하나님께 유다 왕국의 구원을 간구하였다.

〔20-34절〕 아모스의 아들 이사야가 히스기야에게 기별하여 가로되 이스라엘 하나님 여호와의 말씀이 네가 앗수르 왕 산헤립 까닭에 내게 기도하는 것을 내가 들었노라 하셨나이다. 여호와께서 앗수르 왕에게 대하여 이같이 말씀하시기를 처녀 딸 시온이 너를 멸시하며 너를 비웃었으며 딸 예루살렘이 너를 향하여 머리를 흔들었느니라. 네가 누구를 꾸짖었으며 훼방하였느냐? 누구를 향하여 소리를 높였으며 눈을 높이 떴느냐? 이스라엘의 거룩한 자에게 그리하였도다. 네가 사자로 주를 훼방하여 이르기를 내가 많은 병거를 거느리고 여러 산꼭대기에 올라가며 레바논 깊은 곳에 이르러 높은 백향목과 아름다운 잣나무를 베고 내가 그 지경 끝에 들어가며 그 동산의 무성한 수풀에 이르리라. 내가 땅을 파서 이방의 물을 마셨고 나의 발바닥으로 애굽의 모든 하수를 말렸노라 하였도다. 네가 듣지 못하였느냐? 이 일은 내가 태초부터 행하였고 상고부터 정한 바라. 이제 내가 이루어 너로 견고한 성들을 멸하여 돌무더기가 되게 함이니라. 그러므로 그 거한 백성의 힘이 약하여 두려워하며 놀랐나니 저희는 마치 들의 풀 같고 나물 같고 지붕의 풀 같고 자라기 전에 마른 곡초 같으니라. 네 거처와 네 출입과 네가 내게 향한 분노를 내가 다 아노니 네가 내게 향한 분노와 네 교만한 말이 내 귀에 들렸도다. 그러므로 내가 갈고리로 네 코에 꿰고 자갈을 네 입에 먹여 너를 오던 길로 끌어 돌이키리라 하셨나이다. 또 네게 보일 징조가 이러하니 너희가 금년에는 스스로 자라난 것을 먹고 명년[내년]**에는 그것에서 난 것을 먹되 제3년에는 심고 거두며 포도원을 심고 그 열매를 먹으리라. 유다 족속의 피하고 남은 자는 다시 아래로 뿌리가 서리고**[뿌리를 내리고]**위로 열매를 맺을지라. 남은 자는 예루살렘에서부터 나올 것이요 피하는 자는 시온산에서부터 나오리니 여호와의 열심이 이 일을 이루리라 하셨나이다. 그러므로 여호와께서 앗수르 왕을 가리켜 이르시기를 저가 이 성에 이르지 못하며 이리로 살을 쏘지 못하며 방패를 성을 향하여 세우지 못하며 치려고 토성을 쌓지도 못하고 오던 길로 돌아가고 이 성에 이르지 못하리라**

하셨으니 이는 여호와의 말씀이시라. 내가 나와 나의 종 다윗을 위하여 이 성을 보호하여 구원하리라 하셨나이다 하였더라.

하나님께서는 앗수르 왕이 여러 나라들을 정복한 것이 태초부터 하나님께서 정하신 바요 때가 되어 그가 앗수르 왕을 사용하여 이루신 일이라고 말씀하셨다. 하나님께서는 앗수르 왕이 자기를 사용했던 하나님을 향해 분노하고 교만한 말로 그를 모욕한 것을 묵과하지 않으실 것이며, 그를 강제로 본국으로 돌아가게 하실 것이라고 말씀하셨다. 이것은 유다 나라를 구원하여 주시기를 간구한 히스기야의 기도에 대한 하나님의 응답이었다.

하나님께서는 제3년에는 자유로이 심고 거두는 농사일을 할 수 있을 것이라고 말씀하셨다. 그것은 그 전쟁이 2년을 넘지 않는다는 것을 암시한다. 또 하나님께서는, 비록 북쪽 이스라엘이 멸망했고 남쪽 유다의 많은 사람들도 죽은 터이었지만, 유다의 남은 자들이 구원을 얻고 거기에서부터 이스라엘의 참된 회복이 이루어질 것이라고 예언하셨다. 히스기야의 기도는 확실히 응답되었다. 앗수르 왕은 예루살렘 성에 접근하지 못하고 화살을 쏘지도 못하고 방패를 세우지도 못하고 토성을 쌓지도 못하고 오던 길로 돌아갈 것이다.

〔35-37절〕 이 밤에 여호와의 사자가 나와서 앗수르 진에서 군사 18만 5천을 친지라. 아침에 일찍이 일어나 보니 다 송장이 되었더라. 앗수르 왕 산헤립이 떠나 돌아가서 니느웨에 거하더니 그 신 니스록의 묘(廟)에[신전에서] **경배할 때에 아드람멜렉과 사레셀이 저를 칼로 쳐죽이고 아라랏 땅으로 도망하매 그 아들 에살핫돈이 대신하여 왕이 되니라.**

하나님의 기도 응답은 구체적인 사건으로 이루어졌다. 히스기야가 하나님께 간구하였던 그 밤에 여호와의 천사가 나와서 앗수르 진에서 군사 18만 5천명을 쳤다. 아침에 일찍이 일어나 보니 그들은 다 시체가 되었다. 크게 당황하였을 앗수르 왕 산헤립은 떠나 돌아갔고 수도 니느웨 성에 거했다. 또 그 후, 그는 그 신 니스록의 신전에서 경배할 때에 아드람멜렉과 사레셀이 그를 칼로 쳐죽이고 아라랏 땅으로 도망했다. 이사야 37:38은 그들이 그의 아들들이었다고 증거한다. 산헤립을 이어, 그의 아들 에살핫돈이 왕이 되었다.

본장의 교훈은 무엇인가? 첫째로, 히스기야는 평소에 여호와 하나님에 대한 분명하고 확고한 지식과 믿음을 가지고 있었다. 그는 여호와께서 창조주 하나님이시며 살아계시고 유일하신 참 하나님이심을 분명히 알고 확신하였다. 이 믿음은 위기 때에 그 빛을 발휘했다. 믿음은 확고한 지식이며 그것은 성경말씀을 통해 생기며 견고해진다. 로마서 10:17, "믿음은 들음에서 나며 들음은 그리스도의 말씀으로 말미암았느니라." 우리는 성경을 읽음으로써 하나님을 확실히 알 수 있고 확신할 수 있다. 우리는 평소에 성경을 통해 하나님을 바로 알고 바로 믿어야 한다.

둘째로, 히스기야는 어려운 위기 상황에서 성전에 올라갔다. 위협적 편지를 받았을 때도 다시 성전에 올라갔다. 또 그는 선지자 이사야에게 사람을 보내어 기도를 요청했다. 우리는 어려운 일을 당할 때 낙심하거나 당황하지 말고 기도해야 한다. 믿음과 기도는 정비례한다. 믿는 자만 기도할 수 있다. 믿음이 없는 자는 기도할 수 없다. 우리는 믿음을 굳게 가지고 하나님께 기도해야 한다. 주께서는 우리에게 끈질긴 강청의 기도를 하라고 하시면서 "구하라 그러면 너희에게 주실 것이요 찾으라 그러면 찾을 것이요 문을 두드리라 그러면 너희에게 열릴 것이니 구하는 이마다 받을 것이요 찾는 이가 찾을 것이요 두드리는 이에게 열릴 것이니라"고 말씀하셨다(눅 11:8-10). 우리는 그렇게 기도해야 한다.

셋째로, 하나님께서는 히스기야의 기도에 즉시 응답해주셔서 앗수르 왕이 구스 왕의 싸우러 온다는 소식을 듣고 본국으로 되돌아갈 생각을 품게 하셨고 본국으로 되돌아가게 하실 것이며 천사를 보내어 그 밤에 군사 18만 5천명이 죽는 재앙을 내리셨다. 여호와 하나님께서는 살아계시며 자기 백성을 지키시고 구원하시는 주권자 하나님이시다. 우리는 섭리자 하나님을 믿고 기도하며 그의 기도 응답을 기대해야 한다.

20장: 히스기야가 죽을병에서 나음

〔1절〕 그때에 히스기야가 병들어 죽게 되매 아모스의 아들 선지자 이사야가 저에게 나아와서 이르되 여호와의 말씀이 너는 집을 처치하라[정리하라](KJV, NASB, NIV). **네가 죽고 살지 못하리라 하셨나이다.**

앗수르 군대가 퇴각한 일이 있은 후, 유다 왕 히스기야는 병들어 죽음에 가깝게 되었다. 그는 경건한 왕이었음에도 불구하고 죽을병에 걸렸다. 하나님께서는 자기의 사랑하는 종들에게도 고난을 주신다. 그것은 그들을 훈련시키고 더 큰 은혜를 주기 위함이시다. 로마서 5:3-4, "우리가 환난 중에도 즐거워하나니, 이는 환난은 인내를, 인내는 연단을, 연단은 소망을 이루는 줄 앎이로다." 병은 죽음의 전조와 같다. 심한 병은 특히 그러하다. 더욱이, 하나님께서는 선지자 이사야를 통해 "너는 집을 정리하라. 네가 죽고 살지 못하리라"고 말씀하셨다. 이런 상황은 히스기야에게 절망적이었을 것이다.

〔2-3절〕 히스기야가 낯을 벽으로 향하고 여호와께 기도하여 가로되 여호와여, 구하오니 내가 진실과 전심으로 주 앞에 행하며 주의 보시기에 선하게 행한 것을 기억하옵소서 하고 심히 통곡하더라.

이런 절망적인 상황에서, 히스기야는 하나님께 기도하였다. 다윗도 절망적인 상황에 처할 때마다 하나님의 구원과 도우심을 간구하였었다(시 22편). 히스기야는 얼굴을 벽으로 향하고 여호와께 기도하였다. 그것은 그가 병상에서 누운 채 기도하였음을 보인다. 그는 병상에서, 절망적 상황에서 기도했다. 그는 기도할 때 하나님께 자신의 중심을 고하며 기도하였다. 그는 "내가 진실과 전심으로 주 앞에 행하며 주의 보시기에 선하게 행한 것을 기억하옵소서"라고 말하였다. 이것은 자랑이 아니고 하나님 앞에 담대하게 아뢴 그의 진심의 고백이었다. 그것은 그가 평소에 하나님을 경외하며 그의 계명을 힘써 지킨 데서 나온 담대한 고백이다. 사도 요한은 말하기를, “만일 우리 마음이 우리를 책망할 것이 없으면 하나님 앞에서 담대함을 얻고 무엇이든지 구하는 바를 그에게 받나니 이는 우리가 그의 계명들을 지키고 그 앞에서 기뻐하시는 것을 행함이라”고 했다(요일 3:21-22). 히스기야는 또 심히 통곡하였다. 심한 통곡은 간절한 마음이 없이는 나오지 않을 것이다. 그의 기도와 소원은 간절하였다.

〔4-7절〕 이사야가 성읍 가운데까지도 이르기 전에 여호와의 말씀이 저에게 임하여 가라사대 너는 돌아가서 내 백성의 주권자 히스기야에게 이르기를 왕의 조상 다윗의 하나님 여호와의 말씀이 내가 네 기도를 들었고 네 눈물을 보았노라. 내가 너를 낫게 하리니 네가 삼일 만에 여호와의 전에 올라가겠고 내가 네 날을 15년을 더할 것이며 내가 너와 이 성을 앗수르 왕의 손에서 구원하고 내가 나를 위하고 또 내 종 다윗을 위하므로 이 성을 보호하리라 하셨다 하라 하셨더라. 이사야가 가로되 무화과 반죽을 가져오라 하매 무리가 가져다가 그 종처에 놓으니 나으니라.

이사야가 성읍 가운데에도 이르기 전에 여호와의 말씀이 그에게 임하였다. 하나님께서는 히스기야의 눈물의 기도에 대해 즉시 응답하셨다. 그는 그의 사랑하는 종들의 기도, 그것도 그들의 눈물의 간절한 기도를 잘 들어주신다. 그는 영이시지만, 눈과 귀가 있으신 살아계신 인격적 존재이시다. 그는 우리의 소리를 들으시고 우리의 눈물을 보신다. 그는 그의 능력으로 히스기야를 낫게 하셔서 삼일 만에 성전에 올라가게 하실 것이다. 또 그는 그의 권한으로 그의 생명을 15년 더 연장시키실 것이다. 그뿐 아니라, 그는 그의 영광을 위해 히스기야와 예루살렘 성을 앗수르 왕의 손에서 구원하시고 보호하실 것이다.

이사야는 “무화과 반죽을 가져오라”고 말했고, 무리가 그것을 가져다가 히스기야의 그 종처에 놓으니 나았다. ‘반죽’이라는 원어(데벨라 דְּבֵלָה)는 ‘눌린 무화과 덩어리’(KJV) 혹은 ‘눌린 무화과 떡’(NASB)을 가리킨다(BDB). ‘종처’라는 원어(쉐킨 שְׁחִין)는 ‘종기, 발진’이라는 뜻이다(BDB). 히스기야 왕의 병은 종기로 인한 것이었다. 하나님께서는 눌린 무화과 덩어리를 사용하셔서 히스기야의 종기를 고쳐주셨다. 야고보서 5:14는, "너희 중에 병든 자가 있느냐? 저는 교회의 장로들을 청할 것이요 그들은 주의 이름으로 기름을 바르며 위하여 기도할지니라"고 말했다. 의술과 약품은 하나님께서 주신 것이요 그가 일반적으로 사용하시는 치료 방법이다.

〔8-11절〕 히스기야가 이사야에게 이르되 여호와께서 나를 낫게 하시고 삼일 만에 여호와의 전에 올라가게 하실 무슨 징조가 있나이까? 이사야가 가로되 여호와의 하신 말씀을 응하게 하실 일에 대하여 여호와께로서 왕에게 한 징조가 임하리이다. 해 그림자가 10도를 나아갈 것이니이까? 혹 10도를 물러갈 것이니이까? 히스기야가 대답하되 그림자가 10도를 나아가기는 쉬우니 그리할 것이 아니라. 10도가 물러갈 것이니이다. 선지자 이사야가 여호와께 간구하매 아하스의 일영표(日影表)[해시계] **위에 나아갔던 해 그림자로 10도를 물러가게 하셨더라.**

히스기야는 이사야에게, "여호와께서 나를 낫게 하시고 삼일 만에 여호와의 전에 올라가게 하실 무슨 징조가 있나이까?"라고 물었다. 히스기야는 선지자를 통하여 선언된 하나님의 치료의 약속이 믿어지지 않았던 것 같다. 사람은 다 연약하다. 그러나 사람은 연약하지만, 하나님께서는 그런 사람에 대해 너그러우신 것 같다. 선지자 이사야는 여호와께 간구하였고, 하나님께서는 히스기야의 요구대로 아하스의 해시계 위에 나아갔던 해 그림자로 10도를 물러가게 하셨다. 여호수아 때에 태양이 하늘에 머물러 속히 내려가지 않은 적이 있었듯이(수 10:13), 히스기야 왕의 때에 하나님께서는 태양을 잠시 동안 거꾸로 움직이신 것 같은 일을 행하셨다. 그것은 놀라운 기적이었다.

〔12-21절〕 그때에 발라단의 아들 바벨론 왕 부로닥발라단이 히스기야가 병 들었다 함을 듣고 편지와 예물을 저에게 보낸지라. 히스기야가 사자의 말을 듣고 자기 보물고의 금은과 향품과 보배로운 기름과 그 군기고(軍器庫)[무기고]**와 내탕고(內帑庫)**[보물창고]**의 모든 것을 다 사자에게 보였는**

데 무릇 왕궁과 그 나라 안에 있는 것을 저에게 보이지 아니한 것이 없으니라. 선지자 이사야가 히스기야 왕에게 나아와서 이르되 이 사람들이 무슨 말을 하였으며 어디서부터 왕에게 왔나이까? 히스기야가 가로되 먼 지방 바벨론에서 왔나이다. 이사야가 가로되 저희가 왕궁에서 무엇을 보았나이까? 히스기야가 대답하되 내 궁에 있는 것을 저희가 다 보았나니 나의 내탕고[보물창고]**에서 하나도 보이지 아니한 것이 없나이다. 이사야가 히스기야에게 이르되 여호와의 말씀을 들으소서. 여호와의 말씀이 날이 이르리니 무릇 왕궁의 모든 것과 왕의 열조가 오늘까지 쌓아 두었던 것을 바벨론으로 옮긴 바 되고 하나도 남지 아니할 것이요 또 왕의 몸에서 날 아들 중에서 사로잡혀 바벨론 왕궁의 환관이 되리라 하셨나이다. 히스기야가 이사야에게 이르되 당신의 전한 바 여호와의 말씀이 선하니이다 하고 또 가로되 만일 나의 사는 날에 태평과 진실이 있을진대 어찌 선하지 아니하리요 하니라. 히스기야의 남은 사적과 그 모든 권력과 못과 수도를 만들어 물을 성중으로 인도하여 들인 일은 유다 왕 역대지략에 기록되지 아니하였느냐? 히스기야가 그 열조와 함께 자고 그 아들 므낫세가 대신하여 왕이 되니라.**

히스기야 왕이 바벨론 사자에게 무기고와 보물창고들을 보여준 것은 실수이었다. 역대하 32:31, "그러나 바벨론 방백들이 히스기야에게 사자를 보내어 그 땅에서 나타난 이적을 물을 때에 하나님이 히스기야를 떠나시고 그 심중에 있는 것을 다 알고자 하사 시험하셨더라." 사람은 누구나 하나님의 은혜가 아니면 언제나 실수할 수 있다.

본장의 교훈을 정리해보자. 첫째로, 히스기야는 병들었을 때 하나님께 간절히 기도했다. 기도는 고난 당하는 성도에게 주신 복된 특권이다.

둘째로, 히스기야는 평소에 하나님 앞에서 진실과 전심으로 행하며 의와 선을 행했다. 우리가 평소에 하나님 앞에서 진실과 전심으로 선을 행하면, 우리는 항상 하나님께 대한 확신과 담력을 가질 것이다.

셋째로, 히스기야는 바벨론 사신이 왔을 때 실수하였다. 우리는 하나님께서 잠시라도 버려두시면 교만하고 실수하고 범죄할 수 있기 때문에 오직 하나님의 은혜만 구하며 항상 그를 의지하며 순종해야 한다.

21장: 유다 왕 므낫세

〔1-9절〕 므낫세가 위(位)에 나아갈 때에 나이 12세라. 예루살렘에서 55년을 치리하니라. 그 모친의 이름은 헵시바더라. 므낫세가 여호와 보시기에 악을 행하여 여호와께서 이스라엘 자손 앞에서 쫓아내신 이방 사람의 가증한 일을 본받아서 그 부친 히스기야의 헐어 버린 산당을 다시 세우며 이스라엘 왕 아합의 소위를 본받아 바알을 위하여 단을 쌓으며 아세라 목상을 만들며 하늘의 일월성신(日月星辰)을 숭배하여 섬기며 여호와께서 전에 이르시기를 내가 내 이름을 예루살렘에 두리라 하신 여호와의 전의 단들을 쌓고 또 여호와의 전 두 마당에 하늘의 일월성신을 위하여 단들을 쌓고 또 그 아들을 불 가운데로 지나게 하며 점치며 사술을 행하며 신접한 자와 박수를 신임하여 여호와 보시기에 악을 많이 행하여 그 진노를 격발하였으며 또 자기가 만든 아로새긴 아세라 목상을 전(殿)에 세웠더라. 옛적에 여호와께서 이 전에 대하여 다윗과 그 아들 솔로몬에게 이르시기를 내가 이스라엘 모든 지파 중에서 택한 이 전과 예루살렘에 내 이름을 영원히 둘지라. 만일 이스라엘이 나의 모든 명령과 나의 종 모세의 명한 모든 율법을 지켜 행하면 내가 그들의 발로 다시는 그 열조에게 준 땅에서 떠나 유리하지 않게 하리라 하셨으나 이 백성이 듣지 아니하였고 므낫세의 꾀임을 받고 악을 행한 것이 여호와께서 이스라엘 자손 앞에서 멸하신 열방보다 더욱 심하였더라.

므낫세는 왕위에 나아갈 때에 나이 12세이었다. 그렇다면 그는 그 부친 히스기야가 죽을병에서 나아서 15년간 더 사는 동안, 즉 히스기야가 병이 나은 지 약 3년 후, 나이 약 42세에 낳은 아들이었다.

므낫세는 여호와 보시기에 악을 행하여 여호와께서 이스라엘 자손 앞에서 쫓아내신 이방 사람의 가증한 일을 본받아 그 부친 히스기야의 헐어 버린 산당을 다시 세우며 이스라엘 왕 아합의 행위를 본받아 바알을 위하여 단을 쌓으며 아세라 목상을 만들며 하늘의 해와 달과 별들을 숭배하여 섬겼다. 히스기야는 자녀 교육에는 실패하였다.

또 므낫세는 여호와의 전에도 우상들의 단들을 쌓고 전의 두 마당에 해와 달과 별들을 위해 단들을 쌓고 또 그 아들을 불태워 몰렉에게 제물로 드리며 점치며 사술(邪術)을 행하며 신접한 자와 박수를 신임하여 여호와 보시기에 악을 많이 행하여 그 진노를 일으켰으며 자기가 만든 아세라 목상을 성전에 세웠다. 즉 그는 우상들을 하나님의 전에까지 들여놓았고 온갖 거짓된 신비주의에 빠졌던 것이다.

이스라엘 백성은 하나님의 음성을 듣지 않았고 므낫세는 그들을 꾀어 우상숭배의 악을 행케 하였다. 이와 같이 므낫세는 자신만 우상숭배를 한 것이 아니고 백성들로 하여금 우상숭배하도록 했다. 유다 왕과 그 백성은 여호와께서 이스라엘 자손 앞에서 멸하신 열방, 즉 가나안 원주민들보다 더욱 심하게 우상숭배에 빠졌다.

〔10-15절〕 여호와께서 그 종 모든 선지자들로 말씀하여 가라사대, 유다 왕 므낫세가 이 가증한 일과 악을 행함이 그 전에 있던 아모리 사람의 행위보다 더욱 심하였고 또 그 우상으로 유다를 범죄케 하였도다. 그러므로 이스라엘 하나님 여호와가 말하노니 내가 이제 예루살렘과 유다에 재앙을 내리리니 듣는 자마다 두 귀가 울리리라. 내가 사마리아를 잰 줄과 아합의 집을 다림 보던 추로 예루살렘에 베풀고 또 사람이 그릇을 씻어 엎음같이 예루살렘을 씻어 버릴지라. 내가 나의 기업에서 남은 자를 버려 그 대적의 손에 붙인즉 저희가 모든 대적에게 노략과 겁탈이 되리니 이는 애굽에서 나온 그 열조 때부터 오늘까지 나의 보기에 악을 행하여 나의 노를 격발하였음이니라 하셨더라.

하나님께서 어떻게 므낫세의 그 가증한 우상숭배에 대해 진노하며 징벌하지 않으시겠는가. 역대하 33:10-11에 보면, 여호와께서는 므낫세가 그의 말씀을 듣지 않기 때문에 앗수르 왕의 군대장관들로 와서 치게 하셔서 므낫세가 그들에게 사로잡혀 쇠사슬로 결박되어 바벨론에 끌려갔다고 기록하였다. 그것은 그의 말년의 일이었을 것이다.

〔16-18절〕 므낫세가 여호와 보시기에 악을 행하여 유다로 범하게 한 그 죄 외에 또 무죄한 자의 피를 심히 많이 흘려 예루살렘 이 가에서 저 가까지 가득하게 하였더라. 므낫세의 남은 사적과 무릇 그 행한 바와 범한 죄는 유

다 왕 역대지략에 기록되지 아니하였느냐? 므낫세가 그 열조와 함께 자매 그 궁궐 동산 곧 웃사의 동산에 장사되고 그 아들 아몬이 대신하여 왕이 되니라.

므낫세는 여호와 보시기에 악을 행하여 유다로 범하게 한 그 죄 외에도 또 무죄한 자의 피를 심히 많이 흘려 예루살렘 이 가에서 저 가까지 가득하게 하였다. 그것도 심히 악한 일이었다.

그러나 역대하 33:12-17은 므낫세의 회개에 대해 기록한다. 므낫세는 앗수르에 포로로 잡혀가서 큰 고통을 당하면서 하나님 앞에 매우 겸비해져서 하나님께 간구하였고, 하나님께서는 그의 간구를 들으셔서 그로 예루살렘에 돌아와 다시 왕위에 있게 하셨다. 역대하 33:13, 15는 므낫세가 그제야 여호와께서 하나님이신 줄 알았고, 그는 이방 신들과 여호와의 전의 우상들을 제하며 여호와의 전을 건축한 산에와 예루살렘에 쌓은 모든 단을 다 성 밖에 던졌다고 증거한다.

〔19-26절〕 아몬이 위에 나아갈 때에 나이 22세라. 예루살렘에서 2년을 치리하니라. 그 모친의 이름은 므술레멧이라. 욧바 하루스의 딸이더라. 아몬이 그 부친 므낫세의 행함같이 여호와 보시기에 악을 행하되 그 부친의 행한 모든 길로 행하여 그 부친의 섬기던 우상을 섬겨 경배하고 그 열조의 하나님 여호와를 버리고 그 길로 행치 아니하더니 그 신복들이 반역하여 왕을 궁중에서 죽이매 그 국민이 아몬 왕을 반역한 사람들을 다 죽이고 그 아들 요시야로 대신하여 왕을 삼았더라. 아몬의 행한 바 남은 사적은 유다 왕 역대지략에 기록되지 아니하였느냐? 아몬이 웃시야[웃사 עֻזָּא](18절과 동일함)**의 동산 자기 묘실에 장사되고 그 아들 요시야가 대신하여 왕이 되니라.**

아몬은 왕위에 나아갈 때에 나이 22세이었고, 예루살렘에서 2년을 치리했다. 아몬은 그 부친 므낫세의 행함같이 여호와 보시기에 악을 행하되 그 부친의 행한 모든 길로 행하여 그 부친의 섬기던 우상들을 섬겨 경배하고 그 열조의 하나님 여호와를 버리고 그 길로 행치 않았다. 므낫세의 회개는 그의 자녀를 바로 잡기에는 이미 시간이 늦었던 것 같다. 그의 아들 아몬은 므낫세의 우상숭배을 반복했다. 그러자 그의 신복들은 왕을 반역해 그를 궁중에서 죽였다. 유다 백성들은 왕을 반역한 사람들을 다 죽이고 그 아들 요시야로 대신하여 왕을 삼았다.

본장의 교훈을 정리해보자. 첫째로, 경건한 히스기야의 아들들 중에 악한 므낫세가 나왔다. 그러나 아몬 같은 악한 왕에게서 요시야 같은 경건한 왕이 나왔다. 하나님의 은혜를 많이 받은 이스라엘 백성이 이방인들보다 더 타락하였다. 사람은 매우 부패하고 무능하며 우리의 구원은 하나님의 은혜와 구주 예수님의 대속 공로로만 되었다. 사람은 심히 부패하고 무능하고 하나님의 구원은 그의 전적 은혜이다. 성도는 오직 성령을 따라 행함으로 육체의 죄성을 극복할 수 있다. 갈라디아서 5:16, "내가 이르노니 너희는 성령을 좇아 행하라. 그리하면 육체의 욕심을 이루지 아니하리라." 로마서 8:13, "너희가 육신대로 살면 반드시 죽을 것이로되 영[성령]으로써 몸의 행실을 죽이면 살리니." 이처럼 구원은 하나님의 전적인 은혜로 시작되고 또한 성령의 도우심으로 진행된다.

둘째로, 므낫세와 유다 백성들은 바알과 아세라, 해와 달과 별들 등 많은 우상들을 섬겼고 온갖 신비주의에 빠져 있었다. 우리는 온갖 거짓된 신비주의를 경계하고, 돈이나 육신의 쾌락이나 명예 등도 경계해야 한다. 탐심은 우상숭배이다(골 3:5). 교만도 무서운 자기 우상이다(삼상 15:23). 우리는 돈을 사랑하지 말고 육신의 쾌락과 세상의 헛된 명예를 구하지 말고, 오직 하나님만 섬기며 그의 교훈에 순종해야 한다.

셋째로, 경건한 히스기야는 자녀 교육에 실패하였다. 므낫세도 그러하였다. 우리는 자녀가 아주 어릴 때부터 그를 육신의 양식으로만 키우지 말고 영혼의 양식인 성경말씀의 교훈으로 키워야 한다. 잠언 22:6, "마땅히 행할 길을 아이에게 가르치라. 그리하면 늙어도 그것을 떠나지 아니하리라." 에베소서 6:4, "아비들아, 너희 자녀를 노엽게 하지 말고 오직 주의 교양과 훈계로 양육하라." 우리는 자녀들이 너무 귀엽다고 제멋대로 하게 버려두지 말고 그들의 영혼을 위해 눈물로 기도하며(눅 23:28) 날마다 부지런히 성경으로 교훈하고 징계해야 한다.

22장: 요시야의 율법책 발견

〔1-2절〕 요시야가 위(位)에 나아갈 때에 나이 8세라. 예루살렘에서 31년을 치리하니라. 그 모친의 이름은 여디다라. 보스갓 아다야의 딸이더라. 요시야가 여호와 보시기에 정직히(핫야솨르 הַיָּשָׁר)[올바른 것을] **행하여 그 조상 다윗의 모든 길로 행하고 좌우로 치우치지 아니하였더라.**

요시야는 여호와 보시기에 정직히, 올바른 것을 행하였다. 우리는 하나님 앞에서 정직하게 살며 올바른 것을 행해야 한다. 또 요시야는 조상 다윗의 모든 길로 행했다. 다윗은 우리아의 아내를 범한 일 외에는 열왕들의 모범이 되었다. 또 요시야는 좌우로 치우치지 않았다. 그것은 그가 율법의 교훈대로 온전하게 행했다는 뜻이다. 악한 우상 숭배자인 아몬에게서 경건하고 정직한 아들이 나온 것은 하나님의 전적인 은혜이었다. 그러나 그의 모친의 영향도 있었던 것 같다. 요시야의 외가(外家) 쪽은 하나님을 경외함이 있었던 것 같다.

〔3-7절〕 요시야 왕 18년에 왕이 므술람의 손자 아살리야의 아들 서기관 사반을 여호와의 전에 보내며 가로되 너는 대제사장 힐기야에게 올라가서 백성이 여호와의 전에 드린 은 곧 문 지킨 자가 수납한 은을 계수하여 여호와의 전 역사 감독자[감독자들]**의 손에 붙여 저희로 여호와의 전에 있는 공장(工匠)**[기술자들]**에게 주어 전(殿)의 퇴락한 것을 수리하게 하되 곧 목수와 건축자와 미장이에게 주게 하고 또 재목과 다듬은 돌을 사서 그 전을 수리하게 하라 하니라. 그러나 저희 손에 붙인 은을 회계하지 아니하였으니 이는 그 행하는 것이 진실함이었더라.**

요시야의 경건함은 하나님의 성전에 대한 관심으로 나타났다. 그는 하나님의 성전에 수리할 부분이 있는 것을 보고 그냥 지나칠 수 없었고 성전 수리를 지시하였다. 그러나 성전 수리의 일, 즉 목수와 미장이 등 기술자들의 일을 감독하는 자들의 손에 붙인 은을 회계하지 않았다. 왜냐하면 그들의 행하는 것이 진실했기 때문이다. 하나님께서는 경건한 왕에게 정직하고 진실하고 충성된 신하들을 주셨다.

〔8-11절〕 대제사장 힐기야가 서기관 사반에게 이르되 내가 여호와의 전에서 율법책을 발견하였노라 하고 그 책을 사반에게 주니 사반이 읽으니라. 서기관 사반이 왕에게 돌아가서 복명(復命)[보고]**하여 가로되 왕의 신복들이 전(殿)에 있던 돈을 쏟아 여호와의 전 역사 감독자의 손에 붙였나이다 하고 또 왕에게 고하여 가로되 제사장 힐기야가 내게 책을 주더이다 하고 왕의 앞에서 읽으매 왕이 율법책의 말을 듣자 곧 그 옷을 찢으니라.**

왕은 율법책의 말을 듣자 그 옷을 찢었다. 그것은 통회하는 마음의 표이었다. 그는 하나님의 말씀을 진지하게, 두려움으로 받았다.

〔12-13절〕 왕이 제사장 힐기야와 사반의 아들 아히감과 미가야의 아들 악볼과 서기관 사반과 왕의 시신(侍臣)[곁에서 섬기는 신하] **아사야에게 명하여 가로되 너희는 가서 나와 백성과 온 유다를 위하여 이 발견한 책의 말씀에 대하여 여호와께 물으라. 우리 열조가 이 책의 말씀을 듣지 아니하며 이 책에 우리를 위하여 기록된 모든 것을 준행치 아니하였으므로 여호와께서 우리에게 발하신 진노가 크도다.**

요시야 왕은 그 읽은 율법의 내용을 이해했고 유다 백성이 하나님의 율법을 어긴 죄에 대한 하나님의 진노가 큼을 느꼈다.

〔14-17절〕 이에 제사장 힐기야와 또 아히감과 악볼과 사반과 아사야가 여선지 훌다에게로 나아가니 저는 할하스의 손자 디과의 아들 예복을 주관하는 살룸의 아내라. 예루살렘 둘째 구역에 거하였더라. 저희가 더불어 말하매 훌다가 저희에게 이르되 이스라엘 하나님 여호와의 말씀이 너희는 너희를 내게 보낸 사람에게 고하기를 여호와의 말씀이 내가 이 곳과 그 거민에게 재앙을 내리되 곧 유다 왕의 읽은 책의 모든 말대로 하리니 이는 이 백성이 나를 버리고 다른 신에게 분향하며 그 손의 모든 소위로 나의 노를 격발하였음이라. 그러므로 나의 이 곳을 향하여 발한 진노가 꺼지지 아니하리라 하라 하셨느니라.

옛날 사사시대에 여선지 드보라를 일으켜 사용하셨듯이(삿 4:4), 심히 우상숭배적이고 배교적이었던 시대에 하나님께서는 한 여자를 선지자로 세우셨다. 하나님의 일반적인 뜻은 제사장직이나 선지자직에 남자들을 세우시고 사용하시는 것이지만, 특별한 경우 예외적이었다. 신약시대도 하나님의 일반적인 뜻은 여성을 목사나 장로로 세우지 않는 것이다(고전 14:34; 딤전 2:12). 여선지자 훌다는 왕이 보낸 자들에게 하나님의 재앙을 전언(傳言)했다. 유다 백성의 죄는 그들이 하나님을 버리고 다른 신들을 섬긴 것이었다. 그들의 죄에 대해 하나님께서는 율법책에 기록된 대로 징벌하실 것이다. 율법책에 증거된 공의는 불변적이다. 하나님의 공의의 진노와 심판은 참으로 무섭다.

〔18-20절〕 너희를 보내어 여호와께 묻게 한 유다 왕에게는 너희가 이렇게 고하라. 이스라엘 하나님 여호와의 말씀이 네가 들은 말을 의논컨대 내가 이 곳과 그 거민에게 대하여 빈터가 되고 저주가 되리라 한 말을 네가 듣고 마음이 연하여 여호와 앞 곧 내 앞에서 겸비하여 옷을 찢고 통곡하였으므로 나도 네 말을 들었노라. 여호와가 말하였느니라. 그러므로 내가 너로 너의 열조에게 돌아가서 평안히 묘실로 들어가게 하리니 내가 이 곳에 내리는 모든 재앙을 네가 눈으로 보지 못하리라 하셨느니라. 사자들이 왕에게 복명하니라.

겸손한 요시야는 유다에 내려질 재앙을 보지 않는 은혜를 얻었다.

본장의 교훈을 정리해보자. 첫째로, 요시야는 하나님 보시기에 정직히 행하고 좌우로 치우치지 않았다. 성경은 우리가 하나님 앞에 바르고 정직하게 살라고 교훈한다. 우리는 성경 교훈대로 바르게 살아야 한다.

둘째로, 요시야는 율법책을 통해 유다 백성의 죄를 깨닫고 회개했다. 우리가 배교와 혼동의 시대에 바른 길 가려면 성경을 가까이 하는 길밖에 없다. 교인들은 성경을 힘써 읽고 듣고 묵상해야 하고 교회는 성경의 충실한 강론으로 그들로 하나님의 뜻을 밝히 알고 순종케 해야 한다. 그럴 때 우리 모두는 평안을 누리고 천국에 넉넉히 들어갈 수 있다.

셋째로, 우리는 죄악에 대해 하나님의 진노와 재앙이 있음을 기억해야 한다. 우리는 하나님의 법을 어긴 죄가 얼마나 심각한 것인지 알아야 한다. 우리는 죄악된 세상과 배교한 교회를 보며 탄식해야 한다.

23장: 요시야의 개혁 운동

〔1-3절〕 왕이 보내어 유다와 예루살렘의 모든 장로를 자기에게로 모으고 이에 여호와의 전에 올라가매 유다 모든 사람과 예루살렘 거민과 제사장들과 선지자들과 모든 백성이 무론 노소하고 다 왕과 함께한지라. 왕이 여호와의 전 안에서 발견한 언약책의 모든 말씀을 읽어 무리의 귀에 들리고 왕이 대 위에 서서 여호와 앞에서 언약을 세우되 마음을 다하고 성품을 다하여 여호와를 순종하고 그 계명과 법도와 율례를 지켜 이 책에 기록된 이 언약의 말씀을 이루게 하리라 하매 백성이 다 그 언약을 좇기로 하니라[그 언약 안에 서니라].

하나님을 섬기는 데는 개인의 기본적 신앙고백과 마음가짐이 중요하며, 또 교회의 기본적 신앙고백과 마음가짐도 중요하다. 특히 배교와 타협과 혼동의 시대에 요청되는 바른 신자의 태도는 오직 성경을 읽고 성경을 연구하고 성경대로 믿고 성경대로 사는 것이다. 성경은 개인과 교회의 신앙생활의 기준이요 지침이다.

〔4-5절〕 왕이 대제사장 힐기야와 모든 버금[부] **제사장들과 문을 지킨 자들에게 명하여 바알과 아세라와 하늘의 일월 성신을 위하여 만든 모든 기명**[그릇]**을 여호와의 전에서 내어다가 예루살렘 바깥 기드론 밭에서 불사르고 그 재를 벧엘로 가져가게 하고 옛적에 유다 왕들이 세워서 유다 모든 고을과 예루살렘 사면**[사방] **산당에서 분향하며 우상을 섬기게 한 제사장들을 폐하며**(히쉬비스 הִשְׁבִּית)[멸하며, 없애며](BDB) **또 바알과 해와 달과 열두 궁성**[별자리들]**과 하늘의 모든 별에게 분향하는 자들을 폐하고**[없애며].

요시야 왕은 그 나라에서 우상숭배를 폐하였다. 그는 우상의 모든 그릇들을 불태워버렸고 우상을 섬기는 제사장들을 다 멸하고 죽였다.

〔6-10절〕 또 여호와의 전에서 아세라 상을 내어 예루살렘 바깥 기드론 시내로 가져다가 거기서 불사르고 빻아서 가루를 만들어 그 가루를 평민의 묘지에 뿌리고 또 여호와의 전 가운데 미동(美童, 학케데쉼 הַקְּדֵשִׁים)[우상숭배 의식에 관계된 남창들]**의 집을 헐었으니 그 곳은 여인이 아세라를 위**

하여 휘장을 짜는 처소이었더라. 또 유다 각 성읍에서 모든 제사장을 불러오고 또 제사장이 분향하던 산당을 게바(유다의 최북단)에서부터 브엘세바(유다의 최남단)까지 더럽게 하고 또 성문의 산당들을 헐어버렸으니 이 산당들은 부윤[성주 城主] 여호수아의 대문 어귀 곧 성문 왼편에 있었더라. 산당의 제사장들은 예루살렘 여호와의 단에 올라가지 못하고 다만 그 형제 중에서 무교병[누룩을 넣지 않고 만든 떡]을 먹을 뿐이었더라. 왕이 또 힌놈의 아들 골짜기의 도벳을 더럽게 하여 사람으로 몰록에게 드리기 위하여 그 자녀[아들과 딸]를 불로 지나가게 하지[불태우지] 못하게 하고.

〔11-14절〕 또 유다 열왕이 태양을 위하여 드린 말들을 제하여 버렸으니 이 말들은 여호와의 전으로 들어가는 곳의 근처 시종 나단멜렉의 집 곁에 있던 것이며 또 태양 수레를 불사르고 유다 열왕이 아하스의 다락지붕에 세운 단들과 므낫세가 여호와의 전 두 마당에 세운 단들을 왕이 다 헐고 거기서 빻아 내려서 그 가루를 기드론 시내에 쏟아버리고 또 예루살렘 앞 멸망산 우편에 세운 산당을 더럽게 하였으니 이는 옛적에 이스라엘 왕 솔로몬이 시돈 사람의 가증한 아스다롯과 모압 사람의 가증한 그모스와 암몬 자손의 가증한 밀곰을 위하여 세웠던 것이며 왕이 또 석상(石像)들을 깨뜨리며 아세라 목상(木像)들을 찍고 사람의 해골로 그 곳에 채웠더라.

〔15-20절〕 이스라엘로 범죄케 한 느밧의 아들 여로보암이 벧엘에 세운 단과 산당을 왕이 헐고 또 그 산당을 불사르고 빻아서 가루를 만들며 또 아세라 목상을 불살랐더라. 요시야가 몸을 돌이켜 산에 있는 묘실들을 보고 보내어 그 묘실에서 해골을 취하여다가 단 위에 불살라 그 단을 더럽게 하니라. 이 일을 하나님의 사람이 전하였더니 그 전한 여호와의 말씀대로 되었더라(예언과 성경의 증거의 확실성을 보임, 왕상 13:2). 요시야가 이르되 내게 보이는 저것은 무슨 비석이냐? 성읍 사람들이 고하되 왕께서 벧엘의 단에 향하여 행하신 이 일을 전하러 유다에서 왔던 하나님의 사람의 묘실이니이다. 가로되 그대로 두고 그 뼈를 옮기지 말라 하매 무리가 그 뼈와 사마리아에서 온 선지자의 뼈는 그대로 두었더라. 전에 이스라엘 열왕이 사마리아 각 성읍에 지어서 여호와의 노를 격발한 산당을 요시야가 다 제하되 벧엘에서 행한 모든 일대로 행하고 또 거기 있는 산당의 제사장들을 다 단 위에서 죽이고 사람의 해골을 단 위에 불사르고 예루살렘으로 돌아왔더라.

이처럼 유다 왕 요시야는 벧엘뿐 아니라, 사마리아의 각 성에까지 영향력을 발휘하였다. 북방을 멸망시켰던 앗수르 나라의 북방 이스라엘에 미치는 세력이 쇠약해지고 있었던 것 같다.

〔21-23절〕 왕이 뭇백성에게 명하여 가로되 이 언약책에 기록된 대로 너희의 하나님 여호와를 위하여 유월절을 지키라 하매 사사가 이스라엘을 다스리던 시대부터 이스라엘 열왕의 시대에든지 유다 열왕의 시대에든지 이렇게 유월절을 지킨 일이 없었더니 요시야 왕 18년에 예루살렘에서 여호와 앞에 이 유월절을 지켰더라.

〔24-30절〕 요시야가 또 유다 땅과 예루살렘에 보이는 신접한 자와 박수와 드라빔[가정수호신 우상]**과 우상과 모든 가증한 것을 다 제하였으니 이는 대제사장 힐기야가 여호와의 전에서 발견한 책에 기록된 율법 말씀을 이루려 함이라. 요시야와 같이 마음을 다하며 성품을 다하며 힘을 다하여 여호와를 향하여 모세의 모든 율법을 온전히 준행한 임금은 요시야 전에도 없었고 후에도 그와 같은 자가 없었더라. 그러나 여호와께서 유다를 향하여 진노하신 그 크게 타오르는 진노를 돌이키지 아니하셨으니 이는 므낫세가 여호와를 격노케 한 그 모든 격노를 인함이라. 여호와께서 가라사대 내가 이스라엘을 물리친 것같이 유다도 내 앞에서 물리치며 내가 뺀 이 성 예루살렘과 내 이름을 거기 두리라 한 이 전을 버리리라 하셨더라. 요시야의 남은 사적과 모든 행한 일은 유다 왕 역대지략에 기록되지 아니하였느냐? 요시야 당시에 애굽 왕 바로느고가 앗수르 왕을 치고자 하여 유브라데 하수로 올라가므로 요시야 왕이 나가서 방비하더니 애굽 왕이 요시야를 므깃도에서 만나본 후에 죽인지라. 신복들이 그 시체를 병거에 싣고 므깃도에서 예루살렘으로 돌아와서 그 묘실에 장사하니 국민이 요시야의 아들 여호아하스를 데려다가 저에게 기름을 붓고 그 부친을 대신하여 왕을 삼았더라.**

요시야는 노아나 욥같이(창 6:9; 욥 1:1) 의롭고 온전한 자이었다. 그러나 여호와께서는 유다를 향해 진노하신 그 크게 타오르는 진노를 돌이키지 아니하셨다. 이는 므낫세가 여호와를 진노케 한 그 모든 진노를 인함이었다. 참으로 슬프고 두려운 일이었다.

〔31-37절〕 여호아하스가 위에 나아갈 때에 나이 23세라. 예루살렘에서

석달을 치리하니라. 그 모친의 이름은 하무달이라. 립나 예레미야의 딸이더라. 여호아하스가 그 열조의 모든 행위대로 여호와 보시기에 악을 행하였더니 바로느고가 저를 하맛 땅 립나에 가두어 예루살렘에서 왕이 되지 못하게 하고 또 그 나라로 은 1백 달란트와 금 한 달란트를 벌금으로 내게 하고 바로느고가 요시야의 아들 엘리아김으로 그 아비 요시야를 대신하여 왕을 삼고 그 이름을 고쳐 여호야김이라 하고 여호아하스는 애굽으로 잡아갔더니 저가 거기서 죽으니라. 여호야김이 은과 금을 바로에게 주니라. 저가 바로느고의 명령대로 그에게 그 돈을 주기 위하여 나라에 부과하되 국민 각 사람의 힘대로 액수를 정하고 은금을 늑봉(勒捧)[강제징수]**하였더라. 여호야김이 왕이 될 때에 나이 25세라. 예루살렘에서 11년을 치리하니라. 그 모친의 이름은 스비다라. 루마 브다야의 딸이더라. 여호야김이 그 열조의 모든 행한 일을 본받아 여호와 보시기에 악을 행하였더라.**

히스기야처럼, 요시야도 자녀 교육에는 실패하였다.

본장의 교훈을 정리해보자. 첫째로, 유다 멸망의 때에 유다 백성은 온갖 우상숭배에 빠져 있었다. 하나님처럼 섬기거나 가치 있게 여기는 것은 다 우상이다. 현대인의 우상은 돈과 육신의 쾌락 등이다. 우리는 모든 우상들을 멀리하고 우상숭배에 떨어지지 말아야 한다.

둘째로, 요시야는 성전에서 발견한 언약책에 근거하여 개혁 운동을 일으켰다. 성경은 우리의 신앙과 행위의 정확무오한 유일의 규칙이다. 그러므로 우리는 성경책을 열심히 읽고 듣고 배우고 그 모든 말씀을 다 믿고 다 순종하기를 결심하며 실천해야 한다. 그것이 하나님의 뜻이다.

셋째로, 요시야는 경건했지만, 부모의 중요한 의무인 자녀 교육에는 실패했다. 우리는 우리의 자녀들을 어릴 때부터 성경으로 바르게 교육하고 바른 본을 보여야 한다. 우리는 자녀 교육에 실패치 말아야 한다.

넷째로, 하나님께서는 므낫세의 죄 때문에 유다를 향한 크신 진노를 돌이키지 않으셨다. 여선지자 훌다를 통해 선언된 하나님의 뜻은 변함이 없었다. 우리는 하나님의 공의의 징벌을 두려워해야 한다. 또 우리는 우리의 구원이 오직 하나님의 긍휼 때문임을 알고 감사해야 한다.

24장: 바벨론의 1, 2차 침공

[1-7절] 여호야김 시대에 바벨론 왕 느부갓네살이 올라오매 여호야김이 3년을 섬기다가 돌이켜 저를 배반하였더니 여호와께서 그 종 선지자들로 하신 말씀과 같이 갈대아의 부대와 아람의 부대와 모압의 부대와 암몬 자손의 부대를 여호야김에게로 보내어 유다를 쳐 멸하려 하시니 이 일이 유다에 임함은 곧 여호와의 명하신 바로 저희를 자기 앞에서 물리치고자 하심이니 이는 므낫세의 지은 모든 죄로 인함이며 또 저가 무죄한 자의 피를 흘려 그 피로 예루살렘에 가득하게 하였음이라. 여호와께서 사하시기를 즐겨하지 아니하시니라. 여호야김의 남은 사적과 모든 행한 일은 유다 왕 역대지략에 기록되지 아니하였느냐? 여호야김이 그 열조와 함께 자매 그 아들 여호야긴이 대신하여 왕이 되니라. 애굽 왕이 다시는 그 나라에서 나오지 못하였으니 이는 바벨론 왕이 애굽 하수에서부터 유브라데 하수까지 애굽 왕에게 속한 땅을 다 취하였음이더라.

요시야의 아들 여호야김은 여호와 보시기에 악을 행하였는데(왕하 23:37) 그 시대에 바벨론 왕 느부갓네살이 올라왔다. 그것이 주전 605년경의 일이다. 통치자가 범죄하면 국력이 쇠해지고 전쟁이 나는 것은 역사가 보이는 하나님의 일반적 섭리이었다. 역대하 36:6에 보면, 바벨론 왕은 올라와 예루살렘을 쳤고 여호야김을 쇠사슬로 결박해 바벨론으로 잡아갔다. 다니엘 1:1-2도 유다 왕 여호야김 3년에 바벨론 왕 느부갓네살이 예루살렘에 이르러 그것을 에워쌌고 주 하나님께서 유다 왕 여호야김과 하나님의 전 기구 얼마를 그의 손에 붙이시자 그가 그것을 시날 땅 자기 신전에 두었다고 말한다. 다니엘과 세 친구들도 그때 포로로 잡혀갔다(단 1:1-7). 여호야김은 포로로 잡혀갔다가 돌아온 것 같지만(렘 36:1, 9) 그러나 그의 결말은 좋지 않았다. 선지자 예레미야는, 여호야김이 끌려 예루살렘 문밖에 던지우고 나귀같이 매장함을 당하리라고 예언했고(렘 22:18-19), 또 "그 시체는 버림을 입어서 낮에는 더위, 밤에는 추위를 당하리라"고 했다(렘 36:30). 그는 예루살렘 성밖에서 비극적인 죽음을 죽었던 것 같다.

유다 나라에 이 치욕적인 바벨론 1차 침공과 포로로 잡혀간 사건은 므낫세의 죄 때문에 일어난 것이었다. 므낫세의 지은 모든 죄 속에는 특히 우상숭배의 죄가 컸다. 그것은 이미 열왕기하 21장에서 자세히 증거하였고 또 열왕기하 23장의 요시야의 개혁운동에서 다시 확인할 수 있었다. 므낫세는 바알과 아세라 숭배는 물론, 해와 달과 별들의 숭배, 몰렉에게 자녀들을 불태워 드리기, 또 점치고 사술 행하기 등을 했다. 또 그는 수많은 무죄한 자들 곧 억울한 자들의 피를 흘렸다.

〔8-9절〕 여호야긴이 위(位)에 나아갈 때에 나이 18세라.[8] **예루살렘에서 석 달을 치리하니라. 그 모친의 이름은 느후스다라. 예루살렘 엘라단의 딸이더라. 여호야긴이 그 부친의 모든 행위를 본받아 여호와 보시기에 악을 행하였더라.**

여호야긴은 그 부친의 모든 행위를 본받아 여호와 보시기에 악을 행하였다. 부모의 실패를 보면 자식이 깨달을 법한데 그렇지 못했다. 사람은 모방을 잘하는 존재이다. 무슨 본을 받을 것인가가 중요하다.

〔10-17절〕 그때에 바벨론 왕 느부갓네살의 신복들이 예루살렘에 올라와서 그 성을 에워싸니라. 그 신복들이 에워쌀 때에 바벨론 왕 느부갓네살도 그 성에 이르니 유다 왕 여호야긴이 그 모친과 신복과 방백들과 내시들과 함께 바벨론 왕에게 나아가매 왕이 잡으니 때는 바벨론 왕 8년이라. 저가 여호와의 전의 모든 보물과 왕궁 보물을 집어내고 또 이스라엘 왕 솔로몬이 만든 것 곧 여호와의 전의 금 기명을 다 훼파하였으니 여호와의 말씀과 같이 되었더라. 저가 또 예루살렘의 모든 백성**과 모든 방백과 모든 용사 합 1만명과 모든 공장**[기술자들]**과 대장장이를 사로잡아 가매 빈천(貧賤)한**[심히 가난한] **자 외에는 그 땅에 남은 자가 없었더라.** [이와 같이] **저가 여호야긴을 바벨론으로 사로잡아 가고 왕의 모친과 왕의 아내들과 내시와 나라에 권세 있**

8) 역대하 36:9는 "8세"라고 되어 있으나 한 개의 히브리어 사본과 또 몇 개의 헬라어 70인역 사본들과 수리아역은 "18세"로 되어 있다.

는 자도 예루살렘에서 바벨론으로 사로잡아 가고 또 용사 7천과 공장[기술자들]**과 대장장이 1천 곧 다 강장하여**[건강하여] **싸움에 능한 자들을 바벨론으로 사로잡아 가고 바벨론 왕이 또 여호야긴의 아자비**[삼촌] **맛다니야로 대신하여 왕을 삼고 그 이름을 고쳐 시드기야라 하였더라.**

이것이 바벨론 왕의 2차 침공이었다. 그때가 바벨론 왕 제8년, 즉 주전 597년경이었다. 바벨론 왕은 많은 사람들을 포로로 잡아갔다.

〔18-20절〕 시드기야가 위(位)에 나아갈 때에 나이 21세라. 예루살렘에서 11년을 치리하니라. 그 모친의 이름은 하무달이라. 립나 예레먀의 딸이더라. 시드기야가 여호야김의 모든 행위를 본받아 여호와 보시기에 악을 행한지라. 여호와께서 예루살렘과 유다를 진노하심이 저희를 그 앞에서 쫓아내실 때까지 이르렀더라. 시드기야가 바벨론 왕을 배반하니라.

시드기야도 하나님을 경외함이 없었다. 이와 같이 유다 멸망기의 왕들은 한결같이 악하였다. 유다의 멸망은 그 왕들의 악함으로 인해 더욱 재촉되었다. 죄의 대가는 멸망이다. 죄악된 사회는 망한다.

본장의 교훈을 정리해보자. 첫째로, 하나님께서 죄악된 유다 나라를 심판하셨고 그 나라는 결국 멸망할 것이다. 죄는 개인도 죽이고 나라도 멸망시킨다. 그러므로 우리에게 중요한 것은, 죄를 멀리하는 것이다.

둘째로, 여호야긴도 시드기야도 그 선왕(先王)의 악한 행위를 본받아 악을 행하였다. 사람이 누구의 본을 따르느냐가 그의 장래를 결정한다. 악한 선왕의 본을 따른 왕들은 결국 악을 행하다가 멸망했다. 우리는 주 예수 그리스도와 그의 사도들의 선한 행위를 본받아야 한다(빌 3:17).

셋째로, 이스라엘과 유다의 역사는 실패의 역사이었다. 우리는 하나님의 은혜와 예수 그리스도의 십자가 대속으로 구원을 받았다. 주 예수께서 천국을 선포하셨고 신약교회는 그 천국의 시작이다. 우리는 믿음과 순종으로 살며 참 교회를 세워야 한다. 말세에 거짓 목사들이 많이 나타나며 배교와 거짓된 은사운동이 있을 것이 예언되어 있으므로, 우리는 항상 조심하며 성경적 바른 교회를 세우고 천국만 소망해야 한다.

25장: 유다의 멸망

[1-7절] 시드기야 9년 10월 10일에 바벨론 왕 느부갓네살이 그 모든 군대를 거느리고 예루살렘을 치러 올라와서 진을 치고 사면으로 토성을 쌓으매 성이 시드기야 왕 11년까지 에워싸였더니 그 4월 9일에 성중에 기근이 심하여 그 땅 백성의 양식이 진하였고 갈대아 사람이 그 성읍을 에워쌌으므로 성벽에 구멍을 뚫은지라. 모든 군사가 밤중에 두 성벽 사이 왕의 동산 곁문 길로 도망하여 아라바 길로 가더니 갈대아 군사가 왕을 쫓아가서 여리고 평지에 미치매 왕의 모든 군사가 저를 떠나 흩어진지라. 갈대아 군사가 왕을 잡아 립나 바벨론 왕에게로 끌고 가매 저에게 신문하고 시드기야의 아들들을 저의 목전에서 죽이고 시드기야의 두 눈을 빼고 사슬로 결박하여 바벨론으로 끌어갔더라.

시드기야 9년 10월 10일에 바벨론 왕 느부갓네살이 그 모든 군대를 거느리고 예루살렘을 포위하여 11년 4월 9일에 성이 함락되었다(렘 39:2; 52:7).[9] 성이 포위된 지 약 1년 6개월 만이다. 갈대아 군사는 왕을 잡아 립나 바벨론 왕에게 끌고 갔고 그의 아들들을 그의 눈앞에서 죽이고 그의 두 눈을 빼고 사슬로 결박해 바벨론으로 끌어갔다. 시드기야 왕은 극한 수치와 모욕을 당했다. 하나님께서는 선지자 예레미야를 통해 그에게, "네가 만일 바벨론 왕의 방백들에게 항복하면 네 생명이 살겠고 이 성이 불사름을 입지 아니하리라"고 말씀하셨으나(렘 38:17), 그는 하나님의 말씀을 끝까지 듣지 않았었다. 예레미야 52:11은, 시드기야가 죽는 날까지 감옥에 있었다고 전한다.

[8-12절] 바벨론 왕 느부갓네살의 19년 5월 7일에 바벨론 왕의 신하 시위대 장관 느부사라단이 예루살렘에 이르러 여호와의 전과 왕궁을 사르

---

9) '성벽에 구멍을 뚫었다'는 원어(와팁바카 하이르 וַתִּבָּקַע הָעִיר)는 '그 성이 뚫렸다'는 뜻이다(렘 52:7에도 똑같은 말이 있음). 예레미야 39:2도 같은 동사(호브케아 הָבְקְעָה)가 사용되었다.

고 예루살렘의 모든 집을 귀인의 집까지 불살랐으며 시위대 장관을 좇는 갈대아 온 군대가 예루살렘 사면 성벽을 헐었으며 성중에 남아 있는 백성과 바벨론 왕에게 항복한 자와 무리의 남은 자는 시위대 장관 느부사라단이 다 사로잡아가고 빈천(貧賤)한[매우 가난한] **국민을 그 땅에 남겨두어 포도원을 다스리는 자와 농부가 되게 하였더라.**

바벨론 왕 느부갓네살의 19년 5월 7일에 바벨론 왕의 시위대 장관 느부사라단이 예루살렘에 왔고, 여호와의 전과 왕궁을 사르고 예루살렘의 모든 집을 귀인들의 집까지 불살랐다. 예레미야 52:12에 의하면, 그는 3일 후 즉 5월 10일에 하나님의 성전과 왕궁과 귀인들의 모든 집을 불살랐던 것 같다. 솔로몬이 지었던 영광스런 성전과 또 호화로웠던 왕궁들과 또 귀인들의 집들은 다 불타버렸다. 또 시위대 장관을 좇는 갈대아 군대는 예루살렘 사면 성벽을 헐었다. 이제 그 성은 주위 나라들의 침략으로부터 안전한 성이 되지 못했다. 또 느부사라단은 성중에 남아 있는 백성과 바벨론 왕에게 항복한 자와 무리의 남은 자를 다 사로잡아갔고 매우 가난한 백성을 남겨두어 포도원을 다스리는 자와 농부가 되게 했다. 예루살렘 성은 이렇게 황폐케 되었다.

〔13-17절〕 갈대아 사람이 또 여호와의 전의 두 놋[청동]**기둥과 받침들과 여호와의 전의 놋**[청동]**바다를 깨뜨려 그 놋**[청동]**을 바벨론으로 가져가고 또 가마들과 부삽들과 불집게들과 숟가락들과 섬길 때에 쓰는 모든 놋**[청동]**그릇을 다 가져갔으며 시위대 장관이 또 불 옮기는 그릇들과 주발들 곧 금물의 금과 은물의 은을 가져갔으며 또 솔로몬이 여호와의 전을 위하여 만든 두 기둥과 한 바다와 받침들을 취하였는데 이 모든 기구의 놋**[청동] **중수를 헤아릴 수 없었으니 그 한 기둥은 고가 18규빗**[약 8.1미터]**이요 그 꼭대기에 놋**[청동]**머리가 있어 고가 3규빗**[약 1.3미터]**이요 그 머리에 둘린 그물과 석류가 다 놋**[청동]**이라. 다른 기둥의 장식과 그물도 이와 같았더라.**

〔18-21절〕 시위대 장관이 대제사장 스라야와 부제사장 스바냐와 전 문지기 세 사람을 잡고 또 성중에서 사람을 잡았으니 곧 군사를 거느린 내시 하나와 또 성중에서 만난 바 왕의 시종 다섯 사람과 국민을 초모(招募)하는[소집하는] **장관의 서기관 하나와 성중에서 만난 바 국민 60명이라. 시위대**

장관 느부사라단이 저희를 잡아가지고 립나 바벨론 왕에게 나아가매 바벨론 왕이 하맛 땅 립나에서 다 쳐죽였더라. 이와 같이 유다가 사로잡혀 본토에서 떠났더라.

종교적 부패와 결탁하여 한 동안 세상 권세를 누렸던 권력자들은 이렇게 하나님의 징벌로 비극적 생을 마쳤다. 이와 같이 유다가 사로잡혀 본토에서 떠나갔다. 이것이 제3차 포로 사건이다. 제1차 포로 사건은 주전 605년경 여호야김 때이었고, 제2차 포로 사건은 주전 597년경 여호야긴 때이었으며, 제3차 포로 사건은 주전 586년경 시드기야 때이었고, 이때 유다 나라는 멸망하였다. 그 멸망은, 왕들과 백성들이 하나님의 명령을 거슬러 여러 가지 우상들을 숭배하고 의인들의 피를 많이 흘린 악행에 대한 하나님의 엄중한 심판이었다.

〔22-26절〕 유다 땅에 머물러 있는 백성은 곧 바벨론 왕 느부갓네살이 남긴 자라. 왕이 사반의 손자 아히감의 아들 그달리야[그다랴]**로 관할하게 하였더라. 모든 군대 장관과 그 좇는 자가 바벨론 왕이 그달리야로 방백을 삼았다 함을 듣고 이에 느다니야의 아들 이스마엘과 가레아의 아들 요하난과 느도바 사람 단후멧의 아들 스라야와 마아가 사람의 아들 야아사니야와 그 좇는 사람이 모두 미스바로 가서 그달리야에게 나아가매 그달리야가 저희와 그 좇는 자들에게 맹세하여 이르되 너희는 갈대아 신복을 인하여 두려워 말고 이 땅에 거하여 바벨론 왕을 섬기라. 그리하면 너희가 평안하리라 하니라. 7월에 왕족 엘리사마의 손자 느다니야의 아들 이스마엘이 10인을 거느리고 와서 그달리야를 쳐서 죽이고 또 저와 함께 미스바에 있는 유다 사람과 갈대아 사람을 죽인지라. 대소 백성과 군대 장관들이 다 일어나서 애굽으로 갔으니 이는 갈대아 사람을 두려워함이었더라.**

남은 자들은 방백 그달리야가 죽임을 당함으로 안정을 잃었다.

〔27-30절〕 유다 왕 여호야긴이 사로잡혀 간 지 37년 곧 바벨론 왕 에윌므로닥의 즉위한 원년 12월 27일에 유다 왕 여호야긴을 옥에서 내어놓아 그 머리를 들게 하고 선히 말하고 그 위(位)를 바벨론에 저와 함께 있는 모든 왕의 위(位)보다 높이고 그 죄수의 의복을 바꾸게 하고 그 일평생에 항상 왕의 앞에서 먹게 하였고 저의 쓸 것은 날마다 왕에게서 받는 정수[일정

한 양**가 있어서 종신토록 끊이지 아니하였더라.**

유다 왕 여호야긴이 사로잡혀 간 지 37년, 곧 바벨론 왕 에월므로닥의 즉위한 원년, 곧 주전 약 560 혹은 561년경 12월 27일에 바벨론 왕은 유다 왕 여호야긴을 옥에서 내어놓아 그 머리를 들게 하였다. 그때 여호야긴은 55세쯤이었다. 또 바벨론 왕은 그에게 좋게 말하고, 그 직위를 바벨론에 그와 함께 있는 모든 왕의 직위보다 높이고, 그 죄수의 의복을 바꾸게 하고, 그의 남은 세월 동안 항상 왕의 앞에서 먹게 했고, 그의 쓸 것은 날마다 왕에게서 받는 일정한 양이 있어서 죽을 때까지 끊어지지 않게 하였다. 에월므로닥은 하나님을 경외한 자이었던 것 같다. 유다 왕 여호야긴이 이처럼 바벨론 왕의 호의를 입은 것은 자기 백성을 향하신 하나님의 긍휼이 있음을 암시하였다.

본장의 교훈을 정리해보자. 첫째로, 이스라엘 백성의 우상숭배의 죄와 의인들의 피를 많이 흘린 죄는 그들로 결국 망하게 했다. 유다 왕 시드기야는 눈앞에서 아들들이 죽임을 당했고 자기의 두 눈은 뽑혔고 쇠사슬에 결박되어 바벨론으로 끌려가 죽을 때까지 옥에 갇혔다. 예루살렘 성전도 솔로몬 왕궁도 불탔다. 죄의 결과는 완전한 멸망이었다.

둘째로, 거짓 선지자들은 바벨론이 예루살렘을 멸망시키지 못한다고 말했으나 참 선지자 예레미야는 바벨론의 침공으로 예루살렘이 멸망할 것을 예언하였다. 그는 그 예언 때문에 미움과 핍박과 학대를 당하였다. 그러나 누구의 예언이 성취되었는가? 거짓 선지자들의 예언은 거짓말이었고 참 선지자의 예언은 이루어졌다. 우리는 성경의 바른 교훈을 다 알고 다 굳게 믿고 그 교훈을 거역하지 말고 힘써 행해야 한다.

셋째로, 유다 왕 여호야긴은 37년 감옥생활 후에 바벨론 왕에게 극진한 호의와 대우를 받았다. 그것은 하나님의 긍휼의 증표이었다. 구원은 하나님의 긍휼로 말미암는다. 우리는 하나님의 긍휼과 예수 그리스도의 십자가 공로로 구원받았다. 우리는 늘 그 긍휼 안에 거해야 한다.

저자 소개

연세대학교 문과대학 철학과 졸업 (B.A.).
총신대학 신학연구원[신학대학원] 졸업 (M.Div. equiv.).
미국, Faith Theological Seminary 졸업 (Th.M. in N.T.).
미국, Bob Jones University 대학원 졸업 (Ph.D. in Theology).
계약신학대학원 교수 역임, 합정동교회 담임목사.

〔**역서**〕 J. 그레셤 메이천, 신약개론, 신앙이란 무엇인가? 등 다수.
〔**저서**〕 구약성경강해 1, 2, 신약성경강해, 조직신학, 기독교교리개요, 기독교 윤리, 현대교회문제, 자유주의 신학의 이단성, 에큐메니칼운동 비평, 복음주의 비평, 현대교회문제자료집, 천주교회비평 등.

열왕기 강해

2010년 8월 6일 1판
2017년 12월 8일 2판
2022년 7월 22일 3판

저 자 **김 효 성**

발행처 **옛신앙 출판사**
Old-time Faith Press
www.oldfaith.net

서울 마포구 독막로 26
합정동교회 내
02-334-8291, 9874
oldfaith@hjdc.net

등록번호: 제10-1225호

ISBN 978-89-98821-74-6 03230

♣ **'옛신앙'**이란, 옛부터 하나님의 선지자들과 주 예수 그리스도의 사도들이 가졌던 신앙, 오직 정확 무오(正確無誤)한 하나님 말씀인 신구약성경에만 근거한 신앙, 오늘날 배교(背敎)와 타협의 풍조에 물들지 않는 신앙을 의미합니다.

"여호와께서 이같이 말씀하시되 '너희는 길에 서서 보며 **옛적 길** 곧 **선한 길**이 어디인지 알아보고 그리로 행하라. 너희 심령이 평강을 얻으리라' 하나, 그들의 대답이 '우리는 그리로 행치 않겠노라' 하였으며"(렘 6:16).

옛신앙 출판사 서적 안내

1. 김효성, **현대교회문제.** [6판]. 204쪽. 4,000원.
2. 김효성, **자유주의 신학의 이단성.** [2판]. 170쪽. 4,000원.
3. 김효성, **에큐메니칼운동 비평.** 158쪽. 6,000원.
4. 김효성, **복음주의 비평.** 193쪽. 6,000원.
5. 김효성, **천주교회 비평.** [2판]. 97쪽. 3,000원.
6. 김효성, **이단종파들.** [6판]. 70쪽. 700원.
7. 김효성, **공산주의 비평.** [6판]. 44쪽. 2,000원.
8. 김효성, **조직신학.** [2판]. 627쪽. 6,000원.
9. 김효성, **기독교 교리개요.** [10판]. 96쪽. 2,500원.
10. 김효성, **기독교 윤리.** [6판]. 240쪽. 4,500원.
11. 김효성, **신약성경 전통본문 옹호.** 166쪽. 4,000원.
12. 김효성, **기독교 신앙입문.** [10판]. 34쪽. 600원.
14. 김효성, **창세기 강해.** [3판]. 359쪽. 6,000원.
15. 김효성, **출애굽기 강해.** [2판]. 204쪽. 4,000원.
16. 김효성, **레위기 강해.** [3판]. 164쪽. 4,000원.
17. 김효성, **민수기 강해.** [2판]. 182쪽. 4,000원.
18. 김효성, **신명기 강해.** [2판]. 184쪽. 4,000원.
19. 김효성, **여호수아 사사기 룻기 강해.** [3판]. 216쪽. 4,000원.
20. 김효성, **사무엘서 강해.** [2판]. 233쪽. 4,000원.
21. 김효성, **열왕기 강해.** [2판]. 217쪽. 4,000원.
22. 김효성, **역대기 강해.** [2판]. 256쪽. 5,000원.
23. 김효성, **에스라 느헤미야 에스더 강해.** [2판]. 129쪽. 3,000원.
24. 김효성, **욥기 강해.** [2판]. 195쪽. 4,000원.
25. 김효성, **시편 강해.** [3판]. 703쪽. 10,000원.
26. 김효성, **잠언 강해.** [3판]. 623쪽. 10,000원.
27. 김효성, **전도서 강해.** [3판]. 84쪽. 3,000원.
28. 김효성, **아가서 강해.** [3판]. 88쪽. 3,000원.
29. 김효성, **이사야 강해.** [2판]. 398쪽. 6,000원.
30. 김효성, **예레미야 및 애가 강해.** [2판]. 359쪽. 6,000원.
31. 김효성, **에스겔 다니엘 강해.** [2판]. 293쪽. 6,000원.
32. 김효성, **소선지서 강해.** [2판]. 318쪽. 6,000원.
33. 김효성, **마태복음 강해.** [2판]. 340쪽. 6,000원.
34. 김효성, **마가복음 강해.** [3판]. 223쪽. 5,000원.
35. 김효성, **누가복음 강해.** [2판]. 373쪽. 6,000원.
36. 김효성, **요한복음 강해.** [3판]. 281쪽. 5,000원.
37. 김효성, **사도행전 강해.** [3판]. 236쪽. 4,000원.
38. 김효성, **로마서 강해.** [3판]. 145쪽. 4,000원.
39. 김효성, **고린도전서 강해.** [2판]. 122쪽. 3,000원.
40. 김효성, **고린도후서 강해.** [2판]. 100쪽. 3,000원.
41. 김효성, **갈라디아서 에베소서 강해.** [2판]. 169쪽. 4,000원.
42. 김효성, **빌립보서 골로새서 강해.** [2판]. 143쪽. 4,000원.
43. 김효성, **데살로니가전후서 빌레몬서 강해.** [2판]. 92쪽. 3,000원.
44. 김효성, **디모데전후서 디도서 강해.** [2판]. 164쪽. 4,000원.
45. 김효성, **히브리서 강해.** [3판]. 109쪽. 3,000원.
46. 김효성, **야고보서 베드로전후서 강해.** [2판]. 145쪽. 4,000원.
47. 김효성, **요한1,2,3서 유다서 강해.** [2판]. 104쪽. 3,000원.
48. 김효성, **요한계시록 강해.** [2판]. 173쪽. 4,000원.

☆ **주문: oldfaith.net/07books.htm 전화: 02-334-8291**
☆ **계좌: 우리은행 1005-604-140217 합정동교회**